新编

现代酒店饭店规范化管理必备制度与表格

张　浩 郑　健◎编著

中国文史出版社

图书在版编目（C I P）数据

新编现代酒店饭店规范化管理必备制度与表格 / 张浩, 郑健编著. -- 北京 : 中国文史出版社, 2020.1

ISBN 978-7-5205-1238-1

Ⅰ. ①新… Ⅱ. ①张… ②郑… Ⅲ. ①饭店－企业管理制度－表格 Ⅳ. ①F719.2-62

中国版本图书馆 CIP 数据核字(2019)第 185952 号

责任编辑：詹红旗　戴小璇

出版发行：中国文史出版社
社　　址：北京市海淀区西八里庄 69 号院　　邮编：100142
电　　话：010-81136606　81136602　81136603(发行部)
传　　真：010-81136655
印　　装：廊坊市海涛印刷有限公司
经　　销：全国新华书店
开　　本：1/16
印　　张：24
字　　数：460 千字
版　　次：2020 年 1 月北京第 1 版
印　　次：2020 年 1 月第 1 次印刷
定　　价：59.00 元

目　录

第一章　现代酒店总经理室管理制度与表格

第一节　总经理室规范化管理制度

▲总经理室主任职责规定

总经理室主任职责规定

第一章　职务规定

第一条　负责督促、检查行政部门对上级的指示、总经理室决议及总经理决定的贯彻执行。

第二条　定期组织收集、分析、综合酒店有关行政等方面的情况，主动做好典型经验的调查总结，及时向总经理汇报、请示工作，并定期向上级书面汇报。

第三条　根据总经理指示，负责组织总经理主持的工作会议，安排并做好会务工作。

第四条　负责起草总经理授意的综合性工作计划、总结和工作报告。

第五条　组织起草总经理室文件（负责审核各职能部门以总经理室名义起草的文件），组织并做好酒店文件的编号、打印、发放以及行政文件的立卷、归档、保管工作。

第六条　组织做好总经理室印鉴和介绍信的使用保管、函电收发和报刊收订分发工作，并及时编写酒店的大事记。

第七条　协调、安排涉及多部门主管参加的各种会议。

第八条　组织并做好来客接待和公车的管理工作。

第九条　指导并做好电话话务与机线维修工作。

第十条　根据总经理提出的方针、目标、要求，及时编制本室的方针目标，并组织贯彻落实。

第十一条　负责酒店办公用房的分配调整及办公用品、用具标准的制定和管理，并对办公用品、用具标准化及各部门文明办公进行检查督促。

第十二条　负责完成总经理临时交给的各项任务。

第二章　职权规定

第十三条　有权向酒店各部门索取必要的资料和情况说明。

第十四条　有权检查督促对总经理指示的贯彻执行情况。

第十五条　有权督促各部门按要求完成酒店下达的工作任务。

第十六条　有权催促各部门及时做好文件与资料的立卷、归档工作。

第十七条　有权按总经理的指示，协调各部门之间的工作关系。

第十八条　有权安排、调度公车的使用。

第十九条　对各部门以总经理室名义起草的文件有审核和校正权。

第二十条　对不符合规定，或质量不高、效果不大的文件、资料，有权拒绝打印发放。

第二十一条　对要求各部门主管参加的会议有综合平衡或精简压缩的权力。

第二十二条　有权根据总经理的指示，对办公用房进行分配和调整，并对办公用品、用具标准化进行检查、督促。

第三章　职责规定

第二十三条　对得知行政工作出现异常情况后未及时向总经理反映，以致造成重大损失负责。

第二十四条　对总经理室发布的文件行文的差错，收集与整理的资料失实而造成的严重后果负责。

第二十五条　对机密文件和文书档案管理不严，发生失密、泄密或丢失、损坏负责。

第二十六条　对公文、函件、报刊、电报传递不及时，或发生丢失、误传现象，影响工作负责。

第二十七条　对印鉴、介绍信管理不严或使用不当而造成的不良后果负责。

第二十八条　对下属工作质量差造成的不良影响负责。

第二十九条　对本室所属岗位发生的设备、人身、交通、火灾事故负责。

第三十条　对未及时根据酒店方针目标的有关要求，编制好本室方针目标或未及时检查和落实负责。

▲酒店员工管理制度

酒店员工管理制度

第一条　劳动管理制度。酒店员工每周休息两天（炊事班师傅、配菜人员除外，一般安排在周六周日），有事请假，回酒店销假，书写请假条，经批准后方可离岗，否则按旷工论处。

第二条　工作管理制度。全体员工必须要服从安排，听从指挥，当天工作必须要当天高标准地完成，上班时间不许会客、接打电话、看电视、做私活。

第三条　财务管理制度。各项收支要做到日清月结，总台每天要与酒店结清当天账目，各员工预支资金不得超过当月工资的一半，员工工资在一般情况下按月发放（特殊情况可适当推迟，但不得超过一个月）。

第四条　财产物资管理。各员工要爱护管理好酒店所有财产物资，各类工器具、餐具、工作服等物品，谁损坏谁照价赔偿，用当月工资抵扣，如不够者用下月工资继续抵扣，直至扣完为止。

第五条　学习管理制度。定期组织集中学习两小时，学习内容包括时事政治、业务训练和文体活动，根据具体情况可交替进行安排。

第六条　卫生管理制度。以某固定时间为集中大扫除时间，各员工按照自己分管的卫生责任区认真进行打扫清理，不许出现卫生死角。做到墙壁干净、地面整洁、无灰尘废弃物。门窗玻璃干净明亮，无污垢斑迹。洗手间无蚊蝇、异味。

第七条　奖惩责任制。建立检查考试奖惩责任制，每月 15 日下午进行各项制度落实情况的检查和各项业务技术的考试，检查考试合格者奖现金 × 元，不合格者罚款 × 元。

▲酒店员工守则

酒店员工守则

1. 遵法制

学习理解并严格遵守国家的政策法律、法规条例和本酒店的规章制度，争当一名好公民、好市民、好职员。

2. 爱集体

和酒店荣辱与共，关心酒店的经营管理和效益，学习经济及管理知识，提高工作能力，多提合理化建议，牢固树立“团队、竞争、协作、责任”的酒店精神。

3. 听指挥

服从领导听指挥，全面优质完成本职工作和领导交办的一切任务。要按照民主集中制原则，坚决支持、热情帮助领导开展工作。

4. 严纪律

不迟到，不早退，出满勤，干满点。工作时间不串岗，不办私事，不饮酒，不在禁烟区吸烟，不私拿或损坏公物，不私设灶具自制饮食，不做有损团结之事。

5. 重仪表

保持衣冠、头发整洁。男员工不准留长发、胡须，女员工要淡妆上岗，打扮适度。

6. 讲礼貌

使用“您好”、“欢迎您”、“不客气”等礼貌用语，不以肤色、种族、信仰、服饰取人。与客人相遇，要主动相让。与客人同行时，应礼让客人先行。同乘电梯时，让客人先上、先下。

7. 讲卫生

常剪指甲，注意卫生，无汗味、异味。工作前不得饮酒，吃蒜、韭菜等异味食品，保持口腔卫生。

8. 讲站姿

（1）挺胸、收腹、沉肩。

（2）双脚略分开约15厘米。

（3）双臂自然下垂在身体两侧或背后，放背后时，左手放在右手手背上。

（4）头部端正，目视前方，面部表情自然，略带微笑。不得前仰后合或倚靠他物，不得插兜、叉腰、抱肩，不得前后叉腿或单腿打战，不得东张西望、摇头晃脑，不得站立聊天。

9. 敬客户

（1）接待客人时面带微笑，与宾客谈话时应站立端正，讲究礼貌，用心聆听，不抢话、插话、争辩，讲话声音适度，有分寸，语气温和文雅，不大声喧哗。听到意见、批评时不辩解，冷静对待，及时上报。

（2）遇到客人询问，做到有问必答，不能说“不”、“不知道”、“不会”、“不管”、“不明白”、“不行”、“不懂”等，不得以生硬、冷淡的态度待客。

（3）尊重客人的风俗习惯，不议论、指点，不讥笑有生理缺陷的客人，不与客人的小孩嬉戏，不收受礼品。电话铃响立即接转，铃响不得超过三声。

（4）接转电话时，要先说“您好！×××部门”，然后细心聆听，声调要温和，勿忘使用本岗位礼貌用语。

（5）会见客人时，不主动握手。必须握手时，应面带笑容，姿势端正，用力适度，不能用左手。握手时，左手不得插兜。

（6）客人面前不得化妆、修指甲、剔牙、挖耳朵、打饱嗝、伸懒腰、打响指、哼小调。

10. 守机密

不向客户或外部人员谈论本酒店的一切事务。不议论客户短长。一切内部文件、资料、报表、总结等，都应做到先收锁再离人，防止泄密。

11. 保廉洁

不以拉关系图私利。馈赠物品要如数交公，不得私留。不贪污、不受贿，不挪用公款，不以权谋私。勇于揭发问题，敢于同不良的现象做斗争，要打击歪风，树立正气。

12. 勤节约

克服“浪费难免论”，消灭长明灯、长流水。节约使用文具和器材，爱惜各种设备和物品。发扬勤俭兴业的好传统，为酒店的增收节支做贡献。

▲部门经理考勤制度

部门经理考勤制度

第一条　按酒店规定的作息时间上下班，总经理室负责考勤。

第二条　总经理室统计考勤情况，每月及时上报总经理。

第三条　因公外出，事前应通知总经理室，说明外出原因并记录在案。

第四条　因病、因事不能上班者，应到总经理室请假并说明原因，以便办公室记录备案。

第五条　因病、因事、因公不到岗又未及时说明者，按旷工处理。

第六条　部门经理考勤情况将作为考评及工作绩效的依据之一。

▲保密室管理制度

保密室管理制度

第一条　认真贯彻上级关于档案工作的方针、政策和各种规章制度，严格执行档案工作条例，在酒店总经理的领导下，做好档案工作。

第二条　保密室应接受总经理室的管理及业务指导、监督和检查。

第三条　酒店保密员应敬业乐业，忠于职守，遵守纪律，保守秘密，树立全心全意为酒店服务的思想，准确、迅速地为使用者提供档案资料。

第四条　统一管理酒店已形成的全部文书档案，维护档案的完整和安全，主动做好档案的提供使用工作。

第五条 已办理完毕、有保存价值的档案材料，由酒店集中统一管理，任何人不得据为己有。

第六条 任何无关人员未经许可不得进入保密室。

第七条 爱惜和使用保密室的一切设施设备，任何人未经许可不得随意翻动。

▲员工保密制度

员工保密制度

第一条 酒店的保密工作是指对可能发生的泄密和窃取活动采取的一系列防范措施。

第二条 保密工作原则：积极防范，突出重点，严肃纪律。

第三条 全体员工应做到：不该看的不看、不该问的不问、不该说的不说。

第四条 文件和资料保密。

（1）拟稿。文稿的拟定者应准确定出文稿的密级。

（2）印制。文件统一由行政管理部印制。

（3）复印。复印秘密文件和资料，由部门经理批准。

（4）递送。携带秘密文件外出，由两人同行，并包装密封。

（5）保管。秘密文件由行政管理部统一保管，个人不得保存。如需借阅，由部门经理批准，并于当天收回。

（6）归档。没有解密的文件和资料存档时要在扉页上注明原定密级，并按有关规定执行。

（7）销毁。按档案管理的有关规定执行。

第五条 对外披露信息，按酒店规定执行，由部门经理、主管、法律事务处会签。

第六条 保密内容按以下三级划分：

（1）绝密级包括以下几类。

①酒店领导的电传、传真、书信。

②非公开的规章制度、计划、报表及重要文件。

③酒店领导个人情况。

④正在研究的经营计划与具体方案。

（2）机密级包括以下几类。

①酒店电传、传真、合同。

②员工档案。

③组织状况、人员编制。

④人员任免（未审批）。

（3）秘密级包括酒店的经营数据、策划方案及有损于酒店利益的其他事项。

▲收发文管理制度

收发文管理制度

第一条 酒店的收文由保密室签收登记，总经理的收文由总经理签收，属酒店领导亲收的信件，一律交收件人亲自拆封。

第二条 公文登记后，转交领导传阅，如需转交有关部门阅办，应由保密员送交，并经登记签收后才可送交。

第三条 各部门实行公文催办制度。负责办理公文的人员，对经手处理的公文，应事事有下文，件件有落实，催办有结果，转办要及时，防止积压误事。

第四条 个人或各部门对承办的公文，必须认真负责，按规定期限迅速办理，不得拖延。

第五条 秘密级以上文件须到保密室阅读。因工作需要借阅文件应办理相关手续，用完后及时退还。各级领导及有关人员均不得将秘密文件带出办公室。

第六条 公文办完后，应根据文书立卷、归档的有关规定及时将公文定稿，正本和有关材料应整理立卷。

第七条 干部调动时，应将文件（含保密记录本）清理移交，凡参加会议带回的文件，应及时送保密室登记保管。

第八条 需要销毁的公文经鉴别和主管领导批准，由酒店总经理室定期销毁。销毁秘密公文要进行登记，要有专人监督，保证不漏销、不丢失，秘密级文件一律集中按有关规定处理。

▲文印室管理制度

文印室管理制度

第一条 酒店的文件，有打印必要时方可打印。内部传递的简单请示报告或其他不需打印的文件，一般不予打印。

第二条 酒店发文，需由起草人抄正，经有批准发文权的领导签字同意后方准打印。一般文件的打印、复印、传真，须经所在部门负责人签字同意后才予办理。部门经理不在时，可经总经理室主任同意后办理。

第三条　私人资料不得在酒店打印、复印或用酒店传真机传送，以免影响酒店的正常工作。

第四条　文印室工作人员应认真做好本职工作，按时完成任务。对收到的文件资料，应及时给有关部门、人员送发，或及时通知有关人员到文印室取回，不得延误。

第五条　文印室人员应树立严格的保密观念，不得随意将打印、复印或传真资料中有关商业秘密或酒店管理中须保密的事项透露给他人，不得截留任何文件。

第六条　文印室对送来打印、复印、传真的文件资料，应做好登记，并在月末做统计核算。属业务部门的，由各部门承担费用。属行政管理部门的，统一归列行政开支。

第七条　文印室工作人员初次违反上述规定的，给予批评或处 50 元以下罚款。屡教不改或给酒店造成不良的社会影响或较大经济损失的，处 50 元以上罚款直至辞退。

▲档案管理制度

档案管理制度

第一条　各部门办理完毕的文件（含会议文件）和资料，收集后要按条款类目分别存放，经检查齐全后，整理立卷归档。

第二条　酒店的文件保存、归档办法按字母顺序排列，按题目分类或是按地区、时间等形式分类，必须在档案夹里清楚地标明并把档案保存好，对每一份文件所归入的档案类目都要清楚地注明。

第三条　熟悉自己管理的档案，了解各部门的归档制度，每天将资料清理归档。

第四条　每年清理一次档案，准确地做好文件索引。

第五条　归档前要先把资料进行分类，可把材料按类别分组装入一个待办卷宗，以便归档时所有材料都能随手而得，归档时要注意整洁。

第六条　立卷按永久、长期、短期分别组卷，卷内文件要把正文和底稿、文件和附件、请示和批复放在一起，卷内页号一律标在右下角，案卷目录打印四份，卷内目录打印五份。

第七条　档案的厚度一般为 1.5 厘米至 2 厘米，装订前要拆除金属物，做好文件材料的检查。纸面过大的书写材料，要按宗卷大小折叠整齐。对字迹难以辨认的材料，应当附上抄件，案卷标题要标明作者、问题或名称，文字要简练、确切，用毛笔或钢笔书写，字迹要端正。对破损或褪色的材料，应当进行修补和复制，装订部位过窄或有字迹的材料，要加纸衬边。

第八条 根据卷内文件之间的联系进行系统排列，拟写案卷标题、编组号，填写案卷封面，确定保管期限，装订案卷，编制案卷目录等。

第九条 案卷按年代、机构排列，永久与长、短期案卷分开保管，并要编上顺序号及注明存放案卷的年号与卷号。

第十条 每年检查一次档案材料的数量、保管等情况，发现问题及时采取补救措施，确保档案的安全。

第十一条 对于已失去作用的档案要及时销毁，或用碎纸机进行处理，销毁档案材料要经过认真鉴定，确定销毁的档案材料必须列册登记，送领导审批后方可销毁。

第十二条 做好保管工作，档案室的房门窗要坚固，落实防盗、防火、防水、防潮、防尘、防鼠等措施，销毁档案材料时，必须指派专人监销。

▲档案借阅制度

档案借阅制度

第一条 在酒店借阅档案（包括文件、资料）必须在档案借阅登记簿登记，秘密级以上的档案文件须经经理级领导批准后方能借阅。

第二条 案卷不许借出，只供在档案室查阅，未归档的文件及资料可借出。

第三条 借阅期限不得超过两星期，到期必须归还，如需再借应办理续借手续。

第四条 借阅档案的人员必须爱护档案，不得擅自涂改、勾画、剪裁、抽取、拆散、摘抄、翻印、复印、摄影，不得转借或损坏。否则，依法追究当事人责任。

第五条 借阅的档案交还时，必须当面点交清楚，如发现遗失或损坏，应立即报告领导。

第六条 外单位借阅档案，应持单位介绍信，并经总经理批准后方能借阅，但不能将档案带离档案室。

第七条 外单位摘抄卷内档案，应经总经理同意，对摘抄的材料要进行审查、签章。

▲酒店招待用餐管理制度

酒店招待用餐管理制度

1. 用餐标准

（1）营业餐厅用餐标准分为三个档次（酒水除外）。

（2）内部餐厅用餐标准分为两个档次，提供四菜一汤及软饮料。

2. 酒水标准

酒店内部招待一律只供应适量的本地啤酒及软饮料，其余如香烟、洋酒、葡萄酒、烈酒、冰激凌等经批准后方可供应。

3. 用餐程序

（1）在营业餐厅安排用餐须报总经理批准，并提前将报告送交订餐部。报告要列明招待单位、时间、标准、人数及餐厅名称。

（2）在内宾餐厅用餐，程序同上，但必须于就餐前两小时将报告送到内宾餐厅。

（3）在职工餐厅用餐，经部门经理批准，在该部门秘书处领取餐券用餐。

4. 餐后核算

（1）内部招待用餐和饮料统一使用职员单据，接待部门须及时注明并签字。

（2）酒店内使用的职员单据一律用销售价，不加服务费。

（3）职工餐厅月底将招待用餐数核准无误后，交财务部拨款。

（4）对不符合手续、不按规定办的，有关岗位可以拒绝提供服务。

▲酒店各级的优惠、减免权限制度

酒店各级的优惠、减免权限制度

1. 优惠权限

（1）房费（散客）：店级领导享有柜台价 100% 以内的优惠。酒店值班经理、销售部和前厅部经理、副经理，由酒店根据其实际情况规定相应的优惠权限。销售、预订、前台工作人员按各季节规定的优惠执行。

（2）餐费：店级领导享有标准餐费 100% 以内的优惠，酒店销售部和饮食部经理、副经理可按酒店规定享有相应的优惠。

（3）商场：店级领导享有商品价格100%以内的优惠，商场部经理和副经理可按商品成本价享受优惠处理。

（4）娱乐中心：店级领导享有标准收费100%以内的优惠，娱乐部和销售部经理、副经理享有酒店规定的相应优惠权限。

（5）洗衣：店级领导享有标准收费100%以内的优惠，客房部经理和副经理享有酒店规定的相应优惠权限。

（6）用车：店级领导享有标准收费100%以内的优惠，车务部经理和车队队长享有标准收费50%以内的优惠。

2. 减免权限

（1）房费：店级领导享有全部产生费用的减免权，对于客人有争议的费用，可授予值班经理、前厅部经理和大堂经理相应的减免权限。

（2）餐饮：店级领导享有全部产生费用的减免权，可授予值班经理、餐饮部经理、前厅部经理和大堂经理相应的减免权限。

（3）商场：不得挂账，一经挂账，费用不得减免（店级领导除外）。

（4）商务中心：店级领导享有全部产生费用的减免权，可授予值班经理和前厅部经理相应的减免权限。

（5）娱乐中心：店级领导享有全部产生费用的减免权，可授予值班经理、客房部经理、前厅部经理和大堂经理相应的减免权限。

（6）客房小酒吧、洗衣：店级领导享有全部产生费用的减免权，可授予值班经理、前厅部经理、客房部经理及大堂经理相应的减免权限。

（7）用车：营业部门联系的宾客用车，经该部经办人签字、挂账后一律不得减免（店级领导除外）。

（8）电话费：店级领导享有全部产生费用的减免权，可授予值班经理、前厅部经理和大堂经理相应的减免权限。

（9）因拨号错误引起的电话费：经前厅部经理核实上报后，可签字减免，同时必须注明减免原因。

3. 减免程序与执行办法

（1）收款员应本着对客人和酒店负责的态度，处理客人提出的意见或投诉。

（2）属超越收款员权限范围的事项可请大堂经理或值班经理处理，签字减免。凡属值班经理、大堂经理要求处理的事件，有关领导必须迅速做出处理。

（3）属超越大堂经理权限的事项应请事件发生所在部门经理处理，并请其签字减免。

（4）凡属超越部门经理或值班经理权限的事项，应由该部门经理请示店领导处理并签字减免。

（5）签单人在授权范围内签字减免的同时，必须注明减免原因。

（6）收款员在执行减免处理时，必须有具备有效签字的减免说明（杂项调整单）和原始单据，对超出权限的减免单收款员有权拒绝执行。

（7）除店级领导外，任何人无权减免服务费。

（8）凡超出授权，均须上级领导签字认可。

（9）对由于疏忽而给客人造成损失的，大堂经理经请示店级领导后，有权代表酒店送出鲜花、水果或纪念品。

4. 客人未结账离开酒店的处理办法

（1）结账处每日将当日客人已离店但没办离店手续的房间号以书面形式通知前厅部。

（2）前厅部接到通知后，应马上开始调查。

（3）如账款可追回，可由前厅部经理注明原因并签字，财务人员协助将账款先转入应收账，并将说明的一联交还前厅部经理追款。

（4）确属跑账，账款无法追回时，在减免权限范围内，由前厅部经理同意后请示总经理并签字减免。

第二节 总经理室规范化管理表格

行政办公工作说明表

表1－1 行政办公工作说明表

1. 职称______ 2. 部门______ 3. 撰写日期____年____月____日

4. 姓名______ 5. 隶属部门______ 6. 同职称人数______人（含本人）

7. 管辖部门______

次序	工作概述（请分门别类扼要叙述工作内容）

行政办公职位规范表

表 1－2 行政办公职位规范表

职称	
职位	
直接主管	
管辖范围	
直接责任	
主要权力	
职务代理人	
条件要求	

酒店职员签到簿

表 1－3 酒店职员签到簿

____月____日至____月____日

部 门	姓 名	月 日		月 日		月 日		月 日		月 日		月 日	
		上班	下班	上班	下班	上班	下班	上班	下班	上班	下班	上班	下班

总经理________ 经理________ 经办________

第二章　现代酒店综合办公室管理制度与表格

第一节　综合办公室规范化管理制度

▲行政办公纪律管理制度

行政办公纪律管理制度

第一条　凡本酒店员工上班要带员工卡。

第二条　坚守工作岗位，不得串岗。

第三条　上班时间不得看报纸、玩电脑游戏、打瞌睡或做与工作无关的事情。

第四条　办公桌上应保持整洁，并注意办公室的安静。

第五条　上班时着装要符合办公仪表规范，不得在办公室化妆。

第六条　接待来访和业务洽谈应在会议室或接待室进行。

第七条　不得因私事长期占用电话，不得因私事拨打酒店长途电话。

第八条　不经批准不得随意上网，不得在酒店电脑上发送私人邮件或上网聊天，未经允许，不得使用其他部门的电脑。

第九条　所有电子邮件的发出，必须经部门经理批准，以酒店名义发出的邮件须经总经理批准。

第十条　未经酒店总经理批准和部门经理授意，不得索取、打印、复印其他部门的资料。

第十一条　不迟到早退，否则酌情罚款。

第十二条　请假须经部门经理、分管副总或经理书面批准，到办公室备案。假条未在办公室及时备案，以旷工论处，扣减工资。

第十三条　不论任何原因，不得代他人刷卡，否则予以相应处分。

第十四条　因工作原因未及时打卡，须及时请部门经理签字后于次日报办公室补签，否则做旷工处理。

第十五条　加班必须预先由部门经理批准后再向办公室申报，凡加班后申报的，办公室将不予认可。

第十六条　在月末统计考勤时，办公室对任何空白考勤不予补签，如因故未打卡，应到办公室及时办理。

第十七条　吸烟到吸烟室，否则将处以罚款。

第十八条　请病假如无假条，一律认同为事假，请假条应于事前交办公室，否则将视为旷工。

第十九条　因当日出外勤而不能回酒店打卡的员工，请部门第一负责人在当日 8 点 30 分以前写出名单，由办公室经办人打卡。

第二十条　凡出远勤达 1 天以上者，须先填报经领导批准的出差证明单。

第二十一条　因故临时外出，必须请示部门经理。各部门全体外出，必须向总经理办公室请假。

第二十二条　不得将酒店烟缸、茶杯、文具和其他公物带回家私用。

第二十三条　在业务宴请中，勿饮酒过量。

第二十四条　无工作需要不得进入总经理办公室、计算机房、客户服务中心、档案室、文印室、财务部，以及会议室、接待室。

▲行政办公规范管理制度

行政办公规范管理制度

第一条　为使酒店管理及文化建设提升到一个新层次，特制定本规定。

第二条　办公仪表规范。

（1）周一至周四：男士着深色套装（马甲）、衬衣、皮鞋，必配领带。

（2）周一至周四：女士着深色套裙（或裤）、马甲、衬衣、皮鞋。

（3）周五：随意着休闲上装及长裤，女士可着裙装（有外事活动除外）。

（4）头发梳理整齐，服饰熨烫挺括，领带正挺，皮鞋亮净。

第三条　卡座区规范。

（1）办公桌：桌面除电脑、口杯、电话、文具外，不允许放其他物品。

（2）辅桌：放文件盒、少量工具书。

（3）座椅：靠背、座椅一律不能放任何物品，人离开时椅子调正。

（4）电脑：主机上方有显示器，电脑置写字台左前角。

（5）卡座屏风：内外侧不允许有任何张贴。

（6）垃圾篓：罩塑料袋，置写字台下右前角。

第四条　办公室规范。

（1）办公桌：桌面除酒店购置案头用品及电脑外无其他物品。

（2）辅桌：桌面置文件盒、笔筒、书籍外，不准放其他物品。

（3）电脑：贴墙放置，横式主机置显示器下，竖式主机置桌面下。

（4）拖柜：置办公桌下左角或辅桌后部，面朝办公椅。

（5）垃圾篓：置辅桌后。

（6）饮水机：放指定地点，不得随意移动。

（7）报刊：必须上报架，或阅完后放入办公桌内。

（8）外衣手袋：请置挂于衣帽间或柜子内，严禁随意放在办公桌椅及地柜上。

第五条 语言规范。

（1）交往语言：您好，早晨好，早，晚安，再见，请问，请您，劳驾您，关照，谢谢，周末愉快，拜拜。

（2）电话语言：您好，请问，谢谢，再见。

（3）接待语言：您好，请稍候，我通报一下，请坐，对不起，请登记，我立即去联系，打扰您一下，好的，行（切勿说“不”）。

第六条 行为规范。

（1）坚守工作岗位，不要串岗。

（2）上班时间不得看报纸、玩游戏或做与工作无关的事情。

（3）办公桌上应保持整洁并注意办公室的安静。

（4）上班时间不得在办公室化妆。

（5）接待来访和业务洽谈，请在接待室或会议室进行，私客不得在卡座区停留。

（6）使用接待室和会议室，要事先到办公室登记，一般内部事务不得随意使用接待室。

（7）不得因私事打酒店长途电话，凡因私事打电话，发现一次罚款30元。

（8）不得在酒店电脑上发私人邮件或上网聊天，发现一次，罚款50元。

（9）不得随意使用其他部门的电脑。私客未经总经理批准，不准使用酒店电脑。

（10）所有电子邮件的发出，须经部门经理批准，以酒店名义发出的邮件须经总经理批准。

（11）未经总经理批准和部门经理授意，不得索取、打印、复印其他部门的资料。

（12）严格遵守考勤制度，迟到、早退每分钟扣工资1元。

（13）不论任何原因，不得代人刷卡。

（14）吸烟请到吸烟室，否则罚款50元。

（15）请病假如无假条，一律认同为事假。

（16）凡出远勤达一天以上者，应先填报经领导批准的出差证明单。

（17）因故临时外出，必须请示部门经理，各部门全体外出，必须与总经理室请假。

（18）无工作需要，不得擅自进入计算机房、客房服务中心、档案室、文印室、财务部、会议室、接待室。

（19）不要将酒店的烟缸、茶杯、文具等一切公物带回家私用。

▲印章使用管理制度

印章使用管理制度

第一条　酒店印章由总经理保管，各部门的印章应由部门指定专人保管。未经领导批准，印章保管人不得委托他人代管印章，并且不得带出办公室使用。

第二条　以酒店名义签署的意见书、协议书、合同书，各部门以酒店名义上报的各种年、季、月报表，均须经总经理或主管领导签字后方可使用酒店公章。

第三条　酒店刻制的公章，经总经理批准，要留印模存查，作废的公章应及时封存。

第四条　未经允许，不得私自使用酒店的公章。

▲公章使用办法

公章使用办法

1．酒店可以对外使用的公章

酒店章、酒店业务专用章（办公室章、人事部章、计划财务部章、国际合作部章、合同专用章）。

2．酒店章使用范围

（1）以酒店名义上报上级主管部门的报告和其他文件。

（2）以酒店名义向党政机关发出的重要公函和文件。

（3）以酒店名义与有关同级单位的业务往来、公函文件和联合发文等。

3．酒店业务专用章使用范围

（1）办公室章：以办公室名义向酒店外发出的公函和其他文件、联系工作介绍信、刻制印章证明。

（2）人事部章：就有关人事、劳资等方面业务代表酒店用章。

（3）计划财务部章：就有关计划、财务等方面业务代表酒店用章。

（4）国际合作部章：就有关国际交往、业务联系、接待计划、组织国际性会议等方面业务代表酒店用章。

（5）合同专用章：以公司名义签订的协议、合同和有关会议纪要等。

4. 酒店印章使用手续

（1）酒店章、计划财务章、合同专用章必须经总经理、副总经理或总经理助理批准方可使用。

（2）办公室章、国际合作部章，由办公室主任批准后使用。

（3）使用公章必须事先履行登记手续。

▲凭证管理规定

凭证管理规定

凭证包括介绍信、工作证、发票等票证。凭证管理有两层意思：

第一，未盖公章或专用章的空白凭证，虽然还不具备生效的条件，但仍应严格保管好，不得丢失外流。

第二，加盖公章并已具有效力的凭证，更应严格保管和使用。

对于凭证的管理，要做到：

（1）严格履行验收手续。

（2）建立凭证文书登记。

（3）选择保密的地点和坚固的箱柜，有条不紊地入库保存。

（4）定期进行检查，若发现异常情况，要随时提出处理意见。

（5）严格出库登记。对于有价证券和其他重要凭证，应参照国家规定的金库管理办法进行管理。

同时，凭证文书具有很高的查考价值，大多需要永久保存。因此，一切有关凭证的正件、抄件、存根、复写件，以及文稿、草图、签发资料，都应该及时整理，妥善保存，并按立卷归档的规定，随时分类入卷，定期整理归档，不得随意丢失，更不准自行销毁。

▲会议管理制度

会议管理制度

1. 会议组织

（1）酒店级会议。酒店员工大会、酒店业务人员会以及各种代表大会，应报请总经理室批准后，由各部门分别负责组织召开。

（2）专业会议，即全酒店性的技术、业务综合会（如经营活动分析会、安全工作会等），由分管副总经理批准，主管业务部门负责组织。

（3）系统和部门工作会。酒店各部门召开的工作会，由各部门主管决定召开并负责组织。

（4）班组（小组）会。由各班组长决定并主持召开。

（5）上级酒店或外单位在我酒店召开的会议（如现场会、报告会、办公会等）或业务会（如联营洽谈会、用户座谈会等），一律由总经理室受理安排，有关业务对口部门协助做好会务工作。

2. 会议安排

（1）例会的安排。为避免会议过多或重复，酒店正常性的会议一律纳入例会制，原则上要按例行规定的时间、地点、内容组织召开。例行会议安排如下：

①行政技术会议，包括如下几类。

A. 总经理办公会。研究、部署行政工作，讨论决定酒店行政工作重大问题。

B. 行政事务会。总结评价当月经营工作情况，安排布置下月工作任务。

C. 班组长以上经营管理大会（或酒店员工大会）。总结上期（半年、全年）工作情况、部署本期（半年、新年）工作任务。

D. 经营活动分析会。汇报、分析酒店计划执行情况和经营活动成果，评价各方面的工作情况，肯定成绩，指出失误，提出改进措施，不断提高酒店经济效益。

E. 安全工作会（含治安、消防工作）。汇报总结前期安全生产、治安、消防工作情况，分析处理事故，检查分析事故隐患，研究确定安全防范措施。

F. 部门事务会。检查、总结、布置工作。

G. 班组会。检查、总结、布置工作。

②各类代表大会，包括如下几类。

A. 员工代表大会。

B. 部门员工大会（或员工代表小组会）。

③民主管理会议，包括如下几类。

A. 酒店管理委员会议。

B. 总经理、工会主席联席会。

C. 生产管理委员会议。

D. 生活福利委员会议。

（2）其他会议的安排。凡涉及多个部门主管参加的各种会议，均须于会议召开前 10 天经分管副总经理批准后，分别报两办汇总，并由总经理室统一安排，方可召开。

①总经理室每周六应将酒店例会和各种临时会议，统一平衡并编制会议计划，

分发到酒店主要管理人员及有关服务人员。

②凡总经理室已列入会议计划的会议，如需改期，或遇特殊情况需安排新的其他会议时，召集单位应提前2天报请总经理室调整会议计划。未经总经理室同意，任何人不得随便打乱正常会议计划。

③对于准备不充分、重复性或无多大作用的会议，总经理室有权拒绝安排。

④对于参加人员相同、内容接近、时间相近的几个会议，总经理室有权安排合并召开。

⑤各部门会议的会期必须服从酒店统一安排，各部门小会不应与酒店例会同期召开（与会人员不发生时间上的冲突除外），应坚持小会服从大会、局部服从整体的原则。

3. 会议的准备

（1）会议主持人和召集单位与会人员都应分别做好有关准备工作（包括拟好会议议程、提案、汇报总结提纲、发言要点、工作计划草案、决议决定草案，落实会场，安排好座位，备好茶具茶水、奖品、纪念品，通知与会者等）。

（2）参加酒店办公例会的人员无特殊原因不能请假，如请假需经主持人批准。

（3）有以下原因，副总经理以上的高层管理人员可提议临时或提前召开酒店办公例会：

①有重要事项需提交酒店办公例会讨论决定。

②各部门重要业务管理人员的录用及辞退。

（4）《会议纪要》属酒店内部重要文件，具有一定范围的保密性，未经批准不得外传。

（5）与会人员应知无不言、集思广益，一经会议决定之事，应按期完成。

（6）与会人员必须严格遵守会议纪律，不得随意走动，不得使用手机。

▲会议管理规定

会议管理规定

第一条　酒店会议主要由办公例会、日常工作会议组成。

第二条　例会中的最高级会议通常情况下每月至少召开一次，就一定时期的工作事项进行研究做出决策。会议由酒店总经理主持，参加人为酒店总经理、副总经理、各部门经理等领导。

第三条　酒店办公例会是为贯彻落实做出的决议、决定召开的会议。会议由总经理主持，参加人员为各部门负责人及有关人员。

第四条　酒店办公例会由酒店行政办公室组织。行政办公室应于会前3天将会议的主要内容书面通知与会的全体人员，并在会后24小时之内整理、发布《会议纪要》。

（1）会议纪要的形成与签发注意以下事项：

①酒店办公例会会议纪要、决议，由行政办公室整理成文。

②行政办公室根据会议内容的需要在限定时间内完成纪要和决议的整理工作。

③会议纪要和决议形成后，由与会的酒店领导成员签字确认。

④会议纪要发放前应填写《会议纪要发放审批单》，审批单内容包括纪要编号、发放范围、主管领导（或主持会议的领导）审批意见。

⑤会议纪要应有发文号，发放时应填写《文件签收记录表》，并由接收人签收。

⑥会议纪要应分类存档，并按重要程度确定保存期限。

（2）会议纪要作为酒店的重要文件，备忘已研究决定的事项，要发至参加会议的全体人员，以便对照核查落实。

第五条　日常工作会议由会议召集者填写《会议申请单》，经主管副总经理批准方可召开，会议通知由行政办公室根据申请部门的要求发出。如会议需要撰写会议纪要，由会议召集部门撰写完毕后报有关人员及行政办公室。

▲酒店每周例会制度

酒店每周例会制度

第一条　部门领导例会每周举行一次，由总经理主持，副总经理及各部门经理级人员参加。

第二条　主要内容如下：

（1）总经理传达上级主管公司有关文件和总经理室的有关精神。

（2）各部门经理汇报工作情况，以及提出需提请总经理或其他部门协调解决的问题。

（3）总经理对各部门工作进行讲评，布置和安排下周工作。

（4）其他需要解决的问题。

第三条　例会参加者在会上要踊跃发言，允许持有不同观点和保留意见，但会上一旦形成决议，无论个人同意与否，都应认真执行。

第四条　严守会议纪律，保守会议秘密，在会议决议未正式公布以前，不得私自泄露会议内容。

第五条　与会人员应做好会议记录。

▲会议事务处理规定

会议事务处理规定

第一条　会议计划检查要点见表2－1：

表2－1　会议计划检查要点表

项　目	审核备注
会议名称	
开会地点	
开会日期	
开会时间	
会议宗旨及议题	
与会单位、人员	
人　数	
主 持 人	
会议召集单位	
会议主要工作人员	
与会者应备资料	
会场标示资料	
召集者拟分发资料	

第二条　会议筹备审核要点见表2－2：

表2－2　会议筹备审核要点表

项　目		审核备注
会议目的	本次的会议是否确实需要？是否是一次偏重于形式的例行会议？有没有其他更好的解决方法？	
	开会的目的是否明确？	
会议要领	开会的时机、时间是否妥当？	
	开会的地点场所是否合适？	
	邀请对象是否恰当？	
开会通知	与会人员是否已得到通知？	
	开会的主旨、议题是否已通知与会人员？	
	与会人员是否已就议题做好准备？	
	是否要求与会人员事先备妥有关资料？	
会议准备	是否已拟就议题的进行顺序及时间的分配方案？	
	是否应分发参考资料？	
	是否已安排好会议记录？	
	是否使用幻灯机或录音机等机器设备？	

第三条　会议活动细节审核要点如下：

（1）活动的主旨。

（2）活动的规范。

（3）预算。

（4）招待对象的层次。

（5）总人数（查邀请回函）。

（6）活动日期及时间（注意是否与其他活动冲突）。

（7）活动天数。

（8）筹备单位。

（9）活动负责人。

（10）活动作业明细分工表。

（11）会场的预订（主会场、分会场、洽谈室、展示室、来宾休息室、演艺人员休息室）。

（12）制作来宾名册（姓名、地址、公司名称、电话、职衔等的核对）。

（13）邀请函（信封、邀请卡、回函明信片的定制张数、投递日期）。

（14）纪念品（纪念品的选定、包装、定制数量）。

（15）交通工具（飞机、火车、轿车）。

（16）酬谢费（给司机、演艺人员等）。

（17）会场布置（主席台、会标、灯光、音响效果、录音、座次、台下座位、应急疏散方案、茶水饮料供应）。

（18）宴会的形式（餐桌入座式、自助餐入座式、自助餐半入座式）。

（19）看板、标示板类（欢迎看板、大门看板、方向标示、座位牌）。

（20）摄影（纪念照片、快照、记录摄影）。

（21）选择桌子（圆桌或方桌）。

（22）座位顺序（桌面标示卡、桌面标示卡的书写）。

（23）胸章、名牌（颜色、大小、种类的选定）。

（24）新闻（新闻稿，文字记者、摄影记者、录像记者及电源准备）。

（25）资料的收发。

（26）住宿安排（安排来宾的住宿、领导人的住宿、工作人员的住宿，预订房间，妥善分配房间）。

（27）特设专用柜台。

（28）支付的负担范围（住宿、餐费、取用冰箱内的食物费用、电话费等）。

（29）安排用餐（住宿者、来宾、服务人员、演艺人员的用餐）。

（30）活动议程方面（司仪开场白、主持人致辞、来宾致辞、宣读贺电、致谢辞、活动行程表、播放背景音乐）。

（31）服务柜台的工作（来宾出缺席之确认、发放胸章、发放活动行程表、引导来宾到休息室、发放纪念品、设置临时电话）。

（32）支付旅馆费用（支付的日期，汇款、前来收款、当天支付现金，出纳员）。

▲会议室、接待室使用管理制度

会议室、接待室使用管理制度

第一条　会议室、接待室是酒店举行会议、接待客户的场所，为加强管理，规范酒店会议室、接待室的使用，给员工营造一个良好的工作环境，特制定本制度。

第二条　酒店所有员工非接待客人和参加会议，不得随意进入接待室和会议室。

第三条　酒店各部门如需使用会议室，要提前到综合办公室申请，在会议室使用登记簿上签字，由办公室统一安排。

第四条　接待室由专人负责引见、招待、接送来宾。

第五条　任何员工不得随便移动会议室、接待室的家具及物品。

第六条　任何员工不得随意使用会议室、接待室的茶叶、咖啡等饮料用品。

第七条　任何员工不能随意拿走接待室的报纸、杂志等资料。

第八条　爱护接待室、会议室的设施。

第九条　会议结束，要整理会场，保持清洁，并去综合办公室办理交接手续。

▲财产管理办法

财产管理办法

第一条　本酒店的财产管理依照此办法执行。

第二条　本酒店财产主要为：

（1）办公事务用品：桌椅、公文箱、电话机、打字机、复印机、计算机、交通车等。

（2）办公楼、综合楼等建筑物。

（3）机器设备：电器设备、维修设备、输送设备等。

（4）原料及成品等。

第三条　酒店各部门根据需要提出请购单或请购计划，报上级核准后，交由物资采购部办理采购。

第四条　采购品经验收合格后，由采购单位填写财产卡交由总务处建档管理，财产实物由使用单位领回使用并负责保管。

第五条　总务处每年需依折旧年限规定，摊提折旧额送会计部门列账。

第六条　总务处每年 12 月底前需对酒店财产盘点一次，核对财产数量，并由会计单位依盘亏、盘盈状况调整财产金额。

第七条　对无法继续使用的财产按规定办理报废，或以登报公开招标方式出售，并做相应的会计处理。

第八条　各项财产的使用说明书、质量保证书等资料统一由总务处保管，使用单位可使用复印件。

第九条　各单位对所使用的财产负有保管、保养的责任。财产发生损坏时，应查明原因、分清责任，出具调查报告和处理意见，视情节轻重进行处分。

▲办公室布置规定

办公室布置规定

第一条　酒店各部门办公室布置以大办公室集中办公为原则。

第二条　经理室设置于大办公室的一端，与所属单位以玻璃间隔。

第三条　各部门所属座位应采用同一方向，后排为各室主任，中排为各组组长，前排为一般员工。

第四条　对于接洽外客频繁的员工，应将其座位排在前台边。

第五条　办公桌以单独排列为原则，如因场地或实际情况需要，可以两桌并排。

第六条　酒店接洽客人的地点应安排在经理室客厅。

第七条　因工作性质需独立设置的小型办公室，其室内布置按照大办公室布置的原则办理。

第八条　办公室内办公桌椅、保险箱、书橱颜色暂定为灰色，墙壁、天花板颜色暂定为白色，柜台、窗框及木质隔间暂定为乳黄色。

第九条　各部门钉挂衔牌方式规定如下：

（1）大办公室及独立设置的小型办公室衔牌钉挂在入口处的适当位置。

（2）大办公室内的单位衔牌钉挂在各部门经理座位上方的适当位置。

（3）衔牌颜色为绿底白字，其规格定为宽度为高度的两倍。

第十条　如场地允许，办公室内可划出一角为更衣室。

第十一条　箱橱顶上及柜台上不得堆置文件。

第十二条　酒店及各部门办公室布置图及座位图由总事务室于本规定公布后30天内派人实地绘制呈报。

第十三条　本规定经总经理核定后公布实施。

▲办公物品管理制度

办公物品管理制度

第一条　行政管理部负责酒店办公用品、办公设备、低值易耗品、通信设备的采购、保管与发放，电脑及附属设备的购置与管理，由信息管理部设专人负责。

第二条　酒店各部门将所需办公用品提前半个月报至行政管理部，行政管理部根据实际用量和库存情况制订购置计划，经总经理批准后购置。

第三条 特需办公用品、低值易耗品和通信设备，须经部门经理批准，由行政管理部负责购置，然后记入备品保管账目。

第四条 备品发放采取定期发放制度，每月的 1 日和 15 日办理，其他时间不予办理。

第五条 备品仓库设专人负责。备品入库需根据《入库单》严格检查品种、数量、质量、规格、单价是否与进货相符，按手续验收入库，登记上账。未办入库手续，财务一律不予报销。

第六条 备品保管实行“三清、两齐、三一致”，即材料清、账目清、数量清，摆放整齐、库房整齐，账、卡、物一致，做到日清月结。

第七条 做好出库管理。在日清月结的条件下，月末必须对所有单据按部门统计，及时转到财务部结算。

第八条 各部门设立耐用办公用品档案卡，由行政管理部定期检查使用情况，如非正常损坏或丢失，由当事人赔偿。

第九条 行政管理部负责收回酒店调离人员的办公用品和物品。

第十条 行政管理部建立酒店固定资产总账，对每件物品要进行编号，每年进行一次普查。

▲办公用品发放规定

办公用品发放规定

第一条 本酒店为规范办公用品的发放工作，特制定本规定。

第二条 酒店各部门应本着节约的原则领取、使用办公用品。

第三条 各部门应指定专人管理办公用品。

第四条 各部门应于每月 28 日前将下月所需办公用品计划报办公室。办公室于每月 6 日前一次性发放各部门所需办公用品。

第五条 采购人员须根据计划采购，保证供应。

第六条 办公用品入库和发放应及时记账，做到账物相符。

第七条 任何人未经允许不得进入办公用品库房，不得挪用办公用品及其他物资。库房要做到类别清楚、码放整齐。

第八条 应加强酒店库房管理和消防工作，防止失盗、失火。

▲办公消耗品管理制度

办公消耗品管理制度

第一条　本酒店为加强对办公消耗品的管理，特制定本规定。

第二条　办公消耗品是指文具、纸张、账本及其他印刷物品。

第三条　办公消耗品一年的消耗限额为×万元，各部门及有关人员必须节约使用，避免浪费。

第四条　办公消耗品的购买与管理，由综合办公室负责，下设保管员处理领用事务。

第五条　综合办公室必须把握消耗品在正常情况下每月的平均消耗量，以及各种消耗品的市场价格、消耗品的最佳采购日期。在此基础上，确定采购量与采购时间，以最小的采购量满足日常事务运营对消耗品的基本需求。

第六条　对于特殊场合所用的特殊办公用品，使用部门必须先提出书面申请，综合办公室据此进行必要的调查后决定是否准予采购。如果一次采购价格总额超过×万元时，须经该部门主管同意，必要时请示总经理。

第七条　在定制各种账票时，如果需要改动原格式或者重新设计新格式，使用部门的主管必须起草正式文件或方案，若有相关部门，则需要一式多份，然后将这些材料送至综合办公室，并附上委托定制或订购申请单。之后，综合办公室在其责权范围内，审核新格式、订购数量是否合适，以及新格式的适用性与时效性等。通过审核后，还必须就是由本酒店自行复制或复印，还是委托外部进行印刷等问题，与申请部门做进一步协商。

第八条　向综合办公室领取办公消耗品时，必须填写申请书，写明申请时间，使用场所（部门名称）以及物品名称与数量。同时，申请者以及其部门主管必须加盖印章或签字。另外，特殊办公消耗品的申请，必须填写用途。

第九条　局部使用或特殊用途的账簿传票的订购与领用，统一由综合办公室调控与管理。使用部门或申请者必须按特殊的程序提出申请。

第十条　综合办公室必须在填写办公消耗品购进登记簿的基础上，对照各申请采购传票，在每月末进行统计，向总经理做出报告。

▲事务用家具使用及管理规定

事务用家具使用及管理规定

第一条　为加强对酒店事务用家具的使用和管理，特制定本规定。

第二条　酒店的事务用家具指事务用的桌椅、书架书柜等，其配发和管理，由综合办公室负责。

第三条　事务用家具管理过程的各环节，如购买、配置、分发领用、修缮与保管等，综合办公室须用台账形式记录下来。

第四条　台账按部门分别设置，分别记录各部门领用、借用和使用事务用家具的情况，定期向各部门经理通报。通报以台账的复印件形式进行。

第五条　供应或配置的事务用家具，一律在醒目处贴上金属牌，打上部门名称、家具编号，以及购置日期等。

第六条　各部门经理对所配置的事务用家具，负有使用与保管的责任，要防止事务用家具被盗、被挪用以及污染与破损。

第七条　使用责任者调离时，人事部必须尽早与综合办公室联系，由综合办公室做出具体安排。任何人不得擅自调配或使用该事务用家具。

第八条　事务用家具采取“谁使用、谁保管”的原则，使用者具有不可推卸的保管与维护责任，不得擅自委托他人保管事务用家具。

第九条　未经使用责任者同意，任何人都不得动用已经投入使用的事务用家具。

第十条　综合办公室必须按部门经理的指示，至少一年两次，对库存事务用家具进行盘点，并把账物是否一致的情况，制成清查明细表，上报部门经理。

第十一条　事务用家具破损或污染后需要进行修理与清洗。各部门必须与综合办公室联系，由综合办公室负责办理各项修理与清洗事宜。使用责任者及各部门不得随意处置。

第十二条　综合办公室经检查，确认破损家具已经没有修理必要时，向主管领导请示并得到同意后，予以报废处理。

第十三条　如属个人原因，造成事务用家具破损、丢失，视其情节轻重，做出相应赔偿。

第二节 综合办公室规范化管理表格

文具用品一览表

表 2-3 文具用品一览表

文具名称	规格	单位	单价（元）	代号
修正液				
胶水				
图钉				
曲别针				
印台	红			
印台	蓝			
印台	黑			
印油	红			
印黑油	蓝			［BH］印　油
印泥				
投影片				
投影笔				
胶带台				
胶带				
复写纸				
中式卷宗				
强力夹				
弹簧夹				
订书机（大）				
订书机（中）				
订书机（小）				
订书钉（中）				
订书钉（小）				
公文袋（大）				
公文袋（小）				
黑带子				

办公用品需求计划表

表 2－4　办公用品需求计划表

单位：______　　　　人数：______

个人领用类（每人每月 50 元）							业　务　领　用　类						
办公用品名称	代号	单位	数量	单价	金额	备注	办公用品名称	代号	单位	数量	单价	金额	备注
小　计：							小　计：						
预算金额： 实际金额：	部门主管：			科长：			经办人：						

办公用品请购单

表 2－5　办公用品请购单

财管字第　　　　号

填单日期　　年　月　日

物品名称	规格	用途	单位	数量	需用日期	估计价值	签注
请购部门负责人意见： 年　月　日			综合办公室主任意见： 年　月　日			总经理批准： 年　月　日	

重要办公用品登记卡

表2-6 重要办公用品登记卡

管理部门：综合办公室
使用部门：__________

名　称：		编号：					
规　格：		厂名或牌名：					
构　造：		附属设备：					
存放地点：		耐用年限：					
原　价：		增加价值：					
日　期	摘　要	凭证号数	单位	数量	增加	减损	结存
年　月　日							
年　月　日							
年　月　日							
年　月　日							

领　物　卡

表2-7 领物卡

年　月　日

部门		领用人			核发	
领用物品及规格		用途	数量	单位	单价	总价

总务部经理：______　　保管员：______

办公用品领用卡

表 2－8　办公用品领用卡

姓名：______　　　　　　　　　　　　　　部门：______

文具名称	日期	单位	数量	主管签章	领用登记	备注

办公用品领用单

表 2－9　办公用品领用单

部门：______　　　　　　　　　　　　　　年　月　日

<table>
<tr><th>项次</th><th>品　名</th><th>规格</th><th colspan="3">单位</th><th colspan="3">数量</th><th>单价</th><th>金额</th></tr>
<tr><td>1</td><td></td><td></td><td colspan="3"></td><td colspan="3"></td><td></td><td></td></tr>
<tr><td>2</td><td></td><td></td><td colspan="3"></td><td colspan="3"></td><td></td><td></td></tr>
<tr><td>3</td><td></td><td></td><td colspan="3"></td><td colspan="3"></td><td></td><td></td></tr>
<tr><td>4</td><td></td><td></td><td colspan="3"></td><td colspan="3"></td><td></td><td></td></tr>
<tr><td>5</td><td></td><td></td><td colspan="3"></td><td colspan="3"></td><td></td><td></td></tr>
<tr><td>6</td><td></td><td></td><td colspan="3"></td><td colspan="3"></td><td></td><td></td></tr>
<tr><td>7</td><td></td><td></td><td colspan="3"></td><td colspan="3"></td><td></td><td></td></tr>
<tr><td>8</td><td></td><td></td><td colspan="3"></td><td colspan="3"></td><td></td><td></td></tr>
<tr><td rowspan="3">合计金额</td><td rowspan="3"></td><td>保管</td><td colspan="6">管理部门</td><td colspan="2">领用部门</td></tr>
<tr><td rowspan="2"></td><td colspan="2">主管</td><td colspan="2">经办</td><td colspan="2">点收</td><td>经办</td><td>点收</td></tr>
<tr><td colspan="2"></td><td colspan="2"></td><td colspan="2"></td><td></td><td></td></tr>
</table>

办公用品耗用统计表

表 2－10　办公用品耗用统计表

部门		上月耗用金额（元）	本月耗用金额（元）	差异额（元）	差异率（%）	人数	说明	部门		上月耗用金额（元）	本月耗用金额（元）	差异额（元）	差异率（%）	人数	说明
代号	名称							代号	名称						

总务部经理：______　　　　　　　经办人：______

注：差异额为本月耗用金额减去上月耗用金额的代数差。

办公用品盘存报告表

表 2－11　办公用品盘存报告表

年　月　日

编号	名称	规格	单位	单价	上期结存		本期购进	本期发放数	本期结存		备注
					数量	金额			数量	金额	

主管：______　　保管员：______

个人领用文具用品统计表

表 2－12　个人领用文具用品统计表

姓名：			所属部门：		
文具名称	规格	单位	代号	领用日期	备注

第三章　现代酒店人事部管理制度与表格

第一节　人事部规范化管理制度

▲酒店人事管理制度

酒店人事管理制度

第一条　依据酒店宗旨的精神，为维持酒店的秩序，并促进业务运营的顺利进行，特制定本制度。凡有关从业人员规范、待遇基准以及其他必要事项的管理，均依本制度办理。

第二条　本制度所称的从业人员，系指依照第六条制定的手续录用而从事酒店业务的人员。

第三条　从业人员应遵守本制度及附带各种规定，服从主管人员的指示，维持职场秩序，齐心协力，互相协助，诚实执行职务。

第四条　本制度如有与法令抵触事项及本制度未定事项，均依法令规定办理。

第五条　本制度所称的职位、职种定义如下：

（1）职位：分派于一个从业人员的工作。

（2）职种：工作种类相同或类似职务的集合，区别为事务职、营业职、生产职。

第六条　酒店从希望就职人员中经考试或甄选合格，并经办妥规定手续者录用为从业人员。

第七条　新进从业人员试用的若干规定。

（1）新进从业人员应订立临时雇用合同为试用从业人员。

（2）试用期满经考核合格后以正式从业人员登记录用。

（3）试用期间如认为不适合时，须予以解除试用。

第八条　新进从业人员雇用期一般定为 3 个月。

第九条 从业人员提交资料的有关规定。

(1) 希望来酒店就职者须提供个人简历、从业人员调查表、离职证明、最近2寸半身照片。如系推荐介绍者，必要时须提供考试或甄选及格证书、推荐信、学业成绩证明书、毕业证明书。

(2) 酒店决定录用者须交身份证复印件、体检表及其他本酒店认为必要的材料。

(3) 前项各款规定应交的材料，如其记载事项有变动时，应随时报告备案。

第十条 从业人员如有下列各项情形之一者，应予停职：

(1) 无故旷工达7天者。

(2) 未经公司调派从事其他公司的业务者。

(3) 因非业务上的伤病连续请假达1年者。

(4) 上列各款之外酒店认为应予停职比较妥当者。

第十一条 前条规定的停职期制定如下，但有特殊情形者停职期须酌予延长。

(1) 合乎前条第一项者，连续工作未满3年者6个月，满3年以上者1年。

(2) 合乎前条第二项者3个月。

(3) 合乎前条第三项、第四项者，视必要情况，酌予延长停职期。

第十二条 停职期间，停职原因消灭时，应予复职。

停职期届满而停职原因尚未消灭时，依照下列情况办理：

(1) 合乎第十一条第一项及第二项者免职。

(2) 合乎第十一条第三项，再决定停职的期限。

第十三条 停职期间的薪金均不给付，但依第十条第三项的原因而停职者，如其服务机构所给付的薪金低于原待遇时，其不足部分，由酒店给付。停职期间的年资不予计算，但第十条第三项及第四项的停职人员，酒店认为必要者，不在此限。

第十四条 从业人员如有下列各项情况之一者，应予解雇：

(1) 身心衰弱或其他原因不堪胜任业务者。

(2) 严重违反劳动纪律或酒店规章制度的。

(3) 工作成绩或效率显著低劣且经学习、培训仍无明显提高者。

(4) 被依法追究刑事责任者。

第十五条 从业人员如有下列各项情况之一者，准予退职：

(1) 死亡者。

(2) 经申请辞职获准者。

(3) 届退休年龄者。

(4) 雇用有定期，其期届满者。

(5) 超过停职期而未能复职者。

第十六条 从业人员希望辞职者，应于辞职前30日提出申请，但酒店认为有其不得已的特别事情者，不在此限。

第十七条　退休年龄定为男性满 60 岁，女性干部满 55 岁，女性工人满 50 岁。酒店认为必要时，对于超过退休年龄，经协商一致，依下列条件继续雇用：

（1）职员得签订为期一年的雇用合同。

（2）需变动职种或调动职务。

（3）降低待遇或依照临时从业人员办理。

第十八条　从业人员被解雇或辞职时，须办理移交，将公司发给的身份证明书交还，并将经办事项，保管的文件、金钱、财物移交清楚。

第十九条　从业人员被解雇或辞职时，凡酒店权益所属的金钱财物，须及时交还，权利者有所请求时，须自请求日起 7 日内交还。

第二十条　从业人员被解雇或辞职者，如请开离职证明时，应及时发给。

▲人力资源管理制度

人力资源管理制度

1. 实行计划管理

（1）制订酒店招工计划。酒店招工计划包括三到五年中长期计划和一年短期计划。此计划要考虑人才结构，确定每年吸收人数的比例和数量，逐步提高酒店职工的文化程度，提高人员素质。招工计划需根据酒店定编、定岗情况编制，做到人尽其才。

（2）制定内部人员调整计划。根据岗位工作的实际需要，对酒店现有的人员进行调整，优化劳动组合，及时补充缺岗人员。将多余人员调离岗位，安排其他合适的工作。在各部门、各岗位之间进行必要的人员调整，尽可能使其工作能力、专业特长与实际担任的工作相适应。

（3）制订退休计划。酒店员工达到退休年龄，没有特殊情况时都要列入退休计划，安排退休。对未到退休年龄但身体很差、不能正常上班者可提前安排退休。

2. 制定招聘标准

（1）根据酒店人员编制需要面向社会统一招聘。招聘工作应遵照公开招收、公开竞争、公开考试、择优录用的原则。

（2）招聘标准主要包括：

①各主要工种人数、总人数。

②职业道德要求。

③所学专业、文化程度、外语要求。

④实际工作技能和工作经验。

⑤年龄。

⑥身体素质要求。

⑦其他方面的条件。

（3）人员招聘一般应经过笔试和面试，在招聘中应坚持德、智、体全面发展。

3. 制定岗位职责

酒店每个岗位都应有上岗条件，符合条件的上岗，不符合条件的经培训合格再上岗，否则应调整工作。岗位标准包括从总经理到服务员的各个岗位，以保证各个岗位人员的综合素质。

▲人事计划管理办法

人事计划管理办法

第一条　人事计划可分短期、中期、长期三种，短期以一年为期，中期则以三年为期，长期则以五年以上为期。

第二条　不论短期、中期或长期都必须于年度开始前一至两个月编制完毕。

第三条　中期及长期计划需每年调整编制。

第四条　由人事部门制定人事计划编制要求。编制要点中，应列明人事计划编制原则及各部门的编制方针。

第五条　由各部门按业务需求，提出该部门未来的人力需求、招聘计划及培训计划，并送由人事部门汇编。

第六条　人事部门根据各部门实际情况及建议，加以评估后汇编全酒店人事计划并与各部门沟通后送呈核定。

▲员工聘用规定

员工聘用规定

第一条　为加强本酒店员工队伍建设，提高员工的基本素质，特制定本规定。

第二条　本酒店所有员工分为两类：正式员工和短期聘用员工。

正式员工是本酒店员工队伍的主体，享受酒店制度中所规定的各种福利待遇。短期聘用员工指具有明确聘用期的临时工、离退休人员以及少数特聘人员，其享受待遇由聘用合同书规定。短期聘用员工聘用期满后，若愿意继续受聘，经单位同意后可与本酒店续签聘用合同。正式员工和短期聘用员工均应与本酒店签订合同。

第三条　本酒店不允许各级管理人员将自己的亲属介绍、安排到本人所分管的部门工作，属特殊情况的，需由总经理批准，且介绍人必须立下担保书。

第四条　本酒店各部门和各下属机构必须制定人员编制，各部门用人应控制在编制范围内。

第五条　本酒店需增聘员工时，提倡公开从社会上的求职人员中择优录用，也可由内部员工引荐，内部引荐人员获准聘用后，引荐人必须立下担保书。

第六条　从事管理和业务工作的正式员工一般必须满足下述条件：

(1) 中专以上学历。

(2) 2年以上相关工作经历。

(3) 年龄一般在35岁以下，特殊情况不超过45岁。

(4) 外贸人员还必须至少精通一门外语。

(5) 无不良行为记录。

特殊情况人员，经总经理批准后可适当放宽有关条件，应届毕业生及复员转业军人需经总经理批准后方可考虑聘用。

第七条　所有应聘人员除总经理特批可免予试用或缩短试用期外，一般都必须经过3~6个月的试用期后，才可考虑聘为正式员工。

第八条　试用人员必须呈交下述材料：

(1) 由单位统一发招聘表格，并按要求填写。

(2) 学历、职称证明。

(3) 个人简历。

(4) 相片两张（近期）。

(5) 身份证复印件。

(6) 体检表。

(7) 面试或笔试记录。

(8) 员工引荐担保书（由酒店视需要而定）。

第九条　试用人员一般不宜担任要害部门的工作，也不宜安排具有重要经济责任的工作。

第十条　试用人员在试用期内的待遇规定如下：

(1) 基本工资待遇：

高中以下学历，一等；

中专学历，二等；

大专学历，三等；

本科学历，四等；

硕士研究生学历（含获初级技术职称者），五等；

博士研究生学历（含获中级技术职称者），六等。

(2) 试用人员享受一半浮动工资和劳保用品待遇。

第十一条　试用人员经试用考核合格后，可转为正式员工，并根据其工作能力和岗位重新确定职级，享受正式员工的各种待遇。员工转正后，试用期计入工龄，试用不合格者，可延长其试用期或决定不予聘用。

第十二条　对于酒店正式员工，可根据其工作业绩、表现以及年限，由酒店给予办理户口调动。

第十三条　酒店各类人员的正式聘用合同和短期聘用合同以及担保书等全部材料汇总保存于人事部，由上述两个单位负责监督聘用合同和担保书的执行。

▲员工雇用制度

员工雇用制度

第一条　本酒店各部门如因业务需要，必须增加人员时，应先依新进人员任用事务处理流程规定提出申请，经总经理核准后，由人事部门办理考选事宜。

第二条　新进人员考试或测验及审查合格后，由人事部门办理试用申请表，原则上职员试用 3 个月，期满考核合格者，方得正式雇用，但考试成绩优良者，可缩短其试用时间。

第三条　试用人员如有品行不良或工作成绩欠佳或无故旷工者，可随时停止试用，予以解雇。

第四条　凡有下列情况者，不得雇用：

（1）被依法追究刑事责任者。

（2）患有精神病或传染病者。

（3）因品行恶劣，被其他单位开除者。

（4）体检不合格不能胜任工作者。

（5）未满 16 岁者。

第五条　员工一经正式雇用，均应与本酒店签订《劳动合同》，双方共同遵守。

第六条　从业人员晋升办法另定。

▲面试标准规定

面试标准规定

第一条　思维能力。说理充分，论证严密，分析、归纳正确，思维的逻辑性强，思维面广。

第二条　语言表达能力。语言表达清楚、准确、简洁、流畅、有逻辑性，能够将自己的思想、观点、意见或建议顺畅地用语言表达出来。相反，语言表达不清、啰唆、缺乏逻辑性，说明语言表达能力差。

第三条　计划组织能力。办事有计划，组织协调能力强，可行性高。相反，办事无计划，无组织协调意识，说明计划组织能力差。

第四条　人际合作能力。有很强的合作意识，有一定合作技巧，注意沟通。相反，无合作意识，合作技巧简单无效，较封闭，说明人际合作能力差。

第五条　责任感。回答问题诚实，办事负责、自信、有进取意识。相反，回答问题绕弯子，办事不负责、无进取心，说明责任感差。

第六条　个性稳定性。情绪稳定，沉稳耐心，有一定的承受力。相反，情绪易激动，急躁，对外部压力特别敏感，说明个性稳定性差。

第七条　举止仪表。文化素养高，举止得体，穿着整洁，无多余动作。相反，文化素质差，穿着不当，多余动作较多，说明举止仪表差。

第八条　理解及逻辑思维能力。语言的逻辑性、遣词用句适当性、表达的简洁性较好，对发问理解准确。

第九条　社会协调性。理解并尊重他人意见、不固执己见（与有独立见解区分开）、愿意帮助或协助他人做事、喜欢集体活动、与周围人和谐相处。

第十条　积极进取心。有进取心、自我约束能力强，在工作上兢兢业业、追求进步，不安于现状，努力把工作做好，工作中常有创新。进取心不强的人，必然是无所事事，安于现状，不求有功，但求能敷衍了事，因此对什么事都不热心的人是难以做好本职工作的。

第十一条　求职动机与工作期望。了解求职者为何希望来本单位工作，对哪种职位最感兴趣，在工作中追求什么，判断本单位所能提供的职位或工作条件能否满足其工作要求和期望。

第十二条　专业知识、特长及工作经验。了解求职者掌握专业知识的深度和广度，其专业知识与特长是否符合所要录用职位的专业要求，作为对专业知识笔试的补充。了解求职者的工作经历，查询其过去工作的有关情况，以考察其所具有的实际经验和能力。

第十三条　综合分析能力。是否能够抓住问题或事物的本质，并且说理透彻，分析全面，条理清晰。

第十四条　反应能力。即交谈反应能力，通过考察交谈反应能力看其头脑的机敏程度，求职者对所提问题能否迅速、准确地理解并尽快做出相应的回答而且答案简练、贴切，反映他头脑的机敏程度，借此来判断其在将来的工作中能否迅速准确地理解上级指令和意图，以及准确地判断面临的问题，恰当地处理突发事件的能力水平。

第十五条 自我控制能力。在遇到批评指责、压力或受到冲击时，能够克制、忍耐、理智地对待。

第十六条 精力和活力。在面试中，通过了解求职者喜欢什么运动、每天的运动量等，可以考察其精力和活力。

第十七条 兴趣与爱好。求职者在休息时间喜好从事哪种活动，喜欢阅读哪些书籍以及喜欢什么样的电视节目，有什么样的嗜好等，可以了解一个人的兴趣与爱好，这对录用后的职位安排同样是有益的。

第十八条 判断能力。提出并形成可供选择的行动方案，做出以逻辑假设为根据的反映真实信息的决策能力。准备做出决策，实施判断，采取行动或身体力行的能力。

第十九条 独立性。主要根据自己的判断而不是根据他人的意见采取行动。

第二十条 坚韧性。在压力或反对下坚定地工作。

第二十一条 领导能力。能用适当的处理人际关系的方式和方法引导单个人（包括下属、同级和上级）或一些人去完成任务。

第二十二条 主动性。积极努力去影响一些重大活动，计划性强，期望值高。

第二十三条 积极性。在工作中所从事的具体活动和承担的责任与个人所期望从事的活动和承担的责任相符的程度。

▲新进员工面试录用办法

新进员工面试录用办法

第一条 招聘新进员工，应以人事计划及各部门的实际需要为依据。各部门如有职务空缺或需要增加人员时，须先行提交人员需求申请及人员增补申请表，属于新设职务者，还应同时提交工作说明书，呈总经理核准后，由人事部办理。

第二条 人事部选择适当时机发布招聘信息，在应聘人员通过初试后，发出面试通知。应聘人员应按时前来参加面试。

第三条 面试由申请用人部门的主管、特聘专家及人事部职员进行，申请用人部门主管为主试。面谈完毕时，主试人应立即将评语及所得印象记录在面谈记录表上。

第四条 专业考试的命题及阅卷工作由用人部门担任，考试行政由人事部担任。

第五条 专业考试及面试合格与否应由用人部门决定。人事部对考试合格者的人事档案加以调查，以了解其过去就学、工作情况及行为表现。

第六条 人事部将利用新进员工考试成绩记录——专业考试、面谈评定等成绩及个人档案资料，供用人单位决定录取与否。求职者一经决定被录取，即成为本公司新进员工储备人员。人事部应将此消息立即通知录取人。

第七条　专业考试及面谈的标准录取分数均不得低于 60 分。另外，还应参加有关部门组织的心理测验，测验结果供用人单位录取时参考。

▲新进人员试用制度

新进人员试用制度

第一条　新进人员试用期为 3 个月，期满前一周由人事部门提供“考核表”，分甲（干部人员）、乙（一般人员）两种，并登记被考核人试用期间出勤资料，依人事权限划分表顺序，逐级考核。

第二条　人事部门根据考核表发给“试用期满通知单”。

第三条　人事部门发出试用期满通知后，依不同的批示，分别办理下列事项：

（1）试用不合格者，另发给通知单。

（2）调（升）职者，由人事部门办理异动作业。

（3）薪资变更者，由人事部门填“薪资通知单”办理调薪。

（4）事务办理完毕后，“考核表”应归入个人资料袋中。

（5）新进人员在试用期内，表现不合要求，部门主管认为有必要停止试用时，可立即提前办理考核，并签人事异动申请单，报请权限主管核定停止试用。

▲新进人员任用细则

新进人员任用细则

1. 员额申请

各部门如需增添人员，应将所需名额、条件以及需求期限，填具人员增补申请表，呈准后，交人事部门依限尽速办理，并设法于半个月内完成为原则。

2. 招聘

无论求职者是个人应聘还是他人介绍，必须先经人事部门面谈口试合格后，再移申请部门考试。考试时，应通知人事部门会同办理。

3. 考试

新进人员经部门口试或会同考试后应将合格者报请雇用，经批准后方可通知到职（限月薪人员及技术性员工）。

4. 报到

新进人员报到时应先提交相关资料。

5. 考核

新进人员不论其为考取还是介绍以及有无工作经验，均须先经试用，并由主管（用人部门）考核一周，合格则继续试用，不合格者即予辞退。

6. 试用及升正

（1）试用开始，职员先由所属部门主管引谒上级主管及介绍本部门同人。

（2）试用期升正时间定为每月 1 日，凡试用期满认为成绩合格者即于次月 1 日统一办理升正，其成绩较差者，可视情形延长试用，最多以 4 个月为限，不理想者，即予淘汰。其升正的计算如下例：3 月 2 日到职，如果两个月升正则应于 6 月 1 日办升正手续。

（3）试用人员升正，必先经安全调查办妥无问题方可，因安全调查延迁，凡已升正者如安全有问题，立即通知离职，不予录用。

7. 核薪

（1）核薪程序参照薪资表实施细则的规定办理。

（2）员工经试用后于每月 10 日及 25 日统一办理核薪手续，其于核薪前离职者按其职等的最低试用薪计给。

（3）采取薪资保密制，薪资核定经人事单位登记后径送财务部主管。

8. 签订合同

员工升正后应即与酒店签订合同，凡未签者，其薪资仍按试用计算，并须遵守下列原则：

（1）员工升正于合同签订日期生效。

（2）员工升正合同签订后，服务未满一年，而故意旷职（工）离去，视为自请辞职，并以违背雇用合同论。

9. 其他

（1）临时雇用人员另定办法。

（2）本细则实施后无论升正员工的合同已签、未签均应以此为据。

（3）本细则由经理级会议研讨通过并呈总经理核准后实施，如有未尽事宜须随时报请修正。

▲员工培训管理制度

员工培训管理制度

1. 培训内容

（1）员工培训应根据其所从事的工作，以专业培训和岗位培训为主。

（2）管理人员应充分了解政府的有关方针、政策和法规，学习和掌握现代管理理论和技术，提高市场预测能力、控制能力、决策能力。

（3）专业技术人员如财务人员、工程技术人员、厨师等，应接受各自的专业技术培训，了解政府有关政策，掌握本专业的理论知识和业务操作方法，从而提高专业技能。

（4）基层管理人员应通过培训充实知识，提高实际工作能力。

（5）基层工作人员须学习酒店及本部门各项规章制度，掌握各自的岗位职责和要求，提高业务水平和操作技能。

（6）酒店的其他人员也应根据本职工作的实际需要参加相应的业务培训。

2. 培训方法

（1）由专业教师讲课，系统地讲授专业基础理论知识、业务知识和操作技能，提高专业人员的理论水平和实践能力。

（2）酒店内部业务骨干介绍经验。

（3）组织员工到优秀酒店参观学习，实地观摩。

3. 培训形式

（1）长期脱产培训，主要培养有发展前途的业务骨干，使之成为合格的管理人员。

（2）短期脱产培训，主要适用于上岗培训或某些专业性强的技术培训。

（3）半脱产培训，主要是专业培训，系统学习酒店基础经营管理知识。

（4）业余培训，鼓励员工积极参加各种与本职工作有关的培训，并承认相应的学历。

4. 培训档案

（1）酒店人事部应建立员工培训档案，将员工的培训内容、培训方式、考核成绩及时记录在案。

（2）取得培训证书人员的考核成绩应与工资晋级、提拔任用挂钩，对于取得优异成绩者酒店可给予相应的奖励。

5. 其他

（1）员工培训要按计划、分批分阶段、按不同的工种和岗位需要进行，要结合实际，注重实用性，逐步提高员工队伍素质。

（2）本酒店的工作人员都要参加岗位职务培训，培训结束，成绩合格者，发给培训合格证书。

▲员工培训制度

员工培训制度

1. 员工培训的原则

（1）理论与实际相结合。在搞好职工专业技能等实践方面培训的同时，不能忽视对其提高理论水平的培训。

（2）因人而异，因材施教。

（3）近期目标与长远目标相结合。

2. 培训目的

（1）提高员工队伍素质和酒店管理水平。

（2）挖掘企业潜力，提高经济效益。

3. 组织领导与任务

在总经理室领导下，人事部负责具体员工培训工作的实施。

其培训任务为：

（1）各类专业技术人员业务培训教育的组织与考核。

（2）各级行政管理人员培训教育与考核。

（3）新职工岗前培训教育与考核。

（4）干部任职前的培训教育与考核。

（5）特殊专业外出学习、取证工作管理。

（6）其他临时性培训任务。

4. 培训内容

（1）政策、法规教育。

（2）专业技术理论、知识技能和本岗实际操作教育。

（3）管理理论、知识、工作方法及相关的业务知识教育。

（4）其他专项教育内容。

5. 培训方式

（1）长期脱产培训（3 个月以上）。

（2）短期脱产培训。

（3）业余培训。

6. 审批程序

（1）本酒店原则上严格控制长期脱产培训人员，若确实因工作需要，必须填写外出培训审批表，经主管经理同意批准，人事部备案。

（2）主要是用于上岗前的短期脱产培训，由人事部与主管经理协商后实施。

（3）业余培训，酒店不负担各项支出。培训人员需在人事部备案。

7. 培训期间的待遇

（1）长期脱产培训人员的学费由酒店负担，其工资、福利不变。学习期间不享受奖金。

（2）短期脱产培训人员的待遇和在职员工一样。

（3）没有经批准利用工作时间外出学习的人员，一律按旷工处理。

8. 培训档案与合格证书

（1）人事部建立员工培训档案，为员工的晋升、核薪提供参考依据。

（2）人事部对参加培训人员，经考核合格者发放证书，不合格的按酒店劳动管理的有关制度执行。

▲员工迁调制度

员工迁调制度

第一条　酒店基于业务上的需要，可随时调动任一员工的职务或服务地点，被调员工应尽量予以配合。

第二条　各部门主管依其管辖内所属员工的学识和能力，力求人尽其才，以达到人与事相互和谐协调，可填具人事异动单呈核派调。

第三条　奉调员工接到调任通知后，主管人员应于10天内，其他人员应于7天内办妥移交手续就任新职。

第四条　奉调员工可比照出差旅费支给办法报支旅费。其随往的直系家属凭乘车证明报支，但以五口为限，搬运家具的运费，可依单据报支。

第五条　奉调员工离开原职时应办妥移交手续，才能赴新职部门报到，不能按时办理完移交者呈准延期办理移交手续，否则以移交不清处理。

第六条　调任员工在新任者未到职前，其所遗职务可由直属主管暂代理。

▲员工解雇、辞退处理制度

员工解雇、辞退处理制度

第一条　因酒店业务情况或方针有变而产生冗员及员工不能胜任工作而又无法另行安排者，酒店有权予以解雇。

第二条　解雇需提前一个月书面通知其本人。

第三条　根据员工在本酒店具体工作时间，每满一年发给一个月的基本工资。

第四条　酒店员工离职都应办妥离职手续，否则酒店不予提供该员工的任何有关人事资料，必要时采取法律途径追讨酒店损失。

第五条　员工因违反酒店规章制度，经教育或警告无效，酒店可以马上辞退，无须提前一个月通知本人。

▲员工考评制度

员工考评制度

1. 考评的原则

（1）酒店各部门应把考评工作作为一项常规工作来抓，每个季度进行一次，并协同人事部做好对员工的考评，使之制度化、程序化、合理化。

（2）在考评前应认真做好准备，对员工的工作表现要有充分的了解，搜集其自上次考评以来的工作表现记录，包括出勤情况、奖惩记录、直属主管的日常反映等，确保考评结果的准确性。

（3）常用的考评方式是考评者与被考评员工直接面谈交换意见。面谈应选择一个不受外界干扰的安静环境，使考评双方能在宽松而宁静的气氛中坦诚交谈，以提高考评效果。

（4）在客观公正的考评基础上，根据每一名员工的业绩与表现，将其考评的结果与对员工的合理任用和相应的报酬待遇结合起来，以提高工作效率，调动员工的积极性。

（5）考评者工作要认真、仔细，实事求是，确保考评工作的公平性和客观性。

2. 考评的内容

（1）态度。主要指员工的事业心与工作态度，包括其执行纪律和出勤情况、工作的主动性与积极性等。

（2）素质。包括员工是否有上进心，是否忠于本职工作及其可信赖程度，还包括纪律性、职业道德、个人卫生与仪容仪表等。

（3）能力。根据员工的不同职别层次，对其业务能力、管理能力、工作能力作分类考评。

（4）绩效。主要考评员工对酒店的贡献与完成工作任务的数量、质量方面的情况。

3. 考评的方法

（1）上、下级面谈。上级领导通过直接面谈方式对其下属员工进行考评。

（2）对象比较。由被考评员工的直属上司执行，对被考评的一组员工，按照工作要求的标准，相互比较，然后采用评分或评语方式，对被考评员工工作表现进行评价。

（3）班组评议。由所在部门的同事有组织、有准备地讨论评议。班组评议由班组长或领班负责召集并汇录评议结论。考评标准或提纲由人事部和员工所在部门制定。班组评议结论须经本人阅读并签字后方可生效。

（4）个人鉴定。由被考评员工对本人的工作表现，参照酒店人事部门和所在业务部门所规定的工作标准，以书面形式作自我总结。

▲员工考勤管理制度

员工考勤管理制度

第一条　酒店员工正常工作时间视部门工作需要而确定，因季节变化需调整工作时间的由总经理办公室另行通知。

第二条　酒店员工一律实行上下班打卡登记制度。

第三条　所有员工上下班均须亲自打卡，任何人不得代替他人或由他人代替打卡，违反者代理人和被代理人均给予记过处分。

第四条　酒店每天安排人员监督员工上下班打卡，并负责将员工出勤情况报告值班经理，由值班经理报至人事部，人事部据此核发全勤奖金及填报员工考核表。

第五条　所有员工须先到酒店打卡报到后，方能外出办理各项业务。特殊情况须经主管经理签卡批准，不办理批准手续者，按迟到或旷工处理。

第六条　上班时间开始后5分钟至30分钟内到班者，按迟到处理。超过30分钟以上者，按旷工半日处理。提前30分钟以内下班者按早退处理，超过30分钟者按旷工半天处理。

第七条　员工外出办理业务前须向部门经理说明外出原因及返回时间，否则按外出办私事处理。

第八条　员工一个月内迟到、早退累计达三次者扣发全勤奖50%，达五次者扣发100%全勤奖，并给予一次警告处分。

第九条　员工无故旷工半天者，扣发当月全勤奖，并给予警告处分，每月累计三天旷工者，扣除当月工资，并给予记过处分，无故旷工达一个星期以上者，作停职处理。

第十条　员工因公出差，须事先填写出差登记表，副经理以下人员由部门经理批准。各部门经理出差由总经理批准。工作紧急无法请假时，须在办公室备案，到达出差地点应及时与酒店取得联系。出差人员应于出差前先办理出差登记手续并交至人事部备案。凡过期或未填写出差登记表者不再补发全勤奖，不予报销出差费用，特殊情况须总经理审批。

第十一条　当月全勤者，可获得全勤奖金。

▲员工出勤管理办法

员工出勤管理办法

第一条　本酒店为使全体员工养成守时习惯准时出勤，特制定本办法。

第二条　本酒店员工除下列人员外，均应按规定上下班时间打卡。

(1) 经总经理核准免予打卡者。

(2) 因公出差填妥“出差申请单”并经主管核准者。

(3) 因故请假，经核准者。

(4) 临时事故，事后说明事由，经主管核准者。

第三条　本酒店员工上下班时间规定如下：

上午：自8点至12点整。(主任以上主管上午上班时间为7点50分)

下午：自14点至17点整。

住宿酒店的值勤人员及负责环境清洁工作的员工，其上班时间另定。

第四条　员工于上班时间后打卡出勤者即为迟到。员工于下班时间前，非为酒店业务上的需要，擅自下班者，即为早退。

第五条　上班迟到5分钟以内者，为第一类迟到。上班迟到在超过5分钟以上者，为第二类迟到。凡一个月内，第一类迟到三次者，视同第二类迟到一次。凡一个月内第二类迟到三次者，视同旷工半天。

第六条　中午下班、上班不得一次打卡，两次打卡的时距应在30分钟以上，否则视同第二类迟到论。

第七条　员工上班而未打卡者，除有正当理由经直属主管于卡片上核准签注外，视同第二类迟到论。

第八条　员工第一类迟到者，于每月底由人事部门统计，并送呈有关单位主管，作为平时考核的参考资料之一。

第九条　员工第二类迟到者，于每月底由人事部门统计，除呈报有关单位主管外，每次扣其该月份薪资总额1%，充作福利金。

第十条　员工下班而未打卡者，除有正当理由经直属主管于卡片上核准签注外，视为早退论，上项签注必须于下次上班日上午9点前亲自呈主管签注为限。

第十一条　员工早退者，每次扣其该月份薪资总额1%，充作福利金。

第十二条　本酒店员工上下班均应亲自打卡，如有下列情形之一者，均以旷工一天论，并按其情节酌予惩处。

(1) 委托他人代打出勤卡者。

（2）有涂改情况者。

（3）故意毁损出勤卡者。

（4）伪造出勤卡者。

如有第一项的情形发生，代打者亦以旷工一天论并同受惩处。

第十三条 本办法如有未尽事宜，须呈报总经理核定修订。

▲考勤员工作制度

考勤员工作制度

1. 考勤员职责说明

随着考勤系统操作权限的分散及考勤工作流程的变更，考勤员的工作职责将随之做相应调整。考勤员的工作从原来的面向人事部改为直接面向各系统，主要从事酒店的组织结构管理、时间管理及部分人员基本信息的维护。

2. 组织结构管理

（1）保证系统中的部门组织结构与实际情况一致，确保部门隶属关系与部门名称的准确性。

（2）及时反馈系统中部门组织结构的变更信息。

（3）有关部门组织结构的变更，包括部门增减合并、隶属关系变更、名称变更等，应随时以管理部（或一级部门）联络单的形式在 5 个工作日内将变更信息反馈至人事部。同时应注明发生变更的部门人员归属情况。

3. 时间管理

（1）对酒店员工的考勤状况进行有效管理，为相关部门提供有借鉴意义的统计数据，辅助人事管理。

（2）监督员工严格执行酒店相关的考勤管理制度，及时、准确地维护系统考勤数据，使其真实反映员工的考勤状况。

①考勤数据的审核与及时录入。对本部门员工忘记刷卡、外出公干、请假、销假、加班原始数据进行及时审核和录入。在条件允许的情况下，外出公干、请假及加班的原始数据可通过相应的电子流直接录入系统。考勤数据的录入，应在有效单据到达后 2 个工作日内完成。

②考勤异常情况的处理。人事部每天定时在 SAP 系统中处理员工的考勤记录，各部门考勤员应每天定时查询一次，并跟踪异常情况的原因，在 2 个工作日内完成对异常情况的处理。

③负责对酒店考勤管理制度的宣传与咨询，受理部门员工考勤状况查询。

④有驻外机构（如办事处）的部门，应在每月第 3 个工作日上报驻外机构人

员的考勤报表及加（值）班汇总表。

4. 人员基本信息维护

（1）确保系统中相关人员基本信息的准确性。

（2）及时维护系统中人员的班次、上班地点、职类、职位及职位代码信息。

（3）对于本部门人员的班次、上班地点、职类、职位及职位代码信息的变更，应随时跟踪并在变更发生后3个工作日内在系统中做相应调整。

▲上下班打卡制度

上下班打卡制度

第一条　酒店的全体员工必须提前打卡，准时签到。

第二条　严禁代人或托人打卡，触犯者当月奖金全扣并受相应处罚。

第三条　如有特殊情况未打卡或不依时打卡，应由总经理签字认可，病事假由部门收集请假单统一上交人事部。

第四条　在员工通道出入口处设有卡钟，员工上下班必须从该通道出入，并在卡钟打卡后才能上下班。

第五条　由酒店保安员负责打卡处的秩序及安全管理，人事部负责考勤卡的发放及核查。

第六条　人事部每月按规定的时间累计及核对各部门的考勤表及考勤卡，员工如果因特殊情况外出等无法打卡，应由所属部门经理在当天考勤上签字，否则按旷工处理。

第七条　酒店的员工上下班出入必须佩戴工作证，并随时接受检查，如有遗失，做罚款处理，且由本人承担因此而引起的一切后果。

▲员工牌、工作证管理制度

员工牌、工作证管理制度

第一条　酒店的员工牌、工作证按部门分号，各部门的排号以机构设置为序，由人事部统一编排造册发放。

第二条　员工牌、工作证上面应有本人正面彩色免冠照片，加盖酒店公章，上面注明本人姓名、所属部门、职位、入职日期、员工号等。

第三条　工作证编号由人事部编排，向员工收发时应做好登记。

第四条　工牌号码由总经理室、人事部、保安部、本部门各保存一份。

第五条　员工应保管好员工牌和工作证，不得和其他人交换使用，不得在上面乱涂乱画。

第六条　员工牌、工作证若有遗失，应及时向人事部反映，并及时补办。

第七条　员工变动或离开酒店时将工作证交回人事部。

▲工资发放制度

工资发放制度

1. 工资标准

（1）酒店实行职务等级岗位工资制，共分为十三个等级。

（2）根据管理人员现任的职务确定工资等级，根据职工从事的岗位确定相应工资等级。

（3）管理人员职务发生变动、职工工作岗位发生变动，自调令发布的下一个月起，其工资将随之做相应调整。

（4）各项政策性福利和津贴，按规定发放，并计入工资总额。

2. 工资构成

（1）个人总收入 = 职务岗位等级基本工资 + 生活津贴 + 浮动效益工资。

（2）职务岗位等级基本工资依照担任职务、岗位职责、技能高低，经过考核后确定。

（3）生活津贴按国家有关规定予以发放。

（4）浮动效益工资随酒店经营效益的高低上下浮动。

原则上酒店每年进行一次工资调整。

3. 工资确定

（1）技术工种，包括工程技术人员、厨师、司机、美容美发师、采购员等，进行技术考核，合格者相应纳入十三等级。

（2）熟练工种，包括客房服务员、收款员、保安员、行李员、电话员、门卫、外币兑换员等，其岗位工资按其工龄、工作业绩确定，试用期间定为十三级，期满后定为十二级，在本职工作满一年、工作表现优秀晋升为十一级，工作满二年晋升为十级，满三年晋升为九级，九级为服务员最高等级。

（3）管理人员（指领班以上人员）按照各岗位任职条件进行考核，经聘任后，确定相应岗位级别。

（4）专业技术人员，如工程师、技术员、会计师、会计员、经济师、审计师、经济员等，根据其所具备的专业技术职称、任职条件和任职资格，经总经理聘任后，确定相应岗位级别。

▲职工提薪办理办法

职工提薪办理办法

第一条　提薪原则上一年一次，以4月1日作为提薪日。但是，当物价指数急剧变化，酒店认为有特别的必要时，也可进行临时提薪。

第二条　提薪可分为三类：按身份提薪、按技能提薪、按工龄提薪。

第三条　当出现下列情况之一者，丧失提薪资格：

（1）录用不满一年。

（2）因公伤之外的原因而缺勤合计数达到2个月以上。

（3）在上年度中，停职时间达到2个月。

（4）在上年度中受到过处罚。

（5）正在提退职申请。

（6）年满60岁。

但是，关于第（2）、（3）两点，不影响技能提薪和工龄提薪。

第四条　总经理每年任命提薪考查委员会。

第五条　考查委员会必须注意下面各点，进行公正、准确的考查核定。

（1）在进行考查时，要撇开自身的利害得失或人情面子，公正、冷静地进行判断确认。

（2）对每个人的考查都须实事求是，不得不根据事实主观臆断，或者轻信他人的谣言中伤做出判断。

（3）避免因个人的主观臆想和好恶而进行考查判定。

（4）考查的结果对被考查对象将来的前途以及当前的工作成绩和情绪都有重大影响，因此要求慎重地进行考查工作。

（5）对考查结果必须严守秘密，不能随便外传。

▲出勤奖金发放细则

出勤奖金发放细则

第一条　为了激励员工努力工作，保证出勤率，特制定本细则。

第二条　适用资格：

（1）进入本酒店至少6个月以上者。

（2）在奖金计算期间没有因工作问题被处分者。

第三条　适用时期及适用日：

出勤奖的适用资格评定及取消，一年共分 2 次（6 月及 12 月评估，适用日发布时间为 6 月 20 日、12 月 20 日，并于发布日后的下一个支薪日起实施）。

第四条　出勤率的计算：

出勤率的计算应于每年 5 月 20 日及 11 月 20 日实施。

第五条　出勤率的扣除：

出勤率的计算以规定的年度出勤日数除以年度应出勤日数即是，并依下列规定扣除。

（1）下列的缺勤原则上不予以扣除薪资及出勤率：

①年度有薪休假。

②特别休假。

③事故休假。

④业务上疾病的缺勤（未满 1 个月）。

（2）下列的缺勤，则依实际缺勤日数，予以扣除：

①业务外负伤疾病的缺勤。

②员工因私人事由的缺勤（以旷工的缺勤论）。

③未事先请假的缺勤（以旷工的缺勤论）。

④迟到、早退、私自外出的缺勤，以 30 分钟为计算单位，超过 30 分钟以上者，扣除一日份的出勤率。

（3）薪资计算期间的停职时间，其未执行勤务数，则不予以计算。

第六条　本细则从××××年×月×日起开始实施。

▲年终奖金发放办法

年终奖金发放办法

第一条　为建立有系统的合理化的公平年终奖金发放方式，特制定本法。

第二条　年终奖金计算方式。

（1）年终奖金点数：年终奖金点数系按资历年限对当年度考核两者综合评估得出的。

（2）每点奖金数的规定：每点的奖金金额，以其全部工资的 25% 作为计算基准。（注：全部工资包括基本工资、津贴、全勤奖及相关名目金额等的合计）

第三条　考核规定：

（1）各部门人员考核总分数的平均数不得超过 85 分。

（2）各部门一级的主管人员若认为该部门本年度的绩效卓著，可签呈总经理批示，不受平均数85分的限制。但其最高平均数仍不得超过88分（含88分）。

（3）各部门人员总数在5人以下者（含5人），其特优点考核人数限为1名。在6人以上者，其特优点考核人数限为2名。特优点考核分数不并入总平均分数的计算之中。

（4）各人员考核分数由该部门最高主管人员评定，统一报呈总经理复核后最后确定。

第四条 资历年限的规定：

（1）资历年限的计算，从员工到公司开始上班之日开始，含试用期间。

（2）员工中途离职后，再回公司任职者，其资历年限按过去资历的1/5计算。

第五条 年终奖金的加倍发给：

年终奖金的发出原则上按第二条所列点数为准。但在酒店当年度盈余状况良好时，则可以经总经理批示，按每人原有年终奖金的1～1.3倍发给。

第六条 考核等级的确定按考核办法办理。

第七条 年终奖金一律要在春节前3天发出。

第八条 本办法呈总经理核定后，自××××年度正式执行，修改时亦与此相同。

▲劳动保险制度

劳动保险制度

第一章 总 则

第一条 劳动保险旨在保证职工因伤、残、病等后的生活以及职工家属的部分待遇。

第二条 劳动保险牵扯每个职工的利益，有关问题由人事部门与工会共同协商。

第二章 医疗保险

第三条 享受对象为本酒店全体职工及直系亲属。

第四条 必须在本酒店办有职工及家属劳动保险证。

第五条 凡属本酒店职工医药费均全部由酒店负担，职工的直系亲属酒店只负担医药费的××%。

第三章 职工退休

第六条 对象包括本酒店在册正式职工。

第七条　凡符合下列条件者均应由个人提出申请，视提出者的理由由酒店命令退休。

（1）年龄：男年满××岁，女年满××岁。

（2）因伤病致残丧失劳动能力者。

（3）患有不可治愈的疾病，丧失正常思维者。

第八条　（退休金发放标准）在职职工退休金的发放按表3－1所列：

表3－1　职工退休金发放标准

工　龄	××年以下	××年～××年	××年～××年	…	××年以上
按工资计退休金	××%	××%	××%	…	100%

第九条　凡退休人员需填写"退休申请表"交人事部门，命令退休人员由人事部门填报并记入人事档案，办理各种手续。

第十条　退休金的领取可由职工本人或委托人按月到企业财务部门领取，或由企业转交社会服务机构按月发至本人。

第四章　职工退职

第十一条　适用范围包括本酒店全体在册正式职工。

第十二条　退职金的计算按退职人员最后×个月的工资额为计算基数。

第十三条　退职金额按照工资基数乘以工作年限系数得之（见表3－2、表3－3）。

表3－2　工龄系数表一

工作年限	1～2年	3～5年	5～10年	10～15年	…
工龄系数	2	3	6	10	…

表3－3　工龄系数表二

工作年限	1～4年	5年	6年	7年	…
工龄系数	0	1	1.4	1.8	…

第十四条 退职金支付条件：

（1）属于下列情况者按表3－2计算退职金：

①非因公病伤不能工作，自动申请退职者。

②因公病伤不能工作，自动申请退职者，享受比上条高一档的待遇。

③死亡。

④因智能丧失，身残体病不能工作由企业解雇者。

（2）属于下列情况者按表3－3计算退职金：

①在本企业工作×年以上自动辞职者。

②在本企业工作连续×年以上自动辞职者。

（3）因违法乱纪被企业开除者不给予退职金。

第十五条 支付时间及形式。退职人员办妥退职手续后，即付给一次性退职金，如果退职金金额太大无法一次付清者可以分期付清。

第五章 工伤保险

第十六条 凡是酒店在册正式职工因工作造成伤残者。

第十七条 属于下列情况者视为因公受伤：

（1）在酒店工作地工作因外部原因受伤者。

（2）在上班途中因外部原因受伤者。

第十八条 因公受伤者享受下列保险：

（1）养伤期间除奖金外一切报酬照发。

（2）治疗、养伤期间所花费的医疗费用由酒店负担。

（3）养伤期间工龄照常连续计算。

第六章 劳保基金的管理

第十九条 基金的管理使用由劳动人事部门掌握，具体支付由劳动人事部门与工会共同协商。

第二十条 凡享受劳保待遇者，病、伤、残要有医生的诊断书，退、离职要有人事部门的调动凭证。

第七章 附 则（略）

▲劳动保护管理制度

劳动保护管理制度

1. 特殊岗位津贴

（1）噪声污染津贴。凡所在工作环境噪声超过国家规定标准的员工，按其实际在岗工作天数，享受噪声污染津贴，标准为月工资的15%。

（2）高温作业津贴。在厨房、洗衣间等高温环境工作的员工，每人在夏季除享受其他员工同等的防暑降温费外，另享受高温作业津贴，标准为月工资的25%。

（3）高空作业津贴。在高空作业的员工，根据高空作业实际天数，发给高空作业津贴，标准为月工资的30%。

（4）室外作业津贴。长年在室外工作的员工，除享有必备的防寒防暑用品外，享受室外作业津贴，标准为月工资的15%。

2. 加班津贴工资

（1）必须严格按酒店考勤制度规定安排员工加班。原则上加班给予同等时间的补休，确因工作不能补休时，须由人事部报总经理批准后方可发给加班工资，但不足一小时不计为加班。

（2）员工离店须将所有存休休完为止，确因工作安排不开，经部门经理及人事部经理批准，剩余存休可发给加班工资。

（3）加班工资发放标准：法定假按两天计发，年假按1.5天计发，其他假日按1天计发。

3. 夜班津贴

凡当日工作时间超过晚上11点的员工，可享受夜班津贴。

4. 发放办法及时间

（1）各种津贴需严格掌握，逐日逐班次进行统计，禁止弄虚作假。员工工作环境变化时，相应津贴将随之变化。

（2）各部门考勤员必须严格按照规定的时间，将本部门员工福利津贴统计表随员工考勤情况一道报人事部，人事部审核后方可发放。

▲员工伤害补偿办法

员工伤害补偿办法

第一条　本办法旨在处理酒店的职工在执行业务过程中因故受到伤害时，酒店予以补偿的具体处理事务。

第二条 补偿的对象限于在执行业务过程中因故受到伤害的职工及其家属，已接受补偿的职工不在此范围内。

第三条 因本人故意或重大过失造成伤害时，由政府机构认定后，不予以伤害补偿，或仅给予部分补偿。

第四条 补偿的种类包括：

（1）疗养补偿。

（2）休养补偿及休养工资。

（3）长期伤病补偿及长期伤病工资。

（4）伤残补偿及伤残工资。

（5）家属补偿及家庭补助。

（6）殡葬费。

（7）退职工资。

第五条 职工因工受伤或患病时，酒店向其支付必要的疗养费。疗养费直接给职工就医的医院。在治疗过程中，所需的转院交通费由酒店负担。如需家属陪院时，由酒店支付一定的补助。

第六条 为辅助治疗，如需休养时，酒店除给予休养补偿外，另附加休养工资。休养工资仅限于休养期，其数量为平均工资的40%。

第七条 如受伤害者经疗养3年后尚未治愈，除予以长期伤病补偿外，另附加长期伤病工资。长期伤病工资为平均工资的40%。

第八条 受伤害者经治疗后，如需要医疗后处理（如外科后处理、安装假肢、义眼等），应向其支付后处理工资。后处理工资为平均工资的60%。

第九条 因伤害造成身体残疾时，除予以伤残补偿外，另附加伤残工资，按照伤残程度分级支付。

第十条 职工因伤害死亡时，除对其家属予以家属补偿外，还给予家庭生活补助。

第十一条 职工因伤害死亡时，酒店按有关规定负担殡葬费。

第十二条 受伤害职工如退职时，酒店向其支付退职工资。

第十三条 非工资性补偿，直接支付给本人或其家属。工资性补偿分月随工资支付。但必要时，可临时支付。但伤残工资、家庭补助和退职工资可在申请后立即支付。

第十四条 对临时工的伤害补偿也适用本规定。

第二节　人事部规范化管理表格

主管培训日程安排表

表 3－4　主管培训日程安排表

日期	时　间	内　容
第一天	上午 9：00	培训动员
第二天	上午 9：00～11：00	管理基本知识
	下午 2：00～4：00	人力管理
第三天	上午 9：00～11：30	主管的职责和领导技巧及其信息传递
	下午 2：00～4：30	管理心理学基础知识
第四天	上午 9：00～11：30	培训的重要性和主管必须成为培训者
	下午 2：00～4：00	如何处理投诉
第五天	上午 9：00～11：30	消防知识
	下午 2：00～4：00	外事纪律
第六天	上午 9：00～11：30	职业道德
	下午 2：00～4：00	急救知识
第七天	上午 9：00～11：30	考试
备注	1. 本表所列为理论培训阶段的安排，实践培训阶段由个人写出培训计划后，根据部门实际情况安排。 2. 随表送上培训讲义，请各位做好课前预习。 3. 培训登记表必须在培训开始一周内填好，由培训中心保存。	

主管培训课程评价表

表 3－5　主管培训课程评价表

姓名：　　　　内容：管理理论课及如何当主管

日期：　　　　年　　月　　日至　　年　　月　　日

1. 内容是否与你的需要和兴趣相符

是□　　　　否□　　　　某种程度上□　　　　十分□

2. 具体课程评价

课程内容	请在下表按本人意见每项打“✓”号				
	非常好	良好	普通	略差	甚差
1. 总经理动员报告					
2. 管理心理学基础知识					
3. 如何处理投诉					
4. 管理基础知识					
5. 人力管理					
6. 主管的职责和领导技巧					
7. 培训的重要性和主管必须成为培训者					
8. 外事教育					
9. 职业道德					
10. 急救知识					
11. 消防知识					
总评价					

如某一项评为“略差”或“甚差”的请简要说明。

____

____

____

3. 这个课程中你觉得可以获得哪些好处

□相符合的新知识

□我可以应用在工作上的特别方法技术或技巧

□改变对工作的态度，对工作会有帮助

4. 你最大的收益是什么？（可选择多个）

□对确定我的一些看法有帮助

□获得了新的概念和方法

□使我了解我的职责所在和解决问题的方法

□为我客观地了解我自己及工作提供一个好机会

5. 这次培训的考试方法怎样？

□非常好 □很好 □好 □普通 □差

有何改进建议？

____

____

____

6. 将来你是否愿意参加同样性质的培训？

□愿意　□不愿意　□不肯定

7. 对于将来举办的类似培训计划的建议

____

____

____

____

填表人：　　　　日期：

假期申请表

表 3－6　假期申请表

致：经理部

由：__________部　姓名______工号______日期______

部门__________职位______参加工作时间____年____月

假期种类：

□年假　□探亲假　□产假　□婚假

□事假　□计划生育假　□补假　□其他

探亲地点：______________________________

请假时间：

由______年______月______日至______年______月______日止，共______天。

说明：______________________________

审批：

部门意见：______________________________

______签章　日期______

人事部意见：______________________________

______签章　日期______

总经理意见：______________________________

______签章　日期______

备注：______________________________

部门对拟提任的主管（助理）考核情况报告表

表3－7 部门对拟提任的主管（助理）考核情况报告表

拟提任主管（助理）姓名：______ 性别：______ 出生年月：______

部门：____________________ 提任后的工作：__________

考核内容		意　见	等　级
出勤率及守时性			
仪表			
礼节礼貌			
个人卫生			
工作态度	工作表现		
	积极性		
	自觉性		
	责任心		
领导能力估计			
能否独立进行培训工作			
对拟提主管工作的知识熟悉程度			
对经营工作的操作技术掌握程度			
人际关系			
道德品质及工作作风			
发展潜质			
其他意见			

部门经理签名： 日期：

主管（助理）职务细节表

表3－8 主管（助理）职务细节表

姓名：__________ 性别：__________ 工作证编号：__________

所在部门及主管工作范围：__________ 提任日期：__________

序　号	职务细节	具体内容	备　注

员工奖励通知书

表 3－9 员工奖励通知书

<table>
<tr><td>执行单位</td><td></td><td>文件编号</td><td></td><td>文件页码</td><td>1</td></tr>
<tr><td>内
容</td><td colspan="5">致______先生/小姐　　部门：________职位：______
由______部（处）______先生/小姐　签发日期：______
一、奖励详情：
1.
2.
3.

二、鉴于上述情况，给予如下奖励：
□书面嘉奖（通报表扬）
□奖励________________元
□晋职________________（职位）
□晋级________________（级别）
□其他（请注明）______________________________

三、签认意见：
____
签名：________　日期：________

四、部门经理意见：______________________________
____
签名：________　日期：________

五、总经理意见：______________________________
签名：________　日期：________</td></tr>
<tr><td>抄报部门</td><td></td><td>签发人及
签发日期</td><td></td><td>签收人及
签收日期</td><td></td></tr>
</table>

员工过失通知书

表 3-10 员工过失通知书

<table>
<tr><td>执行单位</td><td></td><td>文件编号</td><td></td><td>文件页码</td><td>1</td></tr>
<tr><td>内

容</td><td colspan="5">致______先生/小姐　部门：________职位：______
由______部（处）______先生/小姐　签发日期：______
一、过失详情：
1.
2.
3.

二、鉴于上述情况，给予如下纪律处分：
□口头批评
□扣除薪金________________元
□其他（请注明）______________________________

三、签认意见（如不签认，请见证人签字）：
____
签名：________　日期：________

四、部门经理意见：______________________________
____
签名：________　日期：________</td></tr>
<tr><td>抄报部门</td><td></td><td>签发人及
签发日期</td><td></td><td>签收人及
签收日期</td><td></td></tr>
</table>

员工警告通知书

表 3-11　员工警告通知书

<table>
<tr><td>执行单位</td><td></td><td>文件编号</td><td></td><td>文件页码</td><td>1</td></tr>
<tr><td>内

容</td><td colspan="5">致______先生/小姐　部门：________职位：______
由______部（处）______先生/小姐　签发日期：______
一、过失详情：
1.
2.
3.

二、鉴于上述情况，给予最后警告，并予以如下纪律处分：
□降职为________________（职位）
□降薪________________级
□其他（请注明）______________________________

三、签认意见（如不签认，请见证人签字）：
____
签名：________　日期：________

四、部门经理意见：______________________________
____
签名：________　日期：________

五、总经理意见：______________________________
签名：________　日期：________</td></tr>
<tr><td>抄报部门</td><td></td><td>签发人及
签发日期</td><td></td><td>签收人及
签收日期</td><td></td></tr>
</table>

员工申请报告单

表 3-12 员工申请报告单

病假□ 事假□ 辞职□ 辞退□ 开除□ 补休□ 年假□

部门		姓名		入职时间		性别	
申请理由	签名： 年 月 日						
班组意见	签名： 年 月 日						
部门意见	签名： 年 月 日						
人事意见	签名： 年 月 日						
总经理意见	签名： 年 月 日						

制 服 卡

表 3-13 制服卡

日期：

姓名	性别	职务	制装标准	数量	价格	制服号

发放时间： 经手人：

制服更换申领表

表 3－14　制服更换申领表

日期：　　年　　月　　日

制服名称	规　　格	编　　号	更换原因
备注			

主管（签名）：

员工制服领取登记表

表 3－15　员工制服领取登记表

姓名：　　　　　　部门：

制服名称	单位	数量	领取人	领取日期

经办人：

每天制服交出表

表 3－16　每天制服交出表

交出时间	交出制服种类						
总计							
备注							

纪律处分通知单

表3－17 纪律处分通知单

编号：______ 日期：______

姓名		工作证号		职位		所属部门	
所犯过失： □擅自旷工 □屡次迟到 □工作时打瞌睡 □故意不服从上级或拒绝接受正当命令 □故意不以适当方法工作 发生日期： □屡次逃避工作 □工作时间在公司赌博 □行为不检点							
处分： □谴责 □停职 □由××××年×月×日至××××年×月×日 共 日 注意：如果有重犯将受撤职处分							
撤职生效日期：××××年×月×日 请于撤职生效日期前往人事部报到 备注：							

员工奖惩月报表

表3－18　员工奖惩月报表

受奖惩者			奖惩方式	奖惩原因	发表日期
职工性别	姓　名	服务部门			

单位主管：　　主办人员：　　制表：　　年　月　日填

填表说明：

①各单位依照权责划分办法在授权范围内对所属员工有奖惩时，应于每月终汇填本表两份，分送总经理处、人事处及主管单位备查，当月内如无奖惩事项，亦应填送此表，并于奖惩原因栏内注明“无奖惩”字样。

②奖惩方式栏应按单位主管核定之奖惩办法填入，如“书面嘉奖”、“记功一次”、“书面申诫”、“记过一次”等。

③奖惩原因一栏叙述宜简明扼要，注意时间、地点、事务及有关人员之责任等。

④本表由各单位依式自行印制备用，纸张大小一律以A4为准。

第四章　现代酒店财务部管理制度与表格

第一节　财务部规范化管理制度

▲酒店收入管理制度

酒店收入管理制度

第一章　总　则

第一条　为加强集团酒店业收入环节的控制，杜绝收入流失，同时又能够充分满足酒店灵活高效的经营管理，制定本制度。

第二条　本制度所指收入仅指酒店因提供商品或服务产生的、需要向消费者收取的各项收入和费用，包括变卖财产及废旧物品、往来单位进场费及罚没款收入等。

具体包括：

（1）客房收入中的房租收入、电话费收入、迷你吧收入、商务吧收入、洗衣费、赔偿金及杂项（麻将、麻将桌）等。

（2）餐饮收入中的食品收入，香烟酒水收入，服务费、茶位费、宴会收入及因宴会产生的场租、主持费等。

（3）康乐收入中的桑拿收入、美容美发收入、足疗收入、按摩收入、小费收入等。

（4）娱乐收入中的厅租收入、门票收入等。

（5）免单、其他收入等。

第二章　商品定价

第三条　为确保酒店毛收益，规范定价程序，制定食品、酒水和香烟毛利率标准及定价程序。

第四条　定价原则：参考相近星级酒店售价，结合酒店指导毛利率。

特殊情况下，可由销售部、餐饮部等部门会同财务部进行市场调查后定价。

毛利率参照××酒店制定。

食品：一楼餐厅55%，二楼餐厅58%，三楼餐厅55%，二、四、五楼厅房60%。

酒水：一、二楼餐厅40%，三楼餐厅35%，西餐厅、大堂吧、洗浴中心40%，二、四、五楼厅房40%，迪吧、歌厅、球馆45%。

香烟：一、二楼餐厅18%，三楼餐厅、商品部15%，西餐厅、大堂吧、洗浴中心、商场20%，二、四、五楼厅房及迪吧、歌厅、球馆20%。

第五条　定价部门先由业务部门（厨部或餐饮部）提出建议价，再由酒店财务部成本稽核负责商品的定价审核，最后由财务负责人和酒店总经理签字确定。必要时，还应报集团批准。

第六条　定价程序如下所述。

（1）食品类。

厨部每推出一个新菜品，应先以标准价格单的形式，详细注明该菜品所需原、辅材料名称和用量（毛重及净重），并提出各餐厅的建议售价，然后将其结果送交财务部成本会计。财务部成本会计根据其标准成本和上述规定中的理论毛利率，测算理论售价，同时参照业务部门的建议价，拟定该商品售价，最后由总经理核准定价。财务部成本会计将该定价输入电脑，并通知厨部、餐饮部和收银员。

（2）酒水香烟类。

酒水及香烟应由餐饮部根据该商品的行业价格，适时提出建议价交财务部。财务部成本会计根据各商品的理论毛利率，测算出理论售价，同时参照部门建议价，拟定该商品的售价，最后请总经理核准定价。电脑录入等工作同食品定价等程序。

（3）迷你吧。

客房部房务中心将推出的新品名称、进价（仓库领料单已注明）送交财务部成本会计，成本会计根据成本价按平均毛利率65%制定出参考售价。

（4）其他定价。

商品部除香烟、酒水外，其他商品原则上按30%的毛利率制定售价。

第七条　价格变动，业务部门对食品、酒水和香烟等市场价格信息应及时进行跟踪反馈。各部门在执行过程中对上述毛利率标准及定价程序如有建议，应及时以书面形式反馈财务部，以便财务部适时进行调整。

第三章　折扣规定

第八条　折扣管理按照以下范围和程序进行办理：

（1）折扣范围。

折扣范围仅限于餐饮食品（不包括海鲜）类、客房房租的夜租（7楼除外）和洗浴中心的全天房租。其他如客房日租、钟点房租、7楼房租、香烟、酒水、厅租、服务费及杂项均不在折扣范围。特殊情况下折扣必须有酒店总经理亲笔签字。

（2）折扣审签。

①原则上要求账单上有相应折扣权限人当场亲笔签字。如当事人不在现场，可电话委托值班经理代签。如果是收银员接到折扣权限人电话指示的，收银员必须在账单上注明“××电话指示×折”字样。发生委托代签行为的折扣权限人，第二天早上11：00之前必须到财务部亲笔签字，否则，对折扣权限人每次处以20元罚款。

②信贷回收货款折扣由往来账会计审核实际消费当日是否享受折扣后，报酒店总经理审签。对于应收账款收回困难，需要部分或全额确认呆死的，必须经应收账款专题会议或例会讨论通过后报集团审批。

（3）折扣额度。

①对××籍或在××工作的集团领导个人消费，实行住房5折、餐饮7折。集团其他人员消费按照酒店规定执行，打折时必须相关人员签字确认。

②对集团内各单位消费实行8.5折，与其他单位一样，挂账必须签订协议。

③酒店部门经理以上人员个人消费实行住房5折、餐饮8折，保龄球每局2元，健身房每小时2元。

集团人员、××部门领导享受保龄球每局2元、健身房每小时2元的待遇。

④以上优惠及权限仅限本人使用，若发现非本人使用的一律按规定收费。

（4）折扣签批权限

①酒店部门经理签字实行8.5折。

②酒店总经理、酒店管理部门负责人签字实行8折。

第四章 免单控制

第九条 因服务质量或者菜品质量等引起客人投诉，需要对账单或点菜单免单的，根据实际情况，酒店总经理现场或电话委托部门经理免单，详细注明原因，并亲笔签字或最迟次日补签，费用计入酒店交际费。

第十条 因服务质量或者菜品质量等引起客人投诉，需要免单奉送菜肴的，按照费用管理制度执行。

第十一条 因服务质量或者菜品质量等引起客人投诉，需要赔偿的，根据实际情况，酒店总经理现场或电话委托部门经理免单，详细注明原因，并亲笔签字或最迟次日补签，费用计入酒店交际费。

第五章 收银控制

第十二条 酒店消费除房租收入、电话费收入、门票收入、服务费外，其他酒店各项消费事项或收入包括退酒水或其他退还服务都必须由相关营业部门落单。要严厉杜绝内部人员采用自用房、维修房名义或福利名义消费，否则以贪污处理。

食品收入落单填写一式三份的食品单，一联交收银，一联交厨房，一联留存。

香烟酒水收入落单填写一式两份的酒水单，一联交收银，一联交水吧。

客房收入中的迷你吧、杂项收入（麻将、麻将桌）落单由客房部服务员填写一份二联的租借条或酒水单，经客人签字认可后，一联交前台收银，一联交客房房务中心提货。客房房务中心必须对所经管的物品由专人进行登记。

对于退酒水或其他退还服务还必须有相关营业部门签字认可或签收。

所有单据必须由相关部门按序号保留齐全，次日交财务部稽核会计。

第十三条　收银人员必须保证酒店所有收入款项全额收取，对于折扣手续不全、少输漏输、少收漏收造成损失的，由相关经手收银员全额赔偿。

第十四条　每班收银结束后，收银员都应打印当班交班报表，一式两联，一联随当班账单一起交夜审，一联交营业部门存档。

餐饮账单要求按账单号从小到大顺序整理，不得遗失账单。餐饮作废账单和零账单必须详细注明理由。

第十五条　收银员每日必须及时将押金收入、消费收入及各项其他预收收入款项（含 IC 卡、贵宾卡预售收入）上缴。

收银员每日交（下）班清账时，必须清点本日所收现金、信用卡、转应收账和转招待账等，并与当班报表核对一致。

收银员在当日下班前，必须将当班营业款在至少有另一名员工在场的情况下投入指定保险箱中，并在缴款表上填写清楚，同时要求见证人签字证明。

第十六条　收银员必须将备用金与个人款项严格区分，保证备用金结构合理，不得以白条充抵，不得挪用。

第六章　夜审控制

第十七条　夜审人员每日对当天收入进行全面审核。

（1）必须对餐饮账单数目和金额进行核对。检查已收档收银点账单、报表是否上交，是否存在少交漏交账单现象。如有上述现象应及时登记，以便上级进行处理。

打印菜单统计报表与每张账单进行逐项核对，查看账单金额与报表对应统计数量是否一致，是否存在账单不全或有效账单没有放在最上面的情况。如有上述现象应及时登记，以便日审人员及上级主管及时进行处理。

（2）检查餐娱账单的消费明细是否与酒水单、食品单一致，单据是否联号，数量、金额是否相同，退菜是否符合手续；检查前台账单的消费项目与底单是否一致，是否存在多计少计现象。

（3）打印餐娱、服务费变动表、赠免单及单品折扣报表、免零报表、冲减报表、异常账单报表、前台优惠对冲明细账，审查其折扣、免服、免零是否手续齐全，审批各种优惠券、免费券及有价证券的使用是否符合规定，是否在有效期内。

（4）核对登记招待、转账。打印前台、餐娱招待明细表、转账明细表，与实际账单进行核对。查看招待、转应收账是否符合手续并整理造表。

（5）核对房态。与接待、楼层核对房价、房态，查看是否存在房态、房价不符现象，是否存在已入住未开房、客人已退电脑未退等现象，如有应及时进行登记，并通知有关部门进行补救。

客房部一般应于每日早10：00、下午2：00和下午6：00由领班现场查房，做手工房态报表。与前厅部核对一致后，由两个部门工作人员签字认可。双方部门负责人对报表真实性负全部责任。

财务部负责人每月不少于三次亲自对维修房、空房进行现场查房，发现弄虚作假的，属工作失职的，应分别对前厅部和客房部经理处于每次不少2000元的经济处罚。问题严重的报集团给予降级或降职处分。

（6）审核当日退房结账。打印前台实际结账、退房报表，审核前台入住、退房、结账时间，查看房租、杂项单据是否联号，是否全部计入，应加收半价、全价房租是否加收，免收或少收是否有规定批准手续，核对已结账账单是否有客人签名，是否存在押金收据未收回已结账现象。是否符合有关手续，即由客人出示身份证，登记身份证号码，其签名与登记表是否一致。

（7）核对宾客账。核对餐娱收入及报表、客房收入日报及报表上宾客账数是否一致，是否存在餐娱已发生前台未达或未计前台已达的现象，并查明原因。

（8）核对储值卡。打印当日储值卡消费明细表与营业日报相核对，核对储值卡消费数是否一致，是否存在多下账、未下账的现象，检查储值卡消费明细表上的每一笔消费是否有储值卡消费回执单，并有客人签名。

（9）审核客房报表。将每日客房交来的当日迷你吧、杂项租金报表、商务吧消费报表、赔偿报表与日报表中数字进行核对，如有不一致，则打印一份明细账，根据其时间、房号、单据号一一核对，查看是否存在少报、漏报的现象。

（10）稽核报告。夜审人员将每日夜审过程中所发现的问题要详细记录下来，做出一份稽核报告，以便收银主管及时核实处理。

第七章 日审控制

第十八条 日审人员按照下列程序和办法进行稽核。

（1）核对水吧账。进入水吧系统，分吧台打印当日进销存报表，与当日仓库出库、收银当日销售进行核对，检查其当日账务是否真实准确，并不定期盘查实物，检查是否有白条抵货、借货不办理调拨手续的现象。

（2）对夜审工作进行抽查。每日对夜审工作中的一两个工作项目进行审核，对夜审工作中的准确完整性进行抽查。

（3）对收银每日缴款数进行核对，对每日收银应缴数目与实缴数目进行核对。

（4）对夜审所交稽核报告中与相关部门、相关人员有关需要核实的事宜进行跟踪核实、督促解决，并做好记录。如属部门配合问题应及时向上反映。

（5）对电话计费的抽查。日审每日应核查电话计费是否正常。如电话费收入偏低，应通知总机房与电脑房核数，查看是否有人为计时器终止或死机现象。

第八章 收入缴存控制

第十九条 开箱工作：除节假日开箱时间另行规定外，每日所有营业款应及时开箱清点，每日开箱时间定为早上 8 : 30。每日开箱时至少两人同时到场，当场清点当日缴款袋个数，与当日现金缴款汇总报表上是否一致。如所报数目少于登记表数目，应立即通知人员到场核实，查找原因。

第二十条 开箱完毕后，将缴款袋由开箱人员一同送到财务室进行现场清点，核对总数。

第二十一条 清点完毕后，在不少于两人情况下将营业款交到财务部指定开户银行。

第九章 其他收入

第二十二条 供应商因产品进入酒店销售而缴纳的进场费，由财务部、采购部、总经办联合进行市场调查后方可确定进场费额度，由采购部与供应商签订协议后执行。对收取的进场费，财务部做相应的账务处理。

第二十三条 酒店垃圾、废料等物资的变卖，采取竞标方式对外招标，由财务部、采购部对竞标人进行筛选，对中标人收取保证金，签订协议后按照协议执行。

第二十四条 对于已办理报损手续并可能有残值收入的资产、低耗品等，需要变卖的，由仓库领班根据《资产报废处置申请书》，注明处理物品名称、规格数量及处置建议价格，采取竞标方式变卖，由仓库保管、资产会计、总经办人员共同将实物变卖，交财务入账。

第二十五条 因客人损坏酒店物品而做出的赔偿，按照酒店门市价格收取，财务部视损坏物品的项目做相应的账务处理。

第二十六条 因员工损坏酒店物品，按照内部价格做出的赔偿，财务部视损坏物品的项目做相应的账务处理。

第二十七条 因员工违反酒店管理制度而缴纳的罚没款项，直接缴纳现金或从工资中扣除，财务部做相应的账务处理。

第十章 其他要求

第二十八条 以上收入控制环节需要相关部门提供报表资料的，相关部门必须及时、准确提供。否则，按照每次不低于 50 元对相关部门负责人进行经济处罚。情节严重的还要报集团相关部门进行纪律处罚。

第二十九条 相关人员未按时按质完成以上规定的，按照每次每条不低于 20 元进行处罚。

第三十条 对于涉及酒店收入的项目，尤其是客房租用物品、维修房应该由财务经理或收银主管经常组织抽查，相应部门在不影响正常经营的前提下，必须给予无条件的支持与配合。

第三十一条　本制度自颁布之日起实施。

▲低值易耗品财务管理制度

低值易耗品财务管理制度

第一条　各部门每月制订低值易耗品采购计划，经财务部核价后转交采购部门根据该部的费用定额掌握采购，财务部根据该部门费用定额审核报销。

第二条　由使用部门指定专人负责管理低值易耗品，建立卡片和账册，卡片一式两份，由采购部门专人保管一份，使用部门专人保管一份，财务部登记明细分类账。领料单必须由部门负责人签字才能生效。

第三条　对损坏和丢失的低值易耗品，应分清责任，属工作差错的要由责任人填写报废单，部门负责人签字方能核销。属于个人过失的要赔偿，属有意破坏或丢失的要罚款处理。

第四条　年终对库存的低值易耗品进行一次盘点，并写出盈亏报告及原因，由有关部门负责人审核，凭此报销或入账。

▲家具、用具财务管理制度

家具、用具财务管理制度

第一条　要按年分季编报家具、用具的购进计划，由各使用部门根据营业所需或办公需用编报计划，报财务部审查并提出意见后报总经理批准。

第二条　对家具、用具的购进成本，包括购进价格和所支付的运杂费，家具、用具购进后，做出账务处理，在“营业费用·低值易耗品”科目入账。

第三条　领用家具、用具必须列表登记，领用部门或个人应负保管责任，同时必须做好日常修理工作。

第四条　修理家具、用具所用的开支，以“营业费用·修理费”列支。

第五条　家具、用具因磨损而失去使用价值时，经批准可办理报废。报废的家具出售时，其售出残值做“营业收入”处理。

第六条　丢失、毁损家具、用具时，由当事人或部门写明原因，向部门经理报告，转报财务部审查后呈总经理审批。属人为丢失、毁损，由当事人负责赔偿或部门赔偿。赔偿的价款做“营业外收入”处理。

第七条　家具、用具发生溢余或短缺，应先按估计价值转入“待处理收益”

或“待处理损失”科目账户，查明原因，并分别以不同情况审批后，转入“坏账损失”或“营业外收入”处理。

▲家具、用具的领用及报废审批管理制度

家具、用具的领用及报废审批管理制度

1. 购置的审批

（1）家具、用具的购置权属酒店总经理室。

（2）各部门申购家具、用具，必须编制计划，提出申请理由和用途，报财务部审查后呈总经理审批。

（3）属低值易耗品的用具、工具，由部门提出意见，财务部审查后呈报部门经理审批。

2. 家具、用具的领用

（1）按照购置审批权限范围审批领用。

（2）家具、用具的领用必须填报领用单。

（3）领用部门领用后要登记，并由领用人签名，负责保管。

（4）每季度盘点一次。

3. 家具、用具的报废

（1）报废的审批：凡出现残损并失去使用价值者，必须说明原因，若属人为残损，按情节分别由部门经理决定当事人应该赔偿的部分，其余部分填写报损单，由部门经理加具体意见报财务部审查，报总经理审批后做报废处理。

（2）自然残损的报废：由使用部门报财务部审查后，呈总经理审批后做报废处理。

▲固定资产管理制度

固定资产管理制度

第一条　为加强对酒店所属固定资产的管理，使固定资产管理工作规范化，特制定本制度。

第二条　本制度中的固定资产包括酒店所属的土地、构筑物、建筑物、机械装置、车辆、船舶、工具、器具、山林和树木等。但不满规定使用年限，或价值不足××元的，不在此列。

第三条　固定资产的取得、让渡、移交、报废、借贷及担保，必须向总经理请

示，并经其裁决后才可进行。

第四条　固定资产的新建、改建以及其他属资本支出的维修工程，必须经总经理裁决后才可进行。裁决后的工程，如工程费用明显超过预算额，须追加申请。如有难以预测的偶发事件，须及时向酒店总经理报告。

工程完工后，应及时提出预决算报告。

第五条　发包工程采取竞标方式，竞标者至少应有两家以上，并依据其信用状况和投标书确定承包者。

第六条　在发包合同上，必须明确写明与工程有关的材料支付等内容。

第七条　与固定资产取得相关的支出，均通过临时会计科目处理，待工程完工，经总经理裁决后，编入正式的固定资产科目。固定资产的取得价格，按以下基准确定：

（1）工程类按材料费、劳务费、工程发包费合计额确定。

（2）购入类按购入价格和购入直接费用合计额确定。

（3）交换类按不低于交换时的账面价格确定。

（4）赠予类参考市场价格来确定。

第八条　固定资产的管理责任者在酒店其他有关规定中另行确定。

第九条　管理者应设立固定资产管理台账，以准确记录固定资产的现状及增减情况。

第十条　管理者应注意固定资产的状况，当需要改造或修理时，需迅速向上级主管报告。

第十一条　在固定资产的改造与修理费中，能够增加其能力或延长其使用年限的部分，应计入该固定资产的价格中。但仅维持固定资产使用效果的费用应视作维护费。

第十二条　管理者应在第一财政年度末，与财会人员共同进行固定资产的核资查账。

第十三条　固定资产的让渡处理必须履行请示裁决程序，且应通过竞价方式处理固定资产。

第十四条　固定资产在酒店内部移交，必须由酒店总经理裁决。移交价格为原值扣除累计折旧额。

第十五条　固定资产的取得和移交时，应办理不动产登记手续。

第十六条　财会人员依据固定资产台账，进行会计处理。在每一财政年度，至少要进行一次固定资产台账与管理台账的对账，但账外资产不在此列。

第十七条　经总经理裁定价格后，可进行与资产增加、移交、临时折旧、处理、报废、让渡相关的固定资产台账修订。

第十八条　固定资产自启用日起进行折旧，折旧基金按照有关规定间接提取。

但对预计可能中间报废而需临时折旧的固定资产，不提取折旧。

第十九条　在固定资产发生重大损伤且其价值明显减少的情况下，经总经理裁决，必须进行临时折旧处理。

第二十条　固定资产的残值，原则上定为其原值的1%。

第二十一条　固定资产的使用年限和折旧率，按照法人税法的规定办理。

第二十二条　固定资产应投保火灾保险，保险金额由综合办公室经理确定，并经酒店总经理批准。

▲财务计划管理制度

财务计划管理制度

第一条　结合酒店总经理室对酒店经济活动的安排，计划期内客源、货源、内务价格等变化情况，并做出详细分析和充分估计，以审定、编制财务计划。

第二条　依据总经理审定的酒店财务计划，按各部门的不同经营范围、计划期的多方面因素和历史资料，参考部门年初的上报计划，分摊酒店计划指标，下达给各业务部门实施。

第三条　财务计划分为年度计划、季度计划。

（1）每年第三季度进行酒店财务内审，每年第四季度各部门向财务部提交用款计划，经综合平衡后，提出第二年的财务收支计划，报酒店总经理室和财务部。

（2）酒店财务部按标准的收支计划，合理安排比例，下达定额指标给各部门。

（3）各业务部门根据上报酒店总经理审批后的季度计划指标，结合本部门的具体情况，按月分摊季度任务指标作为本部门季内各月指标检查尺度。

（4）酒店对各业务部门的计划检查按季进行，全年清算。

第四条　财务计划内容包含诸多方面。

（1）财务部应编制：流动资金计划、营业计划、费用计划、外汇收支计划和利润计划、偿还债务计划及基建计划、利润分配计划等。

（2）各部门应编制：

①销售部及前台应编制客源计划（包括外联部分）、费用计划、营业计划和利润计划等。

②客房部应编制备品使用计划（含耗用品）、费用计划、设备维修更新及购置计划等。

③餐饮部应编制营业计划、利润计划、费用计划、食品原材料及物品采购计划、设备维修更新及购置计划等。

④商场部应编制销售计划（分批发与零售）、商品进货计划（分进口商品和出

口产品)、利润计划、费用计划、外汇使用计划、流动资金计划、商场装修计划、设备维修及购置计划、印刷品付印计划和费用计划等。

⑤西餐歌舞厅应编制营业计划、利润计划、费用计划、食品原材料及商品采购计划、耗用品购进计划和设备养护计划等。

⑥采购部应编制物料进货计划、工衣工鞋定做计划和加工订货计划等。

⑦旅游部应编制客源计划、营业计划、利润计划和费用计划等。

⑧管家部应编制费用计划、用品使用计划、花瓶盆栽及用品、用具购置计划、清洁机具养护及更新计划、花店经营计划等。

⑨布草房应编制费用计划、布草添置计划和备品耗用计划等。

⑩事务部应编制职工餐厅收支计划和费用计划等。

⑪工程部应编制燃料进货和耗用计划、水电耗用计划、设备维修计划、零配件及工具购置计划和费用开支计划等。

(3)总经理室、人事部、财务部、保安部和事务部要编制费用开支计划。

(4)各部所需编报的计划，送财务部汇总呈报。

▲资金筹集管理制度

资金筹集管理制度

第一条　酒店筹集资金应该按国家法律、法规及旅游饮食服务行业财务制度规定，可一次或分期筹集。

第二条　酒店资金的筹集可采用向银行贷款、向其他单位临时借款、向内部职工筹集等方式。当酒店的经营规模扩大时，经总经理室决定，投资者增加投资额也是一种方式。

第三条　筹集资金的审批权限及规定。

(1)酒店根据需要可用原有的固定资产做抵押，向银行或其他单位借款，但向银行贷款时应通过酒店总经理室批准。

(2)借款余额不得超过酒店的实收资本，重大项目或借款余额已超过实收资本的20%以上的借款，应单独做出可行性报告报经总经理室批准。

第四条　对各方筹集的资金，应严格按借款合同规定的用途使用，不许挪作他用。

第五条　资金使用应严格按审批权限及规定程序办理，大额开支一般要事先列入财务计划，并应附有经济效益预测资料。

▲经费支出管理制度

经费支出管理制度

第一条　对于发给员工的工资、津贴、补贴、福利补助等，必须根据实有人数和实发金额，取得本人签收的凭证列为经费支出，不得以编制定额、预算计划数字列支。

第二条　购入酒店办公用品和材料，直接列为经费支出，但单位较大、数量大宗的应通过库存材料核算。

第三条　拨给的补助费、周转金应按实际拨补数，以批准的预算和银行支付凭证列为经费支出。

第四条　拨给所属部门的经费，应按批准的报销数列为经费开支。

第五条　拨给的各项补助款和无偿慈善投资，应依据受补助和受支援单位开来的收据列为经费支出。

第六条　员工福利费按照规定标准计算提存，直接列为经费支出，并同时将提存从经费存款户转入其他存款户，以后开支时，在其他存款中支付。

第七条　购入的固定资产，经验收后列为经费支出，同时记入固定资产和固定资金科目。

第八条　其他各项费用，均以实际报销的数字列为经费支出。

▲固定资金管理制度

固定资金管理制度

第一条　酒店的固定资金主要来源于流动资金，占用固定资金直接影响流动资金的运用，因此必须严格控制固定资金的使用。

第二条　酒店及各部门必须节约使用固定资金，充分利用已置的固定资产，每月均须核算固定资金利润率，季度检查、年终清算考核各部门使用固定资金的效果。

第三条　全面推行部门独立核算，同时推行固定资产有偿占用制度，即按各部门拥有的固定资产实际，摊缴占用费，摊缴费率按国家规定执行，促使各部门充分发挥固定资产的效能，压缩固定资金的使用。

第四条　未经工程部及总经理室审批，不得私自购置设施设备。未经批准进行采购，财务部不予报销费用。

▲流动资金管理制度

流动资金管理制度

第一条　酒店的流动资金既要保证需要又要节约使用，在保证按批准计划供应营业活动正常需要的前提下，以较少的占用资金，取得较大的经济效益。

第二条　要求各业务部门在编制流动资金计划时，严格控制库存物品，物料原材料的占用资金不得超过规定比例。

第三条　除经批准为特殊储备者外，超储物资商品原则上不得使用流动资金，只能压缩超储的商品、物料，以减少占用流动资金。

第四条　严格遵守不得挪用流动资金进行基建工程的规定，严格遵守有关财务法规和制度。

第五条　使用的基本要求包括如下几点。

（1）在符合国家政策和酒店总经理室、总经理要求的前提下，加速资金周转，扩大经营，以减少流动资金的占用。

（2）加速委托银行收款和应收款项的结算，减少对流动资金的占用。

（3）各业务部门应办理流动资金存货的报批手续，并在每月上报经济业务报表的同时，上报流动资金使用效率的实绩，即流动资金周转次数和流动资金周转一次所需的天数。

（4）对商品资金的占用，应本着勤俭节约的精神，尽量压缩。

（5）尽量减少家具、用具的购置。

▲专用基金管理制度

专用基金管理制度

第一条　酒店的发展基金用于扩大营业、扩展业务范围时增加设备、固定资产，按下列方式从酒店利润中提取：

（1）提取的比例按总经理室、总经理决定执行。

（2）使用酒店的发展基金，必须做出全面规划，明确扩展项目及增置固定资产计划，经总经理室或总经理同意后才能使用。

第二条　酒店的管理储备基金是作为弥补酒店出现不可避免的事故而造成亏损的特殊基金，它必须在总经理室或总经理决定后，按规定的比例从每年的利润中提取，并专账处理，该项资金也参加流动资金周转。

第三条　酒店的福利基金统一由酒店按全部员工工资总额的15%提取，并在“管理科目·工资”项下列支。福利基金的使用，由酒店人事部统一掌握。

第四条　福利基金的开支范围、开支标准和审批程序如下。

（1）开支范围：酒店员工及家属的医疗卫生费、职工生活困难补助、职工集体福利开支、先进生产工作者奖励等。

（2）开支标准及审批程序：

①职工每年的体检由酒店工会委托酒店医疗室统一安排，体检费全部在医疗费列支。

②职工及家属的医疗费用统一由酒店工会审批。

③医疗所需药品及医疗器械的购置，由医疗室按季度及年度做采购计划报财务部审查后，报总经理审批。

④职工集体福利开支包括以下几项。

A. 职工餐厅补充厨具，金额数量较少时由事务部经理审批，金额数量较多时由财务部加意见后报总经理审批。

B. 职工餐厅应坚持不赚不亏的原则，如出现亏损，经查明原因后，由事务部会同财务部审查，报总经理审批，从福利基金解决。

C. 兴建职工宿舍的基建资金，除上级按有关规定下拨的部分和所提取的职工住宅建设费，经上级单位批准后使用外，不足部分由总经理和总经理室确定后从福利基金解决。

⑤职工生活困难补助按有关规定办理。

▲前台稽查操作制度

前台稽查操作制度

第一条　酒店各营业点的报表与收入要一致，报表左右要平衡，账单齐全并盖上会计处收款章，账单要有付款方式，如果客人要底单，底单要盖上结算章。

第二条　收取外汇要按当天牌价折算，收旅行支票要扣除贴息。

第三条　房租折扣要由部门经理签字认可，免费住房必须由总经理或副总经理批准并签名。

第四条　做报表要按订单所指房间种类、天数，包括加床和餐费，报账单位的报表一定要资料齐全（订单、底单）。

第五条　数额减少要经主管签名，而客人拒付则要有大堂副经理签名认可。

第六条　输单必须单据齐全，缺少单据要说明具体原因。

第七条　退款要按财务部的有关规定进行操作，一定要有主管签名和客人签名。

第八条　团体的房租一定要当天输入电脑，如发现有团体未输房租，要立刻通知收款处采取补救措施。

▲利润管理制度

利润管理制度

第一条　年初时总经理室下达各部门的利润指标和经营指标，各部门必须按计划完成。遇特殊情况影响任务完成时，必须说明原因，取得总经理批准后，才能核减指标。

第二条　经酒店平衡下达的各部门费用开支额或费用水平，各部门必须用于扩大营业额，争取资金周转次数的增加来降低费用水平，不得突破酒店下达的费用额。

第三条　各部门使用的原材料和出售商品的购进，必须事前做出计划，确定合理的库存和购进适销对路的商品，防止资金积压。

第四条　各部门应缴酒店财务部的利润，不得迟于月后十天。

第五条　各部门应负责利润的明细核算，根据有关凭证，正确计算销售收入、成本、费用、税金及利润。

▲营业收入、利润及分配管理制度

营业收入、利润及分配管理制度

第一条　确认营业收入，必须以酒店各项服务已经提供，同时已经收回相应的足额价款或取得收取价款的合法证据为标志。

第二条　营业收入按实际价款计算，发生的各种折扣、回扣冲减当期营业收入。各级领导应严格按规定的折扣权限签单。需对外付出佣金的，应由经办部门以书面报告的形式向主管领导请示，经同意再报经总经理批准后，方可支付，如需代领，代领人应由主管领导认定。

第三条　酒店的一切营业性收入均须经财务部收入账核算，各收银点当日收到的现金、支票、信用卡消费单等票据经夜间核算员核准后，于次日上午应全部上交财务部。各营业部门预收的包餐、包房定金也应及时如数上交财务部。

第四条　营业收入应按照配比的原则记账，与同期发生的营业成本、营业费用、营业税金及管理费用、财务费用一起反映，预收的房租等应按预付期分期计入当期营业收入中。

第五条　严格按照国家法令计提各项税金、基金，并按时纳税。

第六条　酒店的利润总额计算公式为：

利润 = 营业收入 + 投资净收益 + 营业外收入 - 营业税金 - 营业成本 - 营业费用 - 管理费用 - 营业外支出 - 汇兑损失

（1）营业外收入包括：固定资产盘盈和出售净收益、罚款净收入、礼品折价收入、因债权人原因确实无法支付的应付款项及其他收入。

（2）营业外支出包括：固定资产盘亏和毁损、报废、出售净损失、赔偿金、违约金、罚款、捐赠以及其他支出。

第七条　按照公司规定，全年应上交的利润按年计划数分四个季度预交，到年终结算时经年审后，再多抵少补，保证全年计划数。

第八条　酒店每年交纳所得税后的利润，按照旅游财务制度的规定，依下列顺序分配：

（1）支付各项税金的滞纳金、罚金和被没收的财物损失。

（2）弥补上一年的亏损。

（3）按公司和酒店总经理室规定的比例，提取法定盈余公积金和公益金。

（4）按公司规定的金额，上交未分配利润。

第九条　酒店的公益金只能用于职工住房的购建、集体福利设施支出等项开支，且预先应通过总经理室批准。

▲收银处的工作纪律及注意事项

收银处的工作纪律及注意事项

第一条　每天必须按时上岗，不允许出现任何理由的脱岗现象。每天必须按时签到、签退。不允许代签姓名。要按规定工作时间计时上班。不迟到、早退、缺勤。

第二条　遇到紧急情况无法按时上班时，须及时向直接上级报告。

第三条　请假必须有正当的理由，批准后方可休息。

第四条　每日上岗前必须仪表整洁，长发束好。保持衣装整洁。保持正确的坐姿、站姿，不允许不穿制服或只穿衬衣。

第五条　各收银员无论做什么工作必须面向大堂，不得背向大堂。

第六条　每日上岗前必须准备好充足的必备用品，包括账单、发票、印章。上岗后不得以任何理由脱岗。

第七条　在工作岗时，不准随身带现金。

第八条　每日上下岗穿越大堂时，必须快速走过，不准成群或散步式地走过大堂。两人以上的人在酒店公用区域内行走时，必须排队。

第九条　每日须进行卫生清扫，保持收银处环境的整洁干净。

第十条　各营业场所收银员必须做到微笑服务，对客人要主动热情。

第十一条　工作时间内严禁空岗（除上厕所外），如有特殊情况，找主管处理。

第十二条　工作时间不准看书籍、报刊。不准打私人电话。不准睡觉、聊天，严禁在工作岗位上化妆、吃东西等，不准干工作以外的事。

第十三条　账单签账时，收银员都应用正楷签自己名字的全称，不得只签姓，不得用草体或英文名，如有此现象将严肃处理。

第十四条　各收银员备用金一律不得外借，除非有本部门经理同意。

第十五条　工作中出现的问题均由当班人承担，例如短款或假币。

第十六条　严禁使用酒店为客人提供的任何物品。

第十七条　员工只能在酒店分配给自己的区域内工作，没有公事不得逗留或参观酒店公用区域或客用区。

第十八条　员工在工作时间内，不允许亲朋来访，如有来访者必须在入口处等候门卫人员与员工联系，员工要在得到直接上级的批准后方可会客或离岗。

第十九条　未经酒店办公室和有关部门经理允许，不得带亲属或朋友参观酒店，非面客区谢绝参观。

第二十条　员工下班后，不得在酒店内逗留，未经部门经理允许，不得参与酒店任何社交活动。

第二十一条　酒店有权对员工进行部门之间的调动和本部门工作的调换。

第二十二条　支票受理的起点金额为100元。

（1）受理支票时，要检查有无褶皱或破损。

（2）要检查印鉴是否清晰、完整。印鉴有财务专用章及法人章两种。

（3）是否在规定的有效期十天之内。日期务必大写。

（4）有密码的支票，应检查密码是否填写完整，或在密码空格处盖有“无密码支票，请受理”的字样。

（5）支票需要填写的部分要齐全、正规，不能涂改。

（6）金额要规范，大小写要相符，大写金额要顶头填写。禁止任何涂改。务必用签字笔填写支票。

（7）接受支票时，要把身份证号码、姓名、电话、地址登记在账单上，并要一张名片，在客人未离店之前打电话到支票所属单位确认有无此人。如已下班，查询电话“114”是否有此公司。

第二十三条　外币兑换服务标准：

(1) 确认客人的外币是否为本酒店所接受的外币。

(2) 向客人报出当日的外币兑换汇率。

(3) 问清客人要兑换的外币金额。

(4) 收取客人的外币现钞。

(5) 严格执行“复点制”，并要唱票。

(6) 用外币现钞金额与外币汇率算出应兑换给客人的人民币金额。

(7) 请客人出示护照。核对兑换人是否为护照持有人。

(8) 如果客人兑换旅行支票，应请客人当收银员的面在旅行支票上签名。

▲收银机使用制度

收银机使用制度

第一条　酒店商品柜台设置收银机收付款，记录商品销售金额，汇总商品销售总金额，监督核对商品销售情况。

第二条　出售的商品都必须将金额输入收银机，按日销售汇总，总金额必须和“商品销售日报表”的汇总金额相符。

第三条　每日缴款时，必须把当日销售总额打出，然后将记录纸撕下连同日报表统一交给缴款员。由专人负责核对“销售日报表”明细账是否和记录纸上的相符，如果有差错，要立即查清楚。

第四条　在使用收银机时，不能将收银机作为计算器使用，随便将其他数字输入或做其他计算，如果由此造成记录、汇总金额和日报表、明细账不符，由当班营业员负责。

▲收银处早班操作制度

收银处早班操作制度

第一条　主要处理酒店客人的退房手续。

第二条　接到客人的房间钥匙后，认清房号，准确、清楚地用电话通知管家部的楼层服务员该房退房，管家部员工接到电话后尽快检查房间。

第三条　准备好客人的账单，给客人查核是否正确，该步骤完成时，楼层服务员必须知会房间检查结果，如有无客房酒吧消费、短缺物品等，为互相监督，收银员应记下楼层服务员的工号并记在客人登记表上，楼层服务员也应记下收银员的工号。

第四条　客人核对账单无误并在账单上签名确认后，收银处方可收款，收款时做到认真、迅速、不错收、不漏收。

第五条　付款账单附在登记表后面，以备日后查账核对。

第六条　为避免差错，应核对当班单据是否正确，以及时发现错单、漏单。

第七条　下班前打印出客人押金余额报表，检查客人押金余额是否足够，对押金不足的要列出名单以便中班追收押金。

▲收银处中班操作制度

收银处中班操作制度

第一条　负责收取新入住客人的押金，注意客人登记表上的入住天数，保证收足押金。

第二条　追收早班列出欠款客人的押金，晚上 10 点仍未交押金的交大堂副经理协助追收。

第三条　检查信用卡止付黑名单，发现黑名单或者信用卡账户上无款的客人，应及时通知客人改以其他方式付款，如不能解决则交给大堂副经理处理。

第四条　下班前打印出客人押金金额表，以备核查。

▲收银处晚班操作制度

收银处晚班操作制度

第一条　负责核对当天的所有单据是否正确，如有错误应立即改正。

第二条　应与接待处核对所有出租房间数、房号、房租。

第三条　制作以下报表。

（1）会计科目活动简表。

（2）会计科目明细报表。

（3）房间出租报表。

（4）夜间核数报表。

第四条　制作缴款单，按单缴款。

第五条　夜间核过房租、整理电脑资料后，做好夜间核数。

第六条　每次交接班应该交接清楚款账等事项，并在交接簿上做简明的工作情况记录，交办本班未完之事。

▲收银处结账管理制度

收银处结账管理制度

第一条　应辨别收取现金的真伪，唱付唱收，防止出现不必要的争执。

第二条　信用卡必须核对卡主签名，签名应与卡上原有的签名相同；信用卡上的名字应与身份证的名字相同，身份证的相片应与持卡人相同。

第三条　收取支票应注意以下两点：

（1）对好印鉴，印鉴不模糊，不过底线，并且有开户行名称。

（2）限额、签发日期等。

▲收银处员工管理制度

收银处员工管理制度

第一条　热情有礼，吐字清晰，唱收唱付，将找款递给顾客，不允许扔、摔、甩、丢等。

第二条　严禁套取外汇、外币。

第三条　严禁向收银处借款和未经财务部经理签批将钱款外借他人。

第四条　严禁收半日租或全日租而不计入营业收入。

第五条　严禁打非工作电话，不准长时间接私人电话。

第六条　款项不符要向上级反映、汇报及解释原因。

第七条　不得以白条冲款账。

第八条　由于工作失误造成的损失由当事人全额赔偿。

第九条　下班时做好交接班工作。

▲信用卡使用管理制度

信用卡使用管理制度

第一条　接受信用卡时，核对清楚信用卡是否是本酒店可以使用的信用卡。

第二条　核查接受使用的信用卡日期是否在有效期内。如果信用卡过期或未到期，应委婉告诉客人此卡不能接受使用。

第三条　核查接受的信用卡编号、发卡银行通告的“止付名单”号码，如查出此卡号码在“止付名单”上，就要扣留此信用卡，并将该卡交回发卡银行。

第四条　注意金额的限制。每种信用卡都有最高使用限额。如果购买商品金额超过此信用卡的最高金额时必须联系发卡中心，取回授权号码。

第五条　核查完毕，按照各种信用卡的签购单上的各个项目要求，填写信用卡票据。填写时一定要仔细看清各项目的要求，认真填写，字迹清楚，做到准确无误。

第六条　票据填写完后，请持卡人签名，认真核对持卡人签名是否和信用卡上签名一致，如发现笔迹不一样，可以请顾客出示护照（身份证明）核实。如果是冒充签名使用信用卡，应扣留该信用卡。

第七条　票据填写完毕，将“持卡人留存”联撕下交回顾客。

第八条　未按信用卡使用原则去做，造成的经济损失由经手人负责。

▲旅行支票使用管理制度

旅行支票使用管理制度

第一条　客人到商场购买商品，可以使用旅行支票，但不接受私人支票。

第二条　检查旅行支票。

（1）旅行支票具有一定面额。

（2）支票正面上方签名处已留持票人的签名。

（3）支票在灯光下有折光反映，票面有凹凸花纹。

第三条　接受前，请持票人当面在支票下方签名，否则，支票无效，并与上方已留签名核对是否相符。

第四条　如对签名有疑义，可请持票人在支票背面再次签名核对。

第五条　请客人出示护照，核对护照姓名与支票上签名是否相符，并把护照国籍、号码抄录在支票背面，同时婉请客人留下住址。

第六条　对旅行支票真伪有怀疑，应请银行兑换处鉴定。

第七条　对于外币旅行支票，银行要收取贴息。

第八条　当支票实际价值大于所购商品价值时，应以现钞退回差额。

第九条　请在“转账支票报表”上汇总旅行支票的缴款数，并注明何种货币和买入价。

▲核数操作制度

核数操作制度

第一条　整理归档上一天的单据、报表等，落实上一天稽查出来的问题。

第二条　将经理核准的考核通知书送有关部门签收。

第三条　核对各收款点的营业报表，包括餐厅收款处、商务中心、电传室、娱乐中心、洗衣、客房酒水等。

第四条　稽核人员应抽查餐单，核对点菜单与账单是否相符。

第五条　检查当天到达的客人房租情况，检查房租折扣是否符合规定，检查前台接待处交来的批条是否齐全。

第六条　检查客人住宿登记卡是否齐全。

第七条　将各收款点营业额输入电脑。

第八条　将输入电脑的各收款点的现金总数以及信用卡数与营业日报表进行平衡后，应与营业报表总合计数一致。

第九条　检查无误后，将上列报表装订在一起，分送到各部门。

▲财务押款制度

财务押款制度

第一条　财务部去银行提款，必须由便衣保安员陪同。

第二条　酒店的内部如有大量现金需从一处转移至另一处，也须有保安陪同并负责安全。

第三条　每周一至周六下午2：00～5：00，前台指定一部专车负责押款。

第四条　发放工资及财务人员分装员工工资时，都须有保安维持现场秩序。

▲物料用品财务处理制度

物料用品财务处理制度

第一条　采购物料用品的原则是勤进少储，防止积压和浪费。

第二条　对于物料用品的购进、领用和处理，要严格按照规定和审批手续办理。

第三条　物料用品购进的运杂费计入物料用品的成本内，如同时购进多种物料用品所发生的共同费用，则按同时购进的各种物料用品单项价值分摊费用，并计入成本。

第四条　购进物料用品后，应立即全部交付使用部门领用，应在填制进仓验收单的同时填制发货票与领料单，办理有关报账手续。

第五条　业务部门领用后作为生产或营业之用者，应计算在营业成本科目。

第六条　建立“原材料物料明细分类账”，按品名、数量、金额进行明细分类核算。

第七条　物料用品除基建材料外，统一由仓管部按各部门编报的计划，综合平衡后报总经理审批。

▲办公用品财务处理制度

办公用品财务处理制度

第一条　酒店各部门用于办公所需的笔、纸张、笔墨、计算器具、账册、凭证以及其他办公用品，每季度编报领用计划，统一由财务部购进，交仓库保管，各部门按月领用。

第二条　酒店的办公用品除个别零星急需外，各部门不得自行采购和复印。

第三条　各部门领用办公用品，必须填写领用单一式二联，并经领导批准。

第四条　领用人领取物品后，由仓管员签名，领用部门取回一联作为部门财务或文员记录之用，另一联由仓库按月装订，作为便查簿，以备检查。

第五条　仓库保管员在收到办公用品并经验收无误后，在进仓办公用品的发票上签收，并立即登记商品货卡和便查簿，不必填制进仓验收单。

第六条　财务部对办公用品的账务结算，可凭采购员进货交仓库验收后的原始发货票，经审查票面品名、规格、数量、金额，以及仓管员验收和经手人签名，即准予办理报账。

第七条　办公用品财务核算处理，直接摊入费用列支，即应以“管理费·办公用品”科目列支，不必通过库存物料科目的重复核算。

第八条　在各部门逐步确立为独立核算后，办公用品由财务部在管理费科目列支，但应分部门设立明细账户，以便按部门实际领用分摊费用。

▲奖售品、赠品、样品管理制度

奖售品、赠品、样品管理制度

1. 奖售品、赠品、样品的范围包括：

（1）奖售品。外单位推销某项商品及物料，由该单位按其规定拨出所售商品、物料的一部分或小部分奖给职工。

（2）赠品。外单位对酒店某部门或个人的酬谢物品。

（3）样品。外单位推销他们的商品、产品，免费送一些给酒店有关部门作为样品。

2. 奖售品、样品、赠品经批准做出处理后的收入，由酒店管理部门统一分配。

3. 任何部门或个人均不得私自占有奖售品、样品和赠品，否则按所值价格加倍罚款，并建议人事部做出扣发浮动工资的处理。

▲成本损耗、控制管理制度

成本损耗、控制管理制度

第一条　原材物料、商品及备用品，属供货方因包装不符合规定而造成破损或数量不足而产生的损耗，应由运输部门做出鉴定意见，酒店储运部门协同业务部门填制“商品、原材物料损耗查询报告书”，发往供货方追索损失。在供货方未偿付损失金额前，所损耗数量、金额列入“待处理损失”科目，收到供货方赔偿款项后，冲销该科目的余额。

第二条　原材物料、商品等在运输中所发生的损耗，由有关部门报财务部加具意见呈总经理审批，经批准报损的金额在“坏账损失”科目列支。

第三条　原材物料、商品等在运输过程中，由于储运部门装卸不负责任造成破损或丢失所产生的损耗，应查明原因，根据当时的实际情况，由经办人员担负经济责任或担负部分经济责任，再由有关部门经理审查，会同财务部审批，报总经理审阅批示。

第四条　营业部门结合国家对旅游部门规定的毛利率控制标准及当前实际情况，制定各部门、各营业项目的毛利率指标，并按旬、按月逐期予以追踪反映和分析考核。

第五条　对各职能部门可控的变动费用，按年计划分解，建立费用责任中心，采用控制费用或其他有效形式，进行有效的控制。

▲财务报销制度

财务报销制度

1. 费用报销

（1）一切费用要在核定批准的费用定额范围内开支，超支部门须经酒店主管领导批准方可向财务部报销。

（2）已经取得原始发票的只要填制报销凭证，由经办人验收或证明人签章、领导签字即可报销，已批准的费用定额内的由部门领导人签字，定额外的由酒店主管领导签字。

（3）未取得原始发票而要先付款时，可以先到财务部办理借款，经领导批准后（已经批准的费用定额内的由部门领导签字，定额外的由总经理签字）一周之内办理报销手续，同时撤回借款单第三联。

2. 固定资产报销

（1）必须先有批准的购置计划才能购置固定资产，需购置商品必须经总经理室向有关部门办理专项控制证明单后才能购买。

（2）如果在当日内购置，经领导批准可借用空白支票在计划范围内购置，如能事先知道价格、单位名称及账号者，可办理借款手续，经领导批准后由财务部开支票。

（3）固定资产报销时需建立固定资产卡片，并有资产编号，财务部才准予报销。

（4）固定资产经财务部报销后，列入“内部往来成本费用”科目。

3. 流动资产报销

（1）采购部门应提出次月原材料及备用品、备件购置的购料计划，经领导批准后报财务部做出次月定额用款计划。

（2）凡购入材料物品，必须填写入库验收单一式三联，采购、仓库、财务部各一联，填好验收单后，才予以报销。

（3）材料物品领用时，必须填领料单一式三联，领用人、仓库、财务部各一联。

（4）仓库保管员兼材料会计，每月应与财务部核对账目，发现问题及时找出原因，并予以更正。

（5）采购部门可借支备用金，作为零星购料周转，工程部也可以借支备用金，作为急需采购维修物品用，年终备用金全部交财务部。

（6）采购人员经领导批准可借支空白支票（限制一定数额内开支），但必须在三天内到财务部报销，如果取得正式发票，可办理报销手续，不再借支空白支票。

（7）各项预付款先填借款单，按合同要求经酒店主管领导批准后再付款。

（8）低值易耗品报销手续必须建立低值易耗品卡片。

（9）年终物资部应盘点一次，列出材料清单与财务部核对，并做出盈亏表。

▲费用报销审批制度

费用报销审批制度

第一条　酒店各项费用的审批报销应严格按照规定的权限执行。

（1）各部门的费用由主管领导核准、部门经理审查。

（2）酒店支付的大厦管理费，水电、空调费，制服洗涤费，邮电通信费和劳动保险费等应付出的款项，由财务部经理审批并掌握分期付款数额。

（3）酒店各项福利费开支，如活动费、制服费等，由酒店总经理批准。

（4）医疗费按酒店规定每月定额发给。

（5）工会经费由酒店工会主席在规定的范围内签批。

（6）其余未明确的费用由总经理审批。

第二条　不得列入费用支出的项目有：

（1）对外投资的支出。

（2）被没收财物造成的损失，支付违约金、滞纳金、赔偿金、被罚款以及赞助、捐赠的支出。

（3）为购置、建造或转让无形资产、固定资产和其他资产发生的支出。

（4）不可抗力（如水灾、火灾、地震等）造成的固定资产、流动资产的损失。

（5）国家规定不得列入成本费用的其他开支。

▲出差管理制度

出差管理制度（一）

第一条　酒店出差人员出差前应填写“出差申请单”。

第二条　出差人凭“出差申请单”向酒店财务部暂支相当数额的差旅费，返回后一周内填具“出差旅费报告单”，并结清暂支款。

第三条　国内出差四天内由部门经理核准，六天内由副总经理核准，部门经理以上人员出差一律由酒店总经理核准。

第四条　国外出差一律由总经理核准。

第五条 出差不得报支加班费，但假日出差酌情予以计算。

第六条 出差途中除因病或遇意外灾害，或因工作实际需要，电话联系请示批准延时外，不得因私事或借故延长出差时间，否则除不予报销差旅费外，还依情节轻重进行处罚。

第七条 交通费、住宿费、膳食费、通信费和交际费按规定标准凭据报销，超标自付，欠标不补。

出差管理制度（二）

第一条 为实现本酒店经营目标，并培养员工廉洁、勤勉、守纪、高效的精神，特制定员工出差管理办法。

第二条 酒店员工出差按如下程序办理。

（1）出差前填写“出差申请单”，期限由派遣主管按需予以核定，并按程序审核。

（2）凭“出差申请单”向财务部预支一定数额的差旅费。返回后一周内填具“出差旅费报告单”并结清暂付款，在一周以外报销者，财务部应于当月薪金中先予扣回，待报销时一并核付。

（3）差旅费中“实报”部分不得超出合理数额，对特殊情况应由出差人出具证明，否则财会人员有权拒绝受理。

第三条 出差审批程序和权限如下。

（1）国内出差：1日以内由经理核准，超过1日由总经理核准。经理（含副经理和相同级别的技术人员）以上人员一律由总经理核准。

（2）国外出差：一律由总经理核准。

第四条 出差行程中除特殊情况外一般不得报销加班费，假日出差可酌情加薪。

第五条 除因公务、疾病或意外灾害需经主管允许延时外，不得借故延长出差期，否则不予报销旅费，并依情节轻重给予纪律处分。

第六条 国内出差注意事项如下。

（1）出差旅费分为交通费、住宿费、伙食补助、杂费、特别费（包括邮电、交际等费用）。

交通费需依票根或发票（如出租车票）认定，车票丢失者应说明丢失原因，使用酒店交通工具者不支付交通费。

住宿费需依凭证按上述标准核报，本酒店备有住宿场所时不支付住宿费。

伙食补助应依支付标准报销，但由酒店供应餐食或已报销交际费者，不再支付。

杂费依有关规定支付。

特别费依凭证核报。

（2）出差返回超过午夜12点者，可在标准外增发交通费和餐费30元。

（3）杂费及伙食补助计算标准如下。

①出差杂费按离开酒店所在地实际天数计，超过10小时不足1天者按1天计，不足10小时者不计。

②上午7点前出差者，应报销早餐费，于下午1点后返还者报销午餐，于晚上7点以后返还者报销晚餐费用。

③出差1日者不受以上标准限制。

（4）随同高职人员出行的低职人员，伙食补助、住宿费可按高职人员出差旅费标准支付。

（5）因时间急迫或合理成本考虑而需搭乘飞机时，须经总经理核准。

（6）因时间急迫或交通不便根据业务需要必须乘坐出租车时，须经经理同意。

第七条　国外出差注意事项如下。

（1）国外出差旅费分交通费、生活费及特别费，支付标准如下所示。

①出国人员如夜间恰在旅途中，不得报销住宿费。

②报销旅费凭车船机票，住宿费凭发票。

③特别费报销方法同国内出差。

④接受招待或报销交际费者，核减相应的餐费。

（2）员工派赴国外受训考察等，其食宿由其他酒店安排者，每日支付生活费×××元。

（3）出国人员因公所花的交际费、应酬费，除由总经理核准由酒店开支的部分外，多余部分概由个人负担。

（4）出国人员计划外的行程，交通费须由总经理核批，方可报销。

（5）出国人员出国前应提出出国申请计划书，并于回国后10日内提出出国人员工作计划检查报告。

▲差旅费支付制度

差旅费支付制度

第一条　本制度除适用于本酒店正式员工外，还适用于：

（1）顾问（原则上适用于酒店高级主管的有关规定）。

（2）特约人员（依具体职位确定）。

（3）试用人员。

（4）退休人员（如为处理遗留业务而出差）。

（5）为酒店业务而出差的其他人员。

第二条　车费包括：

（1）认定路线的车费。

（2）特殊认可的汽车费。

第三条　部门负责人 3 日以上的出差，须经酒店总经理批准。但依照酒店指示，参加会议不在此限。

第四条　一般员工出差，需经直属部门主管批准，并上报相关部门。

第五条　分酒店、驻外机构人员出差，需经酒店总经理批准。

第六条　私人旅行需办理以下手续。

（1）事先填报申请，并经直属部门主管批准。

（2）旅行过程中，需与直属部门主管保持联系。

第七条　利用飞机出差，必须在出差申请书上明确说明。

第八条　在下列情况下，可乘坐卧铺出差。

（1）同行者乘坐卧铺。

（2）出差途中患病。

乘坐卧铺时，不支付住宿费。

第九条　原则上长距离出差可乘坐快速列车。

第十条　对长期滞留出差的处理：在同一地区连续滞留 10 日以上时，对超过日数减付 10% 的出差补贴和住宿费合计额。

第十一条　特例出差是指按照出差地单位的习惯，由对方提供住宿条件或提供住宿费。

第十二条　差旅费超支是指：

（1）超出差旅费规定的基准。

（2）实际费用超支。

第十三条　出差出发时间为上午，出差归来时间为下午时，支付当日全额差旅费。计算基准为交通工具的票根。

第十四条　预支手续：

（1）从概算额中扣除预付额，预付额不得超出对客户的收款额。

（2）超出预付额部分，凭有关凭证报账结算。

（3）特殊情况下，需经财务主管批准，凭出差日报领取和结算。

第十五条　出差报告原则上应包括：

（1）出差地、日程和出差单位。

（2）出差处理事项。

（3）出差条件及意见。

第十六条　休息日在外地出差时，酒店发给两天的休息出差补贴。

第十七条　交通费按审定路线实报实销。

第十八条　当出差者在同一城市出差，或酒店认为没有必要支付时，不向其支付补助。

第十九条　申请赴任补助时，必须通过直属部门主管向综合办公室申请。如家属同行时，亦可通过同样手续申请家属补贴和家庭财产转移补贴。后者按实际费用报销。

第二十条　近距离出差的支付办法应区分经常出差者和非经常出差者，然后按实际出差时间长短（分为4～6小时、6～8小时和8小时以上）分别支付不同数额的出差费。

▲差旅费开支标准

差旅费开支标准

第一条　凡因公出差，需由部门填报《出差申请表》，写明出差事由、姓名、地点、天数、交通工具种类、交际应酬费金额、需借款总额，报酒店主管副总并经总经理批准，凭申请表借支差旅费。

第二条　出差人员乘飞机要从严控制。出差路途远，为了节省时间，部门经理以上人员可以乘飞机。一般应乘火车或其他交通工具，特殊情况需搭乘飞机，须经总经理批准。

第三条　正副经理，可乘坐火车软席，轮船二等舱位（年纪较大并有高级专业技术职称的人员，可参照执行）。其余人员，乘火车硬席，轮船三等舱位。

第四条　乘坐火车，从晚8点至次日晨7点之间，在车上过夜6小时以上的，或连续乘车时间超过12小时的，可购硬席卧铺票。符合乘坐火车卧铺而未乘的，可按硬席座位票价发给补助费，乘坐特别快车的为50%，乘坐直快或慢车的为60%。

第五条　符合乘坐火车硬席卧铺的人员，若买不到卧铺票，也可改乘软席座位，但不得改乘软卧，同时不享受票价补助费。

第六条　出差期间，市内公共汽车费凭据报销，一般不得乘坐出租汽车，乘出租汽车，需经主管副总、总经理批准后方可报销。

第七条　住宿标准及出差伙食补助标准按照国家有关规定办理。

第八条　出差返回后3日内要到财务部门及时报销。

▲前厅收银操作制度

前厅收银操作制度

第一条　和各楼层保持密切的联系，根据客人离店时间排好明细表，等待客人前来结账。

第二条　前厅收银员根据接待处转来的“住宿登记单”按计划住宿天数向宾客收取住宿押金。对持有信用卡的宾客，需检查信用卡是否有效后进行输卡，开具“预收住宿押金收据”一式三联，一联留存，将押金填入住宿登记单（二、三联）预收押金栏内并加盖戳记，与住宿登记单装入宾客账单箱内，二联与加盖戳记的住宿登记单一起交客人，三联交财务部作为交款附件。

第三条　如果客人需要延长住宿时间，由楼层服务员通知客人到收款台补交住宿押金（收款手续同上）。收银员要每日查核是否有延期逗留客人，并将查核情况提供给各楼层服务台。

第四条　客人结账时，前厅收银员要主动、热情、迅速地为客人提供服务。

（1）散客结账时，首先应由楼层服务员电话通知收银员结账，然后由客人自带楼层退回的“住宿登记单”来前厅收款台结账。

（2）收银员接到客人离店通知后，立即用电话向餐厅收款台、咖啡厅、电话总机、洗衣房等处询问该离店客人有无账单，如有账单请其立即转来。

（3）收回“住宿登记单”和“预收住宿押金收据”，然后从账单箱内取出单据，经核对预收押金后，输入计算机进行结账，开具住宿发票一式三联，一联留存备查，二联交客人，三联与住宿登记单装订在一起装入结算凭证专用纸袋内，并及时将客人退回的住宿登记单送问询处。

（4）客人付费时，工作人员要婉转礼貌地告知客人收款数额，将应退给客人的钱与收据一并交与客人。

（5）收付款时，要特别注意吐字清晰、唱收唱付，提醒客人当面点清，为每位客人结账要迅速、敏捷。

（6）客人结账完毕，要向客人道谢，并请其再度惠顾本酒店。

第五条　前厅收银员在记录住店客人在酒店期间所发生的费用时，要分门别类、详细地记入客人账单，不得遗漏。登记这些账目时，一定要与账户相符，必要时要征得客人的认可后方可入账。客人结账完毕后，应在账单上加盖收讫章。

第六条　客人离店后，收银员要将客人账户按时间顺序分类进行保存、备查，根据每日客人离店情况、所收款数与当日营业额进行核对，两者必须相符。

第七条　制作每日收入报表，将当日所收款项与现金核对，汇总上交。要将结账根据存单存档，以备有问题时作为查证根据。

第八条　收银员遇到特殊客人，在收费前应请示酒店部门经理，按领导的指示予以优惠或者免收，同时要在账户上加以说明，并详细记载减免项目和金额，请总服务台领班签字存档以备日后查核。

第九条　当客人付清账目后，收银员应用电话通知楼层服务台及时进行房间检查与清理，并通知行李员为客人搬运行李。

第十条　收银员交接班和汇总程序：

（1）早、中、晚三班收银员交班时需办理当班及上班营业票、款、印章和其他用品的交接，双方交接无误后在交接班记录本上登记交接事宜并签字。

（2）夜班收银员0点开始结账，整理当日0点到24点的营业款，填写缴款单。清点营业款时应叫收银领班一起参加清点，确认无误后装入专用交款袋，封包加盖两人印章后交财务部汇总。

▲团体、长包房结账操作制度

团体、长包房结账操作制度

第一条　长住房、团体的费用结算工作，必须严格按合同办事，并做好各旅行社合同的保密工作。

第二条　在工作上要做好部门之间的协调，不得推卸责任，有问题及时处理。

第三条　根据追收表所列离店时间，在每一个团队离店前半个小时完成团队结账工作，留待接待单位付账。

第四条　根据总台交来的团体订单，分清各旅行社的陪同人员，根据合同计算房租，所有团队都要具备充分的报账资料，以开房数的资料为标准。

第五条　按夜班人员列出的追收表，逐一在电脑上检查每一个有欠费用的团队，看清是否已结账，追收时弄清每个团队的陪同，并告诉陪同所带团的消费情况，用便条写清房号、消费内容及金额交给该团陪同，请其协助追收。

第六条　团队客人交钥匙时应检查收款表，如表上有该房号的，立即进行电脑核对，如有未付款项的应立即手工开单向客人收款。

第七条　夜班要求每天打出第二天离店的团体统计报表和追收表输入到计算机，到稽核处接收团体转账单收据并附在订单上，打出当天所有班次收入的消费单，填写稽查报告，并做追收表一式二份，一份交团体收款员追收，一份留存备结账，按时间先后排列，根据房间号及费用列在相应的团体登记本内，准备追收。

第八条　在为常住客人和长包客人结账时，应在账单上注明结账截止的日期，以便客人核对。

第九条　在为团体、关系单位结账时，应将客人所有费用项目和金额审核后告知对方，待得到客人确认无误后，再用电脑输入所有信息。

第十条　对酒店常住客人，应根据酒店规定每周向客人结出账单，并通知其及时结算，对逾期不缴纳房租的客人，收银员应及时报告领导。

▲餐厅收银管理制度

餐厅收银管理制度

1. 收银员工作规范

（1）餐厅收银员应提早到岗，搞好收款台的卫生，备好找零现金，根据物价员送来的物价通知单，调整好饭菜的价格表，并了解当日预订情况。

（2）餐厅人员必须按标准开列账单收费，每日的结算款及营业额不得拖欠，客离账清。

2. 散客收款

（1）收银员接到服务员送来的"订菜单"，留下第一联，经核价加总后即时登记"收入登记表"以备结账。

（2）客人用餐完毕，由值班服务员通知收银员结账，收银员拿出订单加总后开具"账单"两联，由值班服务员向顾客收款，顾客交款后，服务员持"账单"和票款到收银台交款，收银员点清后在"账单"第二联加盖印章再连同找款、退款给服务员转给顾客。

（3）收银员应将"账单"第一联与"订单"第一联订在一起装入"结算凭证专用袋"内。

3. 团体客人收款

（1）餐厅服务员根据"团队就餐通知单"在团队就餐时开订单交收银员，收银员在订单二、三、四联上加盖戳记后给服务员，一联留存，并插入账单箱。

（2）就餐结束后值班服务员开账单（注明前厅结账），请团队领队签字后，及时将团队账单（二联）送前厅收银员代为收款，一联留存和"订单"订在一起，装入"结算凭证专用袋"内。

4. 宴会收款

（1）宴会及包桌酒席，一般都需要提前三个小时以上到餐厅提前预订，预订时需交付预订押金或抵押支票。

（2）预订员按预订要求开具宴会订单（一式四联），并在订单上注明预收押金数额或抵押支票，然后将宴会订单和预订押金或支票一起交收银员，收银员按宴会订单核价加总后在订单上加盖戳记，一联收银员留存，二联交厨房据以备餐，三联交酒吧据以提供酒水，四联交餐厅主管转值班服务员并提供服务。

（3）宴会开始后，客人需增加酒水和饭菜，由值班服务员开具订单交收银员加盖戳记后，一联收银员留存，与宴会订单订在一起，二联交厨房据以增加饭菜或交酒吧据以领取酒水。

（4）宴会结束后，值班服务员通知客人到收款台结账，收款员按宴会订单开具发票，收取现金（注意扣除预订押金）、支票或信用卡。

（5）将发票存根和宴会订单订在一起装入“结算凭证专用袋”内。

5. 会议客人收款

（1）会议客人用餐应由负责人提前与餐饮部楼面经理商定就餐标准和结算方式。

（2）餐饮部订餐处填写“会议就餐通知单”，分送厨师长和餐厅收银领班，收银员结算时按通知进行。

（3）客人提出的超标准服务要请负责人签字，开具通知单结算。

6. VIP 就餐收款

（1）重要客人（VIP）到餐厅就餐，一般由经理级的管理人员签批“重要客人接待通知单”和“公共用餐通知单”，提前送给餐厅主管，餐厅主管接到通知后应安排接待。

（2）收银员按通知单规定开具账单向客人结算，收银员将“订单”、“通知单”和账单订在一起装入“结算凭证专用袋”内。

7. 汇总日结

（1）收银员将当日营业收入整理清点后，填好缴款单并与领班或主管一起再次清点现金，检查票据的填写情况。

（2）确定无误后将营业款装入“专用交款袋”封包加盖两人印章，同时两人一起放入财务部设置的专用金柜，然后按“服务员收入登记表”填报“餐厅订单汇总表”，一式三份，自留一份，报餐厅经理和财务部成本核算员各一份，并填报“营业日报表”三份，送核算员、统计员各一份，自己留存一份备查。

第二节　财务部规范化管理表格

现金收入控制表

表 4－1　现金收入控制表

日期：______

收银员姓名		应交金额				实交金额				溢（缺）
		人民币	外汇	港币	合计	人民币	外汇	港币	合计	
大　堂										
中餐厅										
西餐厅										
酒　吧										
合　计										

总出纳员收款报告

表 4－2　总出纳员收款报告

日期：______

收银员姓名		收银员交款金额				备注
		人民币	外汇券	港币	合计	
大　堂						
中餐厅						
西餐厅						
酒　吧						
合　计						

总出纳员：______

请　购　单

表 4－3　请购单

请购部门：______　　　　　　　　　　　日期：______

名　称	数　量	单　位	用　途	规格、质量摘要

请购部门主管____　仓库____　财务总监____　总经理____　采购部____

收款员现金报表

表 4－4　收款员现金报表

分　类	日　期	净　额	更　正	收银机金额
收　入				
期终额				
期初额				
现金收入				
支　出				
期终额				
期初额				
现金支出				
现金净额				

上班________　下班________　收款员________

现金收支日报表

表 4－5 现金收支日报表

<table>
<tr><td colspan="3">现金库存金额类别明细</td><td>前日余额</td><td>本日收入额</td><td>本日支出额</td><td>本日余额</td></tr>
<tr><td>金　额</td><td>数　量</td><td>金　额</td><td></td><td></td><td></td><td></td></tr>
<tr><td>100 元</td><td></td><td></td><td rowspan="2"></td><td rowspan="2"></td><td rowspan="2"></td><td rowspan="2"></td></tr>
<tr><td>50 元</td><td></td><td></td></tr>
<tr><td>20 元</td><td></td><td></td><td colspan="2" rowspan="2">相关传票数量</td><td rowspan="2">现金收入　张</td><td rowspan="2">现金支付　张</td></tr>
<tr><td>10 元</td><td></td><td></td></tr>
<tr><td>5 元</td><td></td><td></td><td rowspan="4">点钞明细</td><td>来　源</td><td>事　由</td><td>金　额</td></tr>
<tr><td>2 元</td><td></td><td></td><td></td><td></td><td></td></tr>
<tr><td>1 元</td><td></td><td></td><td></td><td></td><td></td></tr>
<tr><td></td><td></td><td></td><td></td><td></td><td></td></tr>
<tr><td></td><td></td><td></td><td rowspan="4">备注</td><td colspan="3" rowspan="4"></td></tr>
<tr><td>计</td><td></td><td></td></tr>
<tr><td>假　钞</td><td>件</td><td></td></tr>
<tr><td>合　计</td><td></td><td></td></tr>
</table>

总经理：　　　经理：　　　科长：　　　复核：　　　制表：

财务状况控制表

表 4－6 财务状况控制表

年　月　日

应收账款：		应付账款：	
昨日余额		昨日余额	
本日销货	+	本日发票付账	+
本日退货折让	－	折让退回	+
本日余额		本日余额	
应收票据：		应付票据：	
昨日余额	张	昨日余额	张
本日收入	+张	本日支付票据	+张
本日兑现	－张	本日到期	－张
本日余额	张	本日余额	张

银行别	昨日结存	本日存入	本日支出	本日结存	明日应付额
合　计					

核准：　　　复核：　　　制表：

现金盘点报告表

表 4－7　现金盘点报告表

年　月　日

<table>
<tr><td colspan="2"></td><td colspan="3">面　值</td><td colspan="2">数量</td><td>金额</td><td>盘点异常及建议事项</td></tr>
<tr><td colspan="2">现金及周转零用金</td><td colspan="3">100 元　2 元
50 元　1 元
20 元　5 角
10 元　2 角
5 元　1 角</td><td colspan="2"></td><td></td><td>盘点结果及要点报告</td></tr>
<tr><td colspan="5">小　计</td><td colspan="2"></td><td></td><td rowspan="2"></td></tr>
<tr><td colspan="5">其他项目：未核销费用</td><td colspan="2"></td><td></td></tr>
<tr><td colspan="5">员工借支</td><td colspan="2"></td><td></td><td rowspan="9">左列款项及票据于　年　月　日　时盘点时本人在场，并如数归还无误。

保管人：

盘点人：</td></tr>
<tr><td colspan="5">总　计</td><td colspan="2"></td><td></td></tr>
<tr><td colspan="5">账面数</td><td colspan="2"></td><td></td></tr>
<tr><td colspan="5">盘盈或（盘亏）</td><td colspan="2"></td><td></td></tr>
<tr><td>项　目</td><td colspan="2">张数</td><td>金额</td><td colspan="2">盘点数</td><td colspan="2">盘盈（亏）</td></tr>
<tr><td>应收票据数：代收</td><td colspan="2"></td><td></td><td colspan="2"></td><td colspan="2"></td></tr>
<tr><td>库　存</td><td colspan="2"></td><td></td><td colspan="2"></td><td colspan="2"></td></tr>
<tr><td>应收保证票据</td><td colspan="2"></td><td></td><td colspan="2"></td><td colspan="2"></td></tr>
<tr><td>合　计</td><td colspan="2"></td><td></td><td colspan="2"></td><td colspan="2"></td></tr>
</table>

管理费用设定表

表4－8 管理费用设定表

部门： 年度 单位：元

科目	年实际发生数	年费用额	各月费用拟定数											
			一	二	三	四	五	六	七	八	九	十	十一	十二
用人费用														
间接人工														
训练费														
设备费用														
折旧														
修护费														
保险费														
税金														
租金支出														
业务费用														
交际费														
书报杂志														
杂项购置														
差旅费														
伙食费														
医药费														
水电费														
运费														
杂费														
其他费用														
董事报酬														
劳务报酬														
自由捐赠														
各项摊提														
合计														

出纳管理日报表

表4-9 出纳管理日报表

年 月 日

摘要		本日收支额			本月合计	本月预计	备注
		现金	存款	计			
前日余额							
收入	销售进账						
	分店汇款						
	票据兑现						
	抵押借款						
	私人借款						
	预收保险金						
支出	偿还借款						
	材料						
	采购品						
	费用						
	设备						
	其他						
	材料购入						
	采购品支付						
	费用支付						
	人事费						
	广告费						
	各项费用						
	支付利息						
	购买固定资产						
	分店小额款项						
	工厂小额款项						
	…						
	支出合计						
现金存款							
存款提款							
本日余额							

第五章　现代酒店公关部管理制度与表格

第一节　公关部规范化管理制度

▲公关部日常工作制度

公关部日常工作制度

第一条　及时收集酒店内外公众对酒店的各种意见。

第二条　编写并向报界散发新闻稿、特写文章和照片，汇编有关的报刊目录。

第三条　协同摄影制作方面的人员拍摄、整理、保存资料图片。

第四条　同各种传播媒介的新闻记者、有业务往来的公司、主管部门、政府有关人员等保持紧密的联系。

第五条　了解行业竞争对手的公共关系活动。

第六条　酒店各种宣传品和赠品的设计、筹划和监制。

第七条　在接待重要宾客时，落实各项迎接和服务环节。

第八条　加强信息输入，及时提供有关经营决策的信息资源，同时主动向其他部门提供信息，提高经营管理能力。

第九条　整理新闻剪报、电台和电视台的播送记录，负责反馈新闻报道和其他外界的报告。

第十条　代表酒店接受公众对酒店的各种投诉，对客人的合理要求要尽量予以满足。

第十一条　培训公关部的工作人员，保证工作人员的高素质、高水平。

第十二条　对酒店在公众中的形象做出合理的评价。

▲公关部定期工作制度

公关部定期工作制度

第一条　参加各种管理会议，了解酒店的管理状况和经营状况。

第二条　参加市场营销调研活动，了解行业的竞争状况。

第三条　编辑出版以旅行社、旅客为对象的对外刊物。编写并提供各种资料，诸如酒店历史、年度报告、新员工介绍等。编辑出版供酒店员工阅读的报纸和刊物，组织其他各种形式的内部传播。

第四条　组织记者招待会，接待参观访问。

第五条　为管理部门安排报刊、广播和电视台记者的访问。

第六条　同酒店所在地区的代表接触，了解其意见。

第七条　组织安排酒店员工的集体娱乐活动，保证员工丰富多彩的业余生活。

第八条　对既定目标所做努力的结果进行分析、评估和反馈。

▲公关部专门活动制度

公关部专门活动制度

第一条　组织、安排酒店开张的仪式。

第二条　组织和委托公共关系展览及演出。

第三条　设计并委托制作酒店的店徽、标志、吉祥物等。

第四条　筹划和监制公共关系广告。

第五条　组织安排酒店的庆典。

第六条　举办酒店的各种纪念活动。

第七条　组织酒店新的服务设施的介绍会。

第八条　负责委托制作有关酒店情况的纪录片、录像带等，并负责编目和播放等。

▲处理突发事件制度

处理突发事件制度

第一条　制订灵活机动的应急计划，委派应急发言人，跟报社、广播电台和警察当局联系。

第二条　事发时保持镇静，在酒店之外设立临时新闻部，建立新闻室供记者使用，和新闻界保持密切的联系。

第三条　采取积极措施，如考虑召开记者招待会，将事情的发展告知记者和地方公众领导，并进行解释、沟通。

第四条　做好善后工作，并注意做好以下几点工作。

（1）设想出积极的报道题材。

（2）迅速及时地讲出了解到的事实真相，发现新闻报道中有失实之处应立即纠正。

（3）安排有关团体、老顾客及新闻记者参观出事地点，使他们亲眼看到所采取的改进事态的措施。

（4）组织有关方面人士参加新闻发布会。

（5）在当地报纸上刊登启事感谢地方支持，以及对主要救助单位，如红十字会、急救站、医院、消防队等给予帮助的感谢。

（6）对于每一位写信或打电话来慰问的人士寄发感谢信，写给市长的感谢信可作为新闻发布。

▲召开记者招待会制度

召开记者招待会制度

第一条　正确选定招待会召开的地点，会前要进行实地观察。

第二条　日期选定后，应提早3~4天把请柬送到邀请对象手中，以便记者在会前做充分的准备。

第三条　会前一天，用电话与被邀请者取得联系，探询对方能否出席。

第四条　招待会程序编排要紧凑，时间不宜过长，编排程序时要防止冷场或混乱。

第五条　准备足够数量的资料或照片，切忌发生一部分与会者领到而另外一些人未领到的情况。

第六条　准备好音响设备等，如有需要，还要备好电话、电传等设备，并以图文标示出使用地点及方式。

第七条　备妥签到簿和签名笔。

第八条　排定并摆好桌上名牌，既要主次分明，又要注意一视同仁，以避免出现纠纷和不愉快。

第九条　注意妥善安排本单位领导和嘉宾的座席，如有重要人物出席，应突出其身份，借以扩大影响。

第十条　置备适当的礼品或纪念品，赠送出席者。

第十一条　工作人员数量要得当，所有工作人员都应明确本次招待会的目的、内容、对象等情况，并能各司其职、礼貌待客。招待会进行过程中，工作人员应避免随意走动。

第十二条　安排一名摄影人员专门拍摄会场情况，以便进行宣传和留作纪念。

第十三条　全面收集各到会记者所发稿件，并进行归类、分析，以评估传播效果。注意发现会议内容的疏漏、失误，以便及时补救。

第十四条　对照签到簿，核查发稿率，供日后选择邀请对象时参考。

第十五条　结束时，注意听取出席者的反应。

第十六条　对已发新闻稿中质量较高的稿件，应与作者建立特别的联系并致谢意。

▲公关部电话处理制度

公关部电话处理制度

1. 简洁顺当

简洁顺当是指当电话铃声一响，就应该拿起话筒："你好，这里是××酒店公关部。"

最好准备好纸和笔放在旁边，同时对着听筒重复对方的话，以检验理解得是否正确。必要时，还需在打电话之前草拟一个计划或将所要谈到的几件事预先写在一个备忘录上面。

2. 注意礼节

（1）说话时声调要显得热情、愉快，给对方留下好印象。

（2）仔细倾听对方的讲话，把耳朵紧贴话筒。为了表示你在专心聆听，并且已经理解，还要不时地称"对"道"是"，以显示你给对方积极的反馈。最后，应该让对方先挂上电话，然后轻轻地把话筒放回原处。

（3）有时遵从酒店总经理的指示，拦截各种电话时也应注意礼貌，同时应委婉地拒绝。

（4）在电话中接到对方邀请和各种会议的通知时，应当向对方致谢。如果是私人邀请，也应礼节性地邀请对方。

▲接待旅游团操作制度

接待旅游团操作制度

第一条　接到旅行社电传或传真订房，先与管家部联系，了解要求订房日期是否能安排，然后交领导批示，并汇报有关事宜。领导批示后，回复确认书给旅行社。

第二条 准备工作：按照对方订房单（机、车票，接送服务等）要求，与各部门联系落实，变更时一定要通知有关部门。团队抵达前（尤其是一些重点团队及一些代理人团队）要检查房间是否按要求安排好，并落实订餐，记录该团进餐的地点。检查机、车票及提出的要求是否落实。了解其准确的抵达时间与有关的旅行社联系或找到该团队陪同，全面了解有关接送及活动安排，确保工作的正常进行。

第三条 接团：团队抵达时，要与领队联系，落实该团进餐时间并通知餐厅。与行李组联系，迅速把该团的行李送到楼层、房间。

第四条 记录领队的房号，以便随时联系。

第二节 公关部规范化管理表格

公务联系单

表 5－1 公务联系单

速级	
密级	

送抵时间	
姓 名	
已阅签字	
转出时间	
联 系 事 项	
签 复	
填发人：	年 月 日 午 时

参观申请登记表

表 5－2　参观申请登记表

接待部门：　　　　　　　　　　　　　　　　　　　　　　年　月　日

<table>
<tr><td rowspan="12">主要参观人</td><td colspan="3">姓　名</td><td colspan="2">性别</td><td colspan="2">单　位</td><td>职　务</td></tr>
<tr><td colspan="3"></td><td colspan="2"></td><td colspan="2"></td><td></td></tr>
<tr><td colspan="3"></td><td colspan="2"></td><td colspan="2"></td><td></td></tr>
<tr><td colspan="3"></td><td colspan="2"></td><td colspan="2"></td><td></td></tr>
<tr><td colspan="3"></td><td colspan="2"></td><td colspan="2"></td><td></td></tr>
<tr><td colspan="3"></td><td colspan="2"></td><td colspan="2"></td><td></td></tr>
<tr><td colspan="3"></td><td colspan="2"></td><td colspan="2"></td><td></td></tr>
<tr><td colspan="3"></td><td colspan="2"></td><td colspan="2"></td><td></td></tr>
<tr><td colspan="3"></td><td colspan="2"></td><td colspan="2"></td><td></td></tr>
<tr><td colspan="3"></td><td colspan="2"></td><td colspan="2"></td><td></td></tr>
<tr><td colspan="3"></td><td colspan="2"></td><td colspan="2"></td><td></td></tr>
<tr><td colspan="3"></td><td colspan="2"></td><td colspan="2"></td><td></td></tr>
<tr><td>合计人数</td><td>人</td><td>介绍人</td><td colspan="2"></td><td colspan="2">介绍人保证事项</td><td colspan="2"></td></tr>
<tr><td>参观时间</td><td colspan="3"></td><td colspan="2">引导人</td><td colspan="3"></td></tr>
<tr><td>参观场所</td><td colspan="8"></td></tr>
<tr><td>守卫签章</td><td>进</td><td>时　分</td><td>守卫</td><td></td><td>出</td><td>时　分</td><td>守卫</td><td></td></tr>
<tr><td>备注</td><td colspan="4"></td><td>胸章号码</td><td colspan="3"></td></tr>
</table>

公关部经理：　　　　　　申请人：

参观许可证

表5－3　参观许可证

许可编号：					
发证日期：　　　印章					
参观单位：					
参观日期：					
参观者姓名： 职务： 单位：					
参观区域：					
参观内容：					
参观目的：					
参观路线：					
副总裁	生产经理	公关经理	工程经理	销售经理	受理印章

接待用餐申请表

表5－4　接待用餐申请表

年　月　日

接待负责人		部　门		职　务	
来宾负责人		单　位		职　务	
来宾人数		用餐时间		陪客人数	
接待事由					
用餐规格					

经理：______主管：______经办人：______

接待申请及报告表

表 5-5　接待申请及报告表

年　月　日

接待申请	接待时间：	申请人：	
	接待对象（企业）：	接待理由：	
	接待场所：	接待内容：	
	出席人数：	接待档次：	
	预算金额：	其他：	
接待报告	在何处接待	支出额	备注：

第六章　现代酒店物资采购部管理制度与表格

第一节　物资采购部规范化管理制度

▲采购管理制度

采购管理制度

1. 制订采购计划

（1）由酒店各部门根据每年物资的消耗率、损耗率和对第二年的预测，在每年年底编制采购计划和预算报财务部审核。

（2）计划外采购或临时增加的项目一并制订计划或报告财务部审核。

（3）采购计划一式四份，自存一份，其他三份交财务部。

2. 审批采购计划

（1）财务部将各部门的采购计划和报告汇总，并进行审核。

（2）财务部根据酒店本年的营业实绩、物资的消耗和损耗率、第二年的营业指标及营业预测做采购物资的预算。

（3）将汇总的采购计划和预算报总经理审批。

（4）经批准的采购计划交财务总监监督实施，对计划外未经批准的采购要求，财务部有权拒绝付款。

3. 物资采购

（1）采购员根据核准的采购计划，按照物品的名称、规格、型号、数量、单位适时进行采购，以保证及时供应。

（2）大宗用品或长期需用的物资，根据核准的计划可向有关的工厂、公司、商店签订长期的供货协议，以保证物品的质量、数量、规格、品种和供货要求。

（3）餐饮部用的食品、餐料、油味料、酒、饮品等，由行政总厨、大厨或宴会部下单送至采购部，采购人员要按计划或下单进行采购，以保证供应。

（4）计划外和临时少量急需品，经总经理或总经理授权有关部门经理批准后可进行采购，以保证需用。

4. 物资验收入库

（1）无论是直拨还是入库的采购物资都必须经仓管员验收。

（2）仓管员验收是根据订货的样板，按质按量对发票验收；验收完后要在发票上签名或发给验收单，然后需直拨的按手续直拨，需入库的按规定入库。

5. 付款

（1）采购员采购的大宗物资的付款要经财务总监审核，经确认批准后方可付款。

（2）支票结账一般由出纳根据采购员提供的准确数字或单据填制支票，若由采购员领空白支票与对方结账，金额必须限制在一定的范围内。

（3）按酒店财务制度规定，付款××××元以上者要使用支票或委托银行付款结款，××××元以下者可支付现款。

（4）超过××××元要求付现金者，必须经财务部经理或财务总监审查批准后方可付款，但现金必须控制在一定的范围内。

6. 报销

（1）采购员报销必须凭验收员签字的发票或连同验收单，经出纳审核是否经批准或在计划预算内，核准后方可给予报销。

（2）采购员若向个体户购买商品，可通过税务部门开票，因急需而卖方又无发票者，应由卖方写出售货证明并签名盖章，有采购员两人以上的证明，及验收员的验收证明，经部门经理或财务总监批准后方可给予报销。

▲采购部业务操作制度

采购部业务操作制度

第一条　按使用部门的要求和采购申请表，多方询价、选择，填写价格、质量及供方的调查表。

第二条　向主管呈报调查表，汇报询价情况，经审核后确定最佳采购方案。

第三条　在主管的安排下，按采购部主任确定的采购方案着手采购。

第四条　按酒店及本部门制定的工作程序，完成现货采购和期货采购。

第五条　货物验收时出现的各种问题，应及时查清原因，并向主管汇报。

第六条　货物验收后，将货物送仓库验收、入库，办理相关的入库手续。

第七条　将到货的品种、数量和付款情况报告给有关部门，同时附上采购申请单或经销合同。

第八条　将货物采购申请单、发票、入库单或采购合同一并交财务部校对审核，并办理报销或结算手续。

▲仓库管理制度

仓库管理制度

1. 仓库的分类

酒店的仓库总的来说有：餐饮部的鲜货仓、干货仓、肉食仓、冰果仓、烟酒饮品仓，商场部的百货仓、工艺品仓、烟酒仓、食品仓、山货仓，动力部的油库、石油气库、建筑装修材料仓，管家部的清洁剂、洁具仓，绿化部的种子及肥料仓，机械零配仓、陶瓷小货仓、家具设备仓，等等。

2. 物品验收

（1）仓管员对采购员购回的物品无论多少、大小都要进行验收，并做到：

①发票与实物的名称、规格、型号、数量等不相符时不收。

②发票上的数量与实物数量不相符，但名称、规格、型号相符可按实际验收。

③对购进的食品原材料、油味料不鲜不收，味道不正不收。

④对购进的物品已损坏的不收。

（2）验收后，要根据发票上列明的物品名称、规格、型号、单价、单位、数量和金额填写验收单，一式四份，其中一份自存，一份留仓库记账，一份交采购员报销，一份交材料会计。

3. 入库存放

（1）验收后的物资，除直拨的外，一律要进仓保管。

（2）进仓的物品一律按固定的位置堆放。

（3）堆放要有条理，注意整齐美观，不能挤压的物品要平放在层架上。

（4）凡库存物品，要逐项建立登记卡片，物品进仓时在卡片上按数加上，发出时按数减出，结出余数。卡片固定在物品正前方。

4. 保管与抽查

（1）对库存物品要勤于检查，防虫蛀、鼠咬，防霉烂变质，将物资的损耗率降到最低限度。

（2）仓管员要经常对所管物资进行抽查，检查实物与卡片或记账是否相符，若不相符要及时查对。

（3）材料会计或有关管理人员也要经常对仓库物资进行抽查，检查是否账卡相符、账物相符、账账相符。

5. 领发物资

（1）领用物品计划或报告规定如下：

①凡领用物品，根据规定需提前做计划，报库存部门准备。

②仓管员将报来的计划按每天发货的顺序编排好，做好目录，准备好物品，以

便取货人领取。

（2）发货与领货规定如下：

①各部门或各单位的领货一般要求专人负责。

②领料员要填好领料单（含日期、名称、规格、型号、数量、单价、用途等）并签名，仓管员凭单发货。

③领料单一式三份，领料单位自留一份，单位负责人凭单验收；仓管员一份，凭单入账；材料会计一份，凭单记明细账。

④发货时，仓管员要注意物品先进的先发、后进的后发。

（3）货物计价规定如下：

①货物一般按进价发出，若同一种商品有不同的进价，一般按平均价发出。

②需调出酒店以外的单位的物资，一般按原进价或平均价加手续费和管理费调出。

6. 盘点

（1）仓库物资要求每月月中小盘点，月底大盘点，半年和年终彻底盘点。

（2）将盘点结果列明细表报财务部审核。

（3）盘点期间停止发货。

7. 记账

（1）设立账簿，账簿要整齐、全面、一目了然。

（2）账簿要分类设置，物资要分品种、型号、规格等设立账户。

（3）记账时要先审核发票和验收单，无误后再入账，发现有差错时及时解决，在未弄清和更正前不得入账。

（4）审核验收单、领料单要手续完整后才能入账，否则要退回仓管员补齐手续后才能入账。

（5）发出的物资用加权平均法计价，月终出现的发货计价差额分品种列表一式三份，记账员、部门、财务部各一份。

（6）直拨物资的收发，同其他入库物资一样入账。

（7）调出本酒店的物资所用的管理费、手续费，不得用来冲减材料成本，应由财务部冲减费用。

（8）进口物资要按发票的数量、金额、税金、检疫费等如实折为单价人民币入账，发出时按加权平均法计价。

（9）对于发票、税单、检疫费等尚未到的进口物资，于月底估价发放，待发票、税单、检疫费等收到、冲减估价后，再按实入账，并调整暂估价，报财务部材料会计调整三级账。

（10）月底按时将材料会计报表连同验收单、领料单等报送财务部材料会计。

（11）与仓管员校对实物账，每月与财务部材料会计对账，保证账物相符、账账相符。

8. 建立档案制度

（1）仓库档案应有验收单、领料单和实物账簿。

（2）材料会计的档案有验收单、领料单、材料明细账和材料会计报表。

▲物品、原材料采购制度

物品、原材料采购制度

第一条 物品库存量应根据酒店货源渠道的特点，以掌握在一个季度销售量的一倍库存量为宜。材料存量应以两个月使用量为限，物料及备用品库存量不得超过三个月的用量。

第二条 严格执行“凡国内能解决的不在国外进口，凡本地区能解决的不到外地采购”的规定。

第三条 各项物品、商品、原材料的采购，必须遵守市场管理及外贸管理的规定。

第四条 对于计划外采购或特殊、急用物品的采购，各部门要知会财务部并报总经理审批同意后，方可采购。

第五条 凡购进物料，尤其是定制品，采购部门应坚持先取样品，征得使用部门同意后，方进行定制或采购。

第六条 高额进货和长期订货，均应通过签订合同的办法进行。

第七条 从国外购进原材料、物品、商品等，凡动用外汇的，不论金额大小一律必须取得总经理的批准，方予采购，否则财务部拒绝付款。

第八条 凡不按上述规定采购者，财务部以及业务部门的财会人员，应一律拒绝支付，并上报给总经理处理。

▲物品、原材料盘点制度

物品、原材料盘点制度

第一条 物品、原材料、物料在盘点中发生的溢损，应对自然溢损和人为溢损分别做出处理。

第二条 对自然溢损的处理如下：

（1）物品、原材料、物料采购进仓后，在盘点中出现的干耗或吸潮升溢，如食品中的米面及其制品、干杂货等，在升损率合理的范围内，可填制升损报告，经主管审查后，视“营业外收入”或“管理费”科目处理。

（2）超出合理升损率的损耗或溢余，应先填制升损报告书，查明原因，说明情况，报部门经理审查，按规定在“营业外收入”或“管理费”科目内处理。

第三条　对人为溢损的处理如下：

人为溢损应查明原因，根据单据报部门经理审查，按有关规定在“待处理收入”或“待处理费用”科目处理。

▲物品、原材料损耗处理制度

物品、原材料损耗处理制度

第一条　物品及原材料、物料发生变质、霉坏，失去使用（食用）价值，需要做报损、报废处理。

第二条　保管人员填报“物品、原材料变质霉坏报损、报废报告表”，据实说明坏、废原因，并经业务部门审查提出处理意见，报部门经理或财务部审批。

第三条　对核实并获准报损、报废的物品及原材料的残骸，由报废部门送交废旧物品仓库处理。

第四条　报损、报废由有关部门会同财务部审查，提出意见，并呈报总经理审批。

第五条　在“营业外支出”科目处理报损、报废的损失金额。

▲食品采购管理制度

食品采购管理制度

第一条　由仓管部根据餐饮部门需要，定出各类正常库存货物的月使用量，制订月度采购计划一式四份，交总经理审批，然后交采购部采购。

第二条　当采购部接到总经理审批同意的采购计划后，仓管部、食品采购组、采购部经理、总经理室各留一份备查，由仓管部根据食品部门的需求情况，定出各类物资的最低库存量和最高库存量。

第三条　为提高工作效率，加强采购工作的计划性，各类货物采取定期补给的办法。

▲能源采购管理制度

能源采购管理制度

第一条　酒店工程部油库根据各类能源的使用情况，编制各类能源的使用量，制订出季度使用计划和年度使用计划。

第二条　制订实际采购使用量的季度计划和年度计划（一式四份）交总经理审批，同意后交采购部按计划采购。

第三条　按照酒店设备和车辆的油、气消耗情况以及营业状况，定出油库、气库在不同季节的最低、最高库存量，并填写请购单，交采购部经理呈报总经理审批同意后，交能源采购组办理。

第四条　超出季度和年度使用计划而需增加能源的请购，必须另填写请购单，提前一个月办理。

第五条　当采购部接到工程部油库的请购单后，应立即进行报价，将请购单送总经理审批同意后，将请购单其中一联送回工程部油库以备验收之用，一联交能源采购组。

▲能源提运管理制度

能源提运管理制度

第一条　采购部根据油库请购单提出的采购能源品名、规格、数量进行采购。

第二条　采购部将采购能源的手续办理好后，将有关单据、发票或随货同行单、提货单、提货地点、单位地址、电话等以及办妥提运证后，连同填写委托提货单据，交油库办理签收手续，以便安排提运。

第三条　各类油气的验收手续，按油库验收的有关细则办理。

第四条　提货完毕，应及时通知铁路卸车专线负责人，把空车拖走。

第五条　验收情况要及时报告采购部。

▲仓库物资管理制度

仓库物资管理制度

第一条　酒店仓库的仓管人员应严格检查进仓物料的规格、质量和数量，发现与发票数量不符，以及质量、规格不符合使用部门的要求，应拒绝进仓，并立即向采购部递交物品验收质量报告。

第二条　经办理验收手续进仓的物料，必须填制“商品、物料进仓验收单”，仓库据以记账，并送采购部一份用以办理付款手续。物料经验收合格、办理进仓手续后，所发生的一切短缺、变质、霉烂、变形等问题，均由仓库负责处理。

第三条　为提高各部领料工作的计划性、加强仓库物资的管理，采用隔天发料办法办理领料的有关手续。

第四条　各部门领用物料，必须填制“仓库领料单”或“内部调拨凭单”，经使用部门经理签名，再交仓库主管批准方可领料。

第五条　各部门领用物料的下月补给计划应在月底报送仓管部，临时补给物资必须提前三天报送仓管部。

第六条　物料出仓必须严格办理出仓手续，填制“仓库领料单”或“内部调拨单”，并验明物料的规格、数量，经仓库主管签署，审批发货。仓库应及时记账及送财务部一份。

第七条　仓管人员必须严格按先办出仓手续后发货的程序发货。严禁白条发货，严禁先出货后补手续。

第八条　仓库应对各项物料设立“物料购、领、存货卡”，凡购入、领用物料，应立即做相应的记载，以及时反映物资的增减变化情况，做到账、物、卡三相符。

第九条　仓库人员应定期盘点库存物资，发现升溢或损缺，应办理物资盘盈、盘亏报告手续，填制“商品物料盘盈盘亏报告表”，经领导批准，据以列账，并报财务部一份。

第十条　为配合供应部门编好采购计划，及时反映库存物资数额，以节约使用资金，仓管人员应每月编制“库存物资余额表”，送交采购部、财务部各一份。

第十一条　各项材料、物资均应制定最低储备量和最高储备量的定额，由仓管部根据库存情况及时向采购部提出请购计划，供应部根据请购数量进行订货，以控制库存数量。

第十二条　仓管部因未能及时提出请购而造成供应短缺，责任由仓管部承担。如仓库按最低存量提出请购，而采购部不能按时到货，责任则由采购部承担。

▲仓库安全管理制度

仓库安全管理制度

第一条　酒店仓库除仓管人员和因业务、工作需要的有关人员外，任何人未经批准，不得进入仓库。

第二条　因工作需要需进入仓库的人员，在进入仓库时，必须先办理入仓登记手续，并要有仓库人员陪同，严禁独自进仓。进仓人员工作完毕后，出仓时应主动请仓管人员检查。

第三条　仓库内不准会客，不准带人到仓库范围参观。

第四条　仓库不准带私人保管物品，也不得擅自答应未经领导同意的其他单位或部门的物品存仓。

第五条　任何人员，除验收时所需外，不准试用试看仓库商品物资。

第六条　仓库范围内不准生火，也不准堆放易燃易爆物品。

第七条　一切进仓人员不得携带火种进仓。

第八条　仓库应定期检查防火设施的使用实效，并做好防火工作。

▲仓库防火制度

仓库防火制度

第一条　仓库内的物品要分类储放，库内保证主通道有一定的距离。货物与墙、灯、房顶之间保持安全距离。

第二条　仓库内的照明限60瓦以下白炽灯，不准用可燃物做灯罩，不准用碘钨灯、电熨斗、电炉、交流电收音机、电视机等电器设备，化工仓库的照明灯具设防爆装置，仓库内保持通风。各类物品要标明性能名称。

第三条　仓库的总电源开关要设在门口外面，要有防雨、防潮保护，每年对电线进行一次全面检查，发现可能引起打火、短路、发热和绝缘不良等情况，必须及时维修。

第四条　物品入库时要防止携带火种，潮湿的物品不准入库。物品入库半小时后，值班人员要巡查一次安全情况，发现问题及时报告。物品堆积时间较长时要翻堆清仓，防止物品积热产生自燃。

▲物品保管与记录管理制度

物品保管与记录管理制度

第一条　设置专职仓管员，保管所管物品、记录物品明细账、验收进仓物品和出仓物品的发货。

第二条　存仓物品要贯彻执行“先进先出，定期每季翻堆”的规定。

第三条　要节约仓容，合理使用仓库，不得混乱堆放重载物品与轻抛物品。

第四条　仓管员对所保管物品和物资应经常检查，对滞存时间长的物品，要主动催请售货场出仓摆卖或向采购部反映滞存情况。库存物品发现霉变、破损或超过保管期时，应及时提出处理意见，并列“物品残损处理报告书”送采购部处理。

▲物品进出仓管理制度

物品进出仓管理制度

第一条　仓管员对进仓物品必须根据“物品进仓验收单”所列内容，逐一核对物品规格、数量、质量，然后签发验收单，并送有关部门。

第二条　仓管员对不符合“物品进仓验收单”内容的物品，拒绝进仓，并向采购部报告。

第三条　物品进仓必须先办妥进仓手续，凭商场部的出仓单或采购部印发的请购单及经财务收款或转账的“物品内部调拨单”所列内容发货。

第四条　仓库对任何部门发货均应按正式出仓单发货，严禁先出货后补手续，严禁白条发货。

第五条　仓库发货必须在仓库办公室发货处发货，不得在仓库内发货，物品在发货处由提货方点收后的短缺，一概由收货方自负，仓库不负补偿责任。

第六条　凡酒店商场从外单位提回货物一律凭“物品调运单”办理进仓手续。

第二节　物资采购部规范化管理表格

采购计划表

表 6－1　采购计划表

序号	名　称	型号	规格	数量	单价	采购记录（时间、供应商）		备注
合计	￥：				大写：			

拟制：__________　审核：__________　批准：__________

内外购原物料预计表

表6－2　内外购原物料预计表

资料提供部门：　　　　年　月　　　　单位：千元

项　目	金　额			备　注
	月份	月份	月份	
原料内购				※表列数字系当月付现数。 ※本表由资料提供部门于每月24日前填送会计部门。
原　料				
配　件				
货物税				
原物料内购				
原物料外购				
内销收入				
关　税				
各项费用				
合　计				

一式二联　一联自存　一联送会计部门

请　购　单

表 6－3　请购单

No.

请购部门		用途					
物品名称	型号/规格	数量	单价	小计	采购记录		备　注
					时间	供应商	
合　　计	¥：		大写：				

经办：____________________　确认：____________________

审核：____________________　批准：____________________

订　购　单

表 6－4　订购单

厂商：　　　　　　　　　　　　　　　　年　月　日

地址：　　　　　　　　　　　　　　　　No.

电话：　　　　　　订购单　　　　　　　No.

项次	材料编号	品名规格	单位	数量	单价	合计
交货日期						
交货地点						
注意事项			交易条款	（由各公司自订）		

核准：　　　　　　　　审核：　　　　　　　　经办：

加工原料订购单

表 6－5　加工原料订购单

订料时间：　　　　　　　　　　　　　　　　交料时间：

品　名	单　位	数　量	实发数	备　注

订料部门：　　　　　　订料人：　　　　　　　　发料人：

食品原料订购单

表 6－6　食品原料订购单

订货部门：　　　　　　　　　　　　　年　　月　　日

品　名	规　格	单　位	数　量	备　注

（三联）提货　采购　留存

提货人：　　　　　厨师长：　　　　　采购主管：

产品采购记录

表 6－7　产品采购记录

订单号码：

产品编号：　　　　　　　　　　　　　　年　月　日

产品名称			规格说明				生产数量	
目次	材料名称	材料编号	标准用量	本批用量	供应商	单价	订货日期	交货记录

审核：　　　　　　　　制表：

材料采购记录

表6－8　材料采购记录

月　日至　月　日　　　　　　　　　　页次

请购日期	请购单号	材料名称	请购数量	供应厂商	单价	订购日期	验收日期	品质记录	请款记录

审核：　　　　　　制表：

采购控制表

表6－9　采购控制表

年　月　日

厂商	品名	本月			上月			说明
		单价	数量	金额	单价	数量	金额	

核准：　　　　　　复核：　　　　　　制表：

产品订购确定或更改通知单

表6－10 产品订购确定或更改通知单

□确定通知
□更改通知

原订购日期		订购物品名称			
订购单号码		预定交货日期		更改日期	
本确定事项或拟更改事项 确定或更改内容 其他说明 此致 ______公司______部 ________公司					

材料定期采购计划表

表6－11 材料定期采购计划表

年 月 日 页次

材料名称	规格	估计每月用量	订购交货日期	每日用量	每日最高用量	基本存量	最高存量	基本存量比率	每次订购数量

材料用量计划表

表 6－12　材料用量计划表

月份　　　　　　　　　　　　　　页次

产品批号																
生产数量																
材料名称	规格	材料编号	单位用量	估计用量	规格	材料编号	单位用量	估计用量	规格	材料编号	单位用量	估计用量	规格	材料编号	单位用量	估计用量

材料供应计划表

表 6－13　材料供应计划表

年　月　日　　　　　　页次

类别	材料名称	规格	材料编号	各月份需要量												合计	基本存量	进料计划						交货期（天）
				1	2	3	4	5	6	7	8	9	10	11	12			月份	数量	月份	数量	月份	数量	
1																								
2																								
3																								
4																								
5																								
6																								
7																								
8																								
9																								
10																								
…																								
22	合计																							

核对：　　　　填写：

采购日报表

表6－14 采购日报表

店名： 年 月 日

商品名称（系列商品）	本日						本月累计						管理签核
	进价	售价	订购率	构成比	订购率	预定订购	进价	售价	订购率	构成比	订购率	预定订购	

酒店盘点表

表6－15 酒店盘点表

仓别： 类别： 盘点日期： 年 月

编号	品名	规格	堆放	单位	上月库存数		本月购进		本月发出		仓库		
					数量	金额	数量	金额	数量	金额	数量	单价	金额

订　货　单

表6-16　订货表

订单号码：________

厂商名称：________　　订购日期______年____月____日

材料编号	品名规范	图号或样品	单位	数量	单价	总价

（1）请于________年______月______日前一批（分批）交清，交货地点________，卖方必须严守交货日期，逾期交货每逾________天罚订货总额________%或由本公司径将订货部分或全部取消。

（2）所供货品卖方需提供________%备品，不良品必须予以调换。

（3）如果交货误期、规格不符、品质不良而造成本酒店损失，卖方应负赔偿责任，货品虽经本酒店验收，如因品质不良而致使本酒店产品遭客户退货或索赔时，厂商应负赔偿责任。

（4）所订货品其所用原料若为国外进口，则卖方需提供退税同意书，以供本酒店申请外销品冲退税款，否则卖方应负赔偿责任。

（5）厂商在签收后存本酒店采购部一联，交货时请在送货单上注明订单号码及材料编号名称，送仓库验收。

（6）请照订购数量交货，数量不可超过订购总数的10%，否则拒收。

（7）货品检验根据本公司所制定的检验标准。

厂商签章		总经理		采购部长		采购员	

订货明细表

表 6－17　订货明细表

订单号码				客户名称、地址					
品　名									
规　格									
批号等级									
订货数量									
分批交货数量									
用　途					包装			体积	
完成日期					出货日期				
色　号	箱数	箱号	毛重净重	尾箱重					
总　计					总计				

主管：　　　　　　制表：

订货统计表

表 6－18　订货统计表

接单日期	制造单号	品名	规格	订货量	单价	金额	需要日期	物料供应状况				预订日期		品质记录	完工日期
											其他	自	至		

进货日记表

表 6-19　进货日记表

年　　月　　日

部门	总进货				货品折让	折价回扣	净进货额
	笔	赊购	笔	现金			
合计							
累计							

部门主管：　　　　　单位主管：　　　　　经办：

收货单

表 6-20　收货单

类别				申请号码	厂商名称	约交日期		收货日期		统一发票号码
□材料　□半成品　□成品										
项次	订单号码	品名规格	材料编号	申请数量	单位	实收		单价	金额	累计数量
						数量	件数			
说明				检验结果			收货部门		部门	
									经办	

提 货 单

表6－21 提货单

年 月 日

项 目	产 品	料 号	品名规格	单 位	数 量	说明
						□销售 □样品 □检验 □其他

经理批示	班组长	物 料	质 管	提（送）货人

第七章　现代酒店前厅部管理制度与表格

第一节　前厅部规范化管理制度

▲值班制度

值 班 制 度

第一条　总台工作人员上班须着工作装、化淡妆。

第二条　总台工作人员要按以下程序工作：

8：15　到酒店，穿工作服，检查打卡机，挂领导值班牌。

8：20　站立迎候员工上班，主动递送卡片。

8：30　收卡。由酒店派车接送上班的员工，因堵车或其他非主观原因不能准时上班的，不以迟到论，但要注明原因。

第三条　工作人员对待其他员工或客人要礼貌大方，热情周到，对来找高层领导的客人，要问清事先有无预约，并通知被找领导。

第四条　客人到领导办公室后，应主动递送茶水。客人离开后，应及时收拾茶杯。

第五条　应视本楼层的具体情况，参照总台的工作程序做好工作。工作人员要保持会议室的整洁，早晚各检查一次。

第六条　会议室开会时，应事先做好清洁工作，并主动给参加会议的人员倒茶水。会议结束后，立即清理会议室。

第七条　应推迟30分钟下班，各楼层工作人员下班前应先关好空调，并检查各办公室，发现里面没有人时，应锁门关灯，做到人离灯灭。

第八条　如有员工确因工作需要须加班时，要告知其离开时通知总台。当天值班的工作人员，也应在员工下班后巡视楼层，确保安全后，方可离开。

第九条　违反本制度或其他与其本职工作相关的工作制度的人员，视情节给予其批评或罚款处理，屡教不改的，扣除当月奖金直至予以辞退处理。

▲前台交班本管理制度

前台交班本管理制度

第一条　凡是与整个部门或各个分支机构相关的信息都应记录在交班本上。

第二条　所有记入交班本的信息必须注明日期、时间及记录接待员和执行接待员的姓名，如有必要，要将执行结果记录下来，签上日期及时间。

第三条　前厅部不同部门的员工在当班前应仔细阅读上班的交班记录，为紧接的工作做好准备。

第四条　接班人阅读后要签名，并由交班人监管，如无接班人签名应追查交班人的责任。

▲前台规章制度

前台规章制度

第一条　当班时应保持良好的形象，仪容仪表整洁，热情礼貌地为客人服务。

第二条　工作时间不得吃零食、吸烟，不得与客人高声谈笑，不得在当班时间睡觉、看小说或听音乐。

第三条　不得随便进入总台办公室，当班时不得让亲友或其他无关人员进入工作台闲谈。

第四条　不得做不道德的交易，不得向客人索取小费和其他报酬。

第五条　不得私自使用酒店电话办理私人事务。

第六条　当客人入住时，接待员务必在登记表上签名，以便工作检查，转房、退房手续须办理完善。

第七条　遵守酒店客房折扣政策，房价填写须认真准确，不得私自减免房费。

第八条　电话铃响第二次前后必须接听，并用规范化服务用语问候，声调须亲切、友好。

第九条　电话房员工不得漏叫或迟叫“叫醒服务”，漏报电话单或走单者除扣奖金外，还应赔偿损失。

第十条　电话房员工应按时开关酒店背景音乐。

第十一条　商务中心员工收到传真后应立即通知前台接待处，及时通知客人，避免造成对方不必要的损失。

▲受理特殊预订管理制度

受理特殊预订管理制度

第一条　客人指定房间。接到此种预订，首先通过电脑尽快查清客人要求的居住时间内指定的房间是否可以入住。如果可以则接受客人的预订，并把该房在电脑中锁定，在预订单上注明房号。其他程序同散客预订相同。

第二条　免费、折扣、佣金预订。处理此类预订应按要求填写预订单。优惠预订要将优惠房价注明在预订单上，根据酒店规定，由店级领导签字方可接受预订。佣金预订即旅行社代客人预订散客客房，酒店从客人房费中提取一定比例的费用作为佣金付给旅行社。另外，酒店根据与旅行社、商社所签的租房协议中的条款，向其支付一定比例房费的佣金。

第三条　预订定金的收取。当客人要求保证其预订时，为避免因客人未到造成经济损失，应请客人预付定金，并引领客人到前台收银处办理交付定金手续，定金收据给客人一份。预订单上应注明定金的金额。然后在电脑输入时注明，以保证客人的预订，同时向客人讲明如若取消定金预订，应在抵达日前 24 小时办理取消手续，否则定金不予退还。定金要计入当日营业收入表。

第四条　预订未到。先根据夜审报表了解未到原因及情况，将未到预订单取出，注明“未到”字样并存档，每日统计并计入营业日报表。

▲取消预订管理制度

取消预订管理制度

第一条　审阅取消预订的函电，保证信息准确。

第二条　找出原始预订单，注明“取消”字样。

第三条　如果是口头或电话取消预订，一定要记录取消预订人姓名、联系电话和单位地址，最好请对方提供书面证明。

第四条　拟写回复函电稿，确认对方取消预订，由预订主管审阅签发。

第五条　在电脑上取消有关信息，更改“房态控制表”。

第六条　复印客人取消预订的函电和原始预订单，交总台收银处，按协议退还定金、预付房费，或取消预付费。

第七条　查核取消预订的客人是否有订票、订餐、订车等业务，并及时通知有关部门。

▲预防超额预订管理制度

预防超额预订管理制度

第一条 每日统计次日预期抵达的客人名单。

第二条 核对次日预期抵达的团队和散客预订，并准确统计出住房数以及预计将要入住的客房数。

第三条 星期预报住房状况：

（1）星期预报由预订部主管负责完成。

（2）准确地统计出下一周或今后几天住店客人的人数和占用的客房数。

（3）统计出下一周或今后几天内每天离店的人数、空出的房间数，同时要考虑客人延迟离店的规律。

（4）统计一周或今后几日内预期抵达客人的用房数。

（5）综合以上统计数字，凭借过去的档案资料，制作出“星期预报房间状况”。

（6）报表抄送前厅部、客房部、营业部等业务部门。

（7）星期预报每天下午制作，周一制作周二至下周一的用房数预报，周二制作周三至下周二的用房数预报，依次类推。

▲处理超额预订管理制度

处理超额预订管理制度

第一条 出现超额预订后，首先告知预订客人因某些特殊原因而使订房暂不能确定，如果客人愿意，可把客人的预订放在酒店的优先等待名单上，如有客人取消预订或提前退房，可以根据前后次序安排宾客入住。

第二条 主动帮助客人联系同档次、价格相接近的酒店，第二天出现空房后再把客人接回酒店入住。

第三条 在重大节假日和旅游旺季，适当控制 1.5% 左右的客房保留至最后，作为应急之用。

▲婉拒预订管理制度

婉拒预订管理制度

第一条　根据预订情况，按照预订处主管的指示，礼貌而委婉地拒绝客人。

第二条　委婉地向客人讲述由于房间订满或因维修问题而无法安排，尽量争取客人的谅解。

第三条　立即回复函电，同时帮助客人预订其他同等级酒店。

第四条　设计使用一种专门的婉拒信或婉拒卡。

第五条　及时将婉拒预订资料存档。

▲预订抵店客人情况报告制度

预订抵店客人情况报告制度

第一条　预订部门应提前一天将客房预订单复印并分发给前台接待处，如有另外接到的预订，前台接待处应再打印一份当日的预订情况表。

第二条　接待员应在当班前仔细阅读当日预订记录，以便对将抵店客人的姓名有所熟悉，尤其是重要客人的姓名。每个接待员都应检查、修正预订客人表，如有必要，应注明附加的信息。

第三条　应按顺序排列预订客人表，并单独打印客人的以下资料：

（1）客人姓名。

（2）所在单位和介绍单位。

（3）预计离店时间/特殊服务代码、预计抵店时间/航班信息。

（4）市场分类代码。

（5）预订客房种类。

（6）预交订金。

（7）客房价格。

（8）是否带有儿童。

（9）是否确认。

（10）是否到店。

以上各项一般都使用缩写或特殊代码。预订客人表最后一页是当天预计到店客人的总数及所需客房数。

▲电话订房管理制度

电话订房管理制度

第一条　预订员接到订房电话时，必须热情、礼貌，并告知对方这是订房部。

第二条　认真地倾听客人讲话，立即查阅“订房登记表”确定有无空房，再回答客人。

第三条　接受订房后，先将资料填入“订房卡”内，如不能接受预订，亦应请示对方是否可以列为候补，然后依“订房卡”的资料，填入“订房登记表”内。

第四条　订房时一定要询问下列项目，并及时填入订房表格内：

（1）客人的姓名和国籍。

（2）抵离的具体日期、时间。

（3）需要房间数、房间类型及房价。

（4）来电订房人的姓名、单位名称及电话号码。

（5）订房间的保留期限，是否用信用卡或预付定金确保房间。

第五条　复述上面内容，向客人核对。

▲电传、传真、信函订房制度

电传、传真、信函订房制度

第一条　收到客人或旅行社的电传、传真或信函要求订房时，要了解清楚客人的电传、传真或信函的内容、具体要求等。

第二条　把客人的要求写在订房单上。

第三条　了解所有费用的支付方式。

第四条　如果旅行社要求为客人订餐，要填写订餐单并及时通知餐饮部做好准备。

第五条　如果客人资料不详细，要按来件上的地址、电传号码与客人核对。

▲来店预订管理制度

来店预订管理制度

第一条　查看客人所持证件，询问客人想要预订房间的种类、价格及要求等，并查看预订表确认能否接受预订。

第二条　礼貌地请客人填写预订单，要求客人逐项填写清楚。

第三条　客人填好后，预订员要仔细查看，逐项核对客人所填项目。

第四条　预订完毕后，要向客人表示谢意，欢迎下次惠顾。

第五条　客人离开后，将订房人证件影印本附在预订单上，填入“预订表”并妥善保管好。

▲接待处管理制度

接待处管理制度

1. 交接班

工作人员应了解酒店房间开房情况及需跟办的事项，检查各项设施、物品是否正常、整洁。核实报表，准确无误后分派给有关部门。

2. 迎接、问候客人

向客人介绍酒店的各项服务情况，包括客房的分类、等级、价格、娱乐设施等，此外还要热情有礼地回答客人的咨询。

3. 办理住房登记手续

将入住登记表交给客人填写，填妥客人的个人资料、住客人数、入住和退房的时间、付款方式等，根据客人的要求分配房间。将房间入住卡等交给客人（或行李生），由行李生引客人入房。

4. 建立客人在酒店的费用总账卡

办妥客人入住手续后，就要建立客人在酒店的费用总账卡，记录客人的每项费用，每天累计转到前台收银处汇总。

5. 处理客人资料

将住客的详细资料输入电脑，有特殊情况须做记录。

6. 保管客人物品

如果客人有贵重物品需要保管，则将贵重物品保管登记表交客人填写签名，服务员核对准确后，当着客人的面将客人物品锁入保险柜，客人在保管单上签名后，服务员将底单及保险柜钥匙交给客人保管。

7. 客人调换房间

客人提出要调换房间时，由客人到前台接待处办理有关手续，通知楼层检查客人原来房间情况，收回客人的入住卡和房间钥匙，根据客人的要求重新分配房间，发给新的入住卡。

8. 办理客人退房手续

为客人办理退房手续时要检查房间，迅速核算费用，将客人的贵重物品归还给客人，并收回入住卡和房间钥匙。

▲文书服务管理制度

文书服务管理制度

第一条　分送资料。前厅部送出的文件，如预订报告、每天开房日报表、房间状况报告和除 VIP 以外的接待计划等，要正确、及时地分头送到各个部门，以便于相互协调，完成接待工作。

第二条　送报纸杂志。为住房客人提供的各种报纸杂志必须准时分送到住客的房间，每天先送到各楼层，再由各楼层服务员将报纸杂志准确分送到各住客房间。住客若要求提供其他报纸杂志，应尽力满足。

▲场站接待服务管理制度

场站接待服务管理制度

1. 接客服务

（1）了解和获取第二天抵达酒店客人的名单，了解有否 VIP 或需照顾的客人。了解除了预订的房间外还有多少房间可接散客。

（2）掌握次日抵达酒店客人的姓名、所乘交通工具、班次和抵达时间。

（3）做好接待准备工作，按每批抵达客人的人数、情况和要求，向车务部订好车。

（4）当天要与车务部联系，掌握客人到达的准确时间，并转告交通服务部门。一般提前 15 分钟左右到达场站，做好迎接客人的准备。

（5）客人到达时，主动迎上去向客人表示欢迎。若需过边防海关，应请客人先过边防、海关。若不需过，则引领客人到车上就座等候行李。

（6）行李领出后要请客人清点行李。如果客人自拎行李，领出后要帮客人提运，客人表示行李无差错时，可关好车门，驱车送客人到酒店。

（7）若是一人迎接多批客人，手续办好一批先走一批。若是两人迎接的，一人先跟第一批客人的车走。若有 VIP 的，先跟 VIP 的车走。若无人跟车，则要交代司机照料客人，第二人跟最后一批客人的车走。到达酒店时，交代前厅和总台工作人员照料好客人，送客人到房间。

（8）场站若有未预订房间的客人想入住本酒店，如果酒店还有房间，则要安排客人乘酒店专接零散客人的车辆回酒店。

（9）若有团体客人抵达，迎宾员接到客人后，要安排客人先上车，将客人的行李牌收齐，让客人先乘车回酒店，然后帮客人拎取行李，用行李车运回酒店送到客人房间。若客人要求行李跟客人的，可按客人要求办理。接待团体客人时，必须点齐人数，行李上车后要点齐行李件数后方可开车。

(10) 照顾好老人、伤残者、小孩等。

2. 送客服务

(1) 到总台了解次日需要送走的客人名单、所乘交通工具、班次等情况。

(2) 向交通服务部门订车，了解机、车、船准确出发的时间，并与客人商定离开酒店的时间。清点行李，照顾重点客人、老年人、伤残者、小孩等。

(3) 送客路上应征求客人对酒店的意见，并欢迎他们下次惠顾。

3. 接送人员注意事项

(1) 要注意自己的仪容、仪表，礼貌待客。

(2) 接送人员着制服要讲究，要洗净熨平，保持干净。

(3) 迎客和送客时不可误接、误送或误时接送。

(4) 要熟知酒店的情况，注意向客人介绍和宣传。掌握酒店开房和空房情况，并抓住机会多招徕客人。

(5) 要与各交通场、站人员搞好关系，争取他们对酒店工作的支持和帮助。

(6) 掌握最新的交通信息、交通情况、交通时间表等，并转告酒店有关部门，便于为宾客提供服务。

▲电梯服务管理制度

电梯服务管理制度

1. 酒店的电梯情况

(1) 装有自动控制的电梯，一般不需要工作人员来操作，但若有重要客人，需安排工作人员操作。

(2) 老式和玻璃电梯需要工作人员操作电梯。

2. 重要客人乘梯服务

(1) 掌握客人乘梯的准确时间，提前几分钟在客人登梯的楼层开好电梯门并在门外等候。

(2) 客到时，电梯员先进梯，用一只手按住梯门，等客人登梯。客人登梯时要向客人表示欢迎，并提醒客人注意脚下。

(3) 人多时按定员先照顾主要客人乘梯，请其他客人稍等片刻。

(4) 熟练掌握电梯的升降速度，不可太快也不可太慢，开梯要平稳，操作时站在电梯的中间。

(5) 电梯到达客人所到楼层时，待停稳后再开门请客人下梯，注意客人下完后再关门，绝不可让梯门夹到客人。

（6）接候梯的客人时，要向客人致歉，然后迅速将客人载到所需到的楼层。

3. 一般客人乘梯服务

（1）关照一般客人乘梯也要注意安全、热情周到。客人上梯后要问客人所到的楼层，客人讲明到几层或自按到几层钮后，所到各层都要关照到该层的客人下梯，若梯外有客人候梯，要用手势示意电梯的升或降。

（2）电梯无论是升或降，在运行过程中所停楼层，若有客人上下梯时，都要让客人先下后上。

（3）电梯无论是升或降，停到各楼层时，电梯与楼道均要对齐，防止伤及客人。

▲升挂旗帜管理制度

升挂旗帜管理制度

升挂旗帜系指升挂国旗和店旗。

第一条　国旗在日出时升，日落后降下存放，但也有在节日或其他活动开始时升，直到结束才降下存放的。

第二条　国旗一定要是新的，不可有破损和脏污的地方。

第三条　挂两个以上国家的国旗时，以旗面面向观众为准，中国国旗在最右方。

第四条　挂两国以上国旗，每个国家的国旗都应挂得一样高。

第五条　有些国家的国旗颠倒挂会变成另一个国家的国旗，所以千万不可将外国的国旗挂颠倒。

第六条　挂半旗是表示对一个国家元首和政府首脑逝世的哀悼。

第七条　平时只升挂店旗，方法同升挂国旗。

第八条　遇有重大节日，如国庆节、劳动节等，一定要悬挂国旗。

▲电话总机服务管理制度

电话总机服务管理制度

第一条　话务员必须了解机器设备的结构、性能及操作方法，熟悉酒店业务及各种服务项目、业务范围等情况，以便随时为客人提供咨询服务。

第二条　保持与服务台的联系，掌握住店客人的情况，尤其是重要客人人数、所住房号、逗留时间、活动安排等，以提供特别服务。

第三条　转接电话必须使用礼貌用语，声调柔和，回答简明清晰，转接要准确快速。

第四条　话务员严禁偷听客人电话，操作时，偶尔听到一些内容要为客人保守机密。

第五条　遇有 VIP 挂长途电话或用户有重要事情挂长途，主动与长途台联系接通。

▲电话服务管理制度

电话服务管理制度

1. 对总机人员的要求

（1）工作人员必须会一至两种外语，会标准的普通话和多种地方话等。

（2）电话总机工作人员要求声音清晰，吐字清楚，注意语音语调，使人感到婉转动听。

（3）接听电话时，要注意态度诚恳，使对方感到你乐意为他效劳。

（4）熟练掌握电话总机的性能和操作方法。

（5）熟悉酒店全部内线电话号码。

（6）熟悉酒店总经理、部门经理的电话号码。

（7）熟悉各大机关、公司、交通部门（如铁路、轮船、民航、客运等）、海关、公安局、消防队、医院、供电局、各大酒店总机等单位的电话号码。

（8）熟悉世界各地的国际时间与北京时间的时差。

（9）熟悉各地长途电话的收费标准。

2. 电话服务的项目

（1）接转内部电话，即转接由外部挂进酒店的电话，接转时必须注意：

①必须问清挂电话人的姓名及挂电话的事项，然后核实住客是否是挂电话人要找的，若是，则征求客人意见是否可转给他，客人表示可以时才转给他，若客人表示不接时，可向挂电话人婉拒。

②若挂电话者查询住客时，也要征询客人意见，经同意后才告诉挂电话者。

③若客人表示不听电话或不在房间时，可将挂电话人的姓名及电话内容记下来转告客人。

④职工工作时间外面挂来给职工的电话，一般不转，若有急事可转有关部门办公室或其上级主管代职工接听。

（2）挂长途电话需注意：

①必须详细问清客人的姓名、房号、接电话单位的名称或接话人的姓名、电话号码等。

②电话接通后，要迅速接到客人房间告诉客人，请客人讲话，客人讲完话后，

要告知客人通话时间。

③客人通话后，总机人员要及时将电话收费单转交给总服务台收款处，为客人记账。

④一家酒店可能同时有许多人要挂长途电话，对此都要一一登记好，在线路比较忙的情况下妥善安排。

（3）电话咨询服务要注意：

①若客人电话询问要在酒店开房时，要及时与客房预订处或总服务台联系，并及时答复客人。

②若客人询问酒店可以提供的服务设施及项目时，要向客人热情介绍、详细解答。

③若客人想了解本地区的游览胜地、商业中心、单位地址、电话号码等情况时，要尽可能向客人介绍。

（4）电话叫醒服务要注意：

①客人申请叫醒服务，均要将客人的房号、叫醒时间登记好，记录在“住客叫醒登记表”上，夜班和早班人员要交接好班，根据“住客叫醒登记表”上的时间准时叫醒客人。

②叫醒客人时要有礼貌地用英语和普通话重复讲：“早晨好，现在的时间是早上×点钟。”要连续地叫，若五分钟或十分钟无人听电话，要请楼层值班人员去敲门，直到叫醒客人为止。要告诉晚醒的客人：“先生（或小姐），按叫醒时间，您已晚起了××分钟。”

③将客人晚起的时间记入档案，日后客人投诉时，可以此作为解释。

▲电传服务管理制度

电传服务管理制度

1. 发电传服务

（1）接待要注意以下事项：

①客人来电传室发电传时，要热情接待。

②浏览电传底稿，向客人询问不清楚的地方，若有字迹不清的地方，可礼貌地请客人重抄或代客人改正，并主动帮助客人打孔。

③打孔要按电传的格式，如客人要求自己打孔，可礼貌地引导客人在指定的机器上操作。

④为客人办理电传手续要周到细致，根据实际情况，提醒客人是否需要写上房号、写字楼或代转人。

（2）检查、核对要注意：

①打孔完毕，重做一次纸条后再交给客人核对，若客人有所更改，应重新改放一次纸条，再一次让客人核对，直至认为可以发出为止。

②礼貌地请客人详细填写电传挂号单，内容必须包括被叫用户号码和回答代码、被叫用户所在地名及被叫用户姓名、房号或住址等。

③检查客人自己打孔的纸条及电传挂号单是否完整。

④根据用户所在地名，查阅国家或地域代号，安放代发纸条，切不可倒放。

（3）发放电传要注意：

①按动呼叫键，启动后先按字符键，再打出被叫用户号码。

②仔细核对对方发回的号码及回答代码，如有疑问，应请客人亲自过目，认为可以后方可按“围行”、“升行”键发报。

③通报完毕前，询问客人是否要等候对方回答或发电，是否还要随机电传其他东西。

④通报完毕，按动“+”键，以再次证实线路始终完好，然后发出酒店电传机号码代号，收线前按动字母键，打出“mmmm”。

⑤把通报时间、发出时间、发报机位及操作人的工号填写于挂号单上，并请客人到收款处付款。

⑥加盖电传流水号，并收费。

2. 收电传服务

（1）检查收受来报要注意：

①检查来报是否有收报人名址。

②要求发电传单位提供名址。

③等来报完全输出后将电文小心地撕下来。

（2）登记包括：

①记录发来电传的时间。

②填上经手人工号。

③加盖电文编号。

④按要求逐项记录在送报登记本上。

（3）分送电传包括：

①收到客人电传要及时送给有关的客人或单位。

②送电传人签名。

③电传电文纸送达客人或单位时要登记送达时间，并请收件人在送报登记本上签名。

④送报登记本交回电传室。

3. 收发电传岗位责任

（1）错发电传，如属发报人没有对清楚电传号码及应答信号，由值班员负责。

（2）电传发完后，如因值班人员忘记取得对方的应答信号而客人拒绝付款或要求重发，由值班员负责。

（3）局名本上查无此收报局名，或因违反收报人名址书写规定而引起的“收报人名址不全”之差错，由营业员负责。

（4）名址电文部分漏打括号或没对“不能直接拍发的符号”进行妥善的加工而引起的差错，由营业员、打报员分别承担责任。

▲复印服务管理制度

复印服务管理制度

第一条　主动迎接要求复印文件的客人。

第二条　审核文件字迹，问清所需纸型、张数、份数、装订要求，并做好登记。

第三条　按客人要求复印，检查复印效果。

第四条　装订后交给客人或请客人来取。

第五条　填写报表，合理收费。

▲电信服务员工作制度

电信服务员工作制度

1. 保密制度

（1）在受理电话、电报、电传业务过程中，凡涉及党和国家机密的要注意保密，对涉及党政机关在政治、经济、科技信息方面未公开的信息、未发表的新闻等方面的通信内容和通信地址也必须严守保密制度，不得向其他人泄露。

（2）妥善处理好客人的电文底稿，维护电报、电话、电传用户的通信自由和权益，不得和他人谈论客人的通信内容。

（3）收报人姓名、房号或收报人地址必须反复核对，防止错投或错发电报及电传。

（4）遵守保密规定，应做到“四不”，即：不该问的不问，不该说的不说，不该看的不看，不该听的不听。

（5）如发现有泄密的现象，应尽力挽救、制止，并及时汇报，不得隐瞒不报或擅自处理。

（6）对酒店有关情况，如营业情况、市场情况、客源情况、协议情况、与外界的通信内容等，要注意保密，不得向外泄露。

2. 维护设备制度

（1）熟悉各种通信设备的机械性能，熟练掌握它们的使用方法，不得随便使用。

（2）爱护通信设施，保持机械性能良好，通信畅通，使通信工作顺利进行。

（3）若机械设备发生故障，要尽快请技术人员检查修理，绝不可不懂装懂、乱动设备或随意处理。

3. 日常工作制度

（1）工作人员必须语言亲切，讲究礼貌，主动为客人提供服务。

（2）客人进入营业厅，营业员必须站立为客人服务，不得怠慢客人，即使忙于工作，客人进来时也要向客人示意，表示欢迎。

（3）不得在工作间、营业厅内梳头、化妆，上班时间不得办理个人私事，不得有不文明的动作和不礼貌之处。

（4）严禁拍发不列号电报，不得私自伪造电报、篡改电报内容、有意制造差错和藏匿、毁弃电报。

（5）如实反映情况，出现问题不得擅自处理或隐瞒不报。

（6）不得在发报机上练习发报。

（7）不得在工作场所接听私人电话，如有特殊情况须经领导批准。

（8）服从领导的安排，听从工作指挥和调度，工作时间不得擅离岗位或中断工作。

（9）与客人保持友好关系，但不可长时间与客人聊天。

（10）严格执行财会制度及资费收费标准，严格遵守财经纪律。

（11）严禁闲杂人员进入工作间，特别是电话总机房，即使经批准可参观或检查工作及设备，也要经过严格的卫生处理方可入内。

（12）营业厅、工作间均不准放与工作无关的东西，如水杯、报纸杂志、书籍、手提包、杂物等。

（13）保持工作环境的整洁，地毯要每天吸尘一次、每三天清洗一次，桌、椅、台、柜、玻璃、门窗框等每天早、晚班人员要抹净。

（14）用脏的电报、电传纸及其他杂物，要放在废纸桶内，定时送到垃圾房处理，不得随意乱丢。

（15）交班包括以下注意事项：

①按时交班，当班时间内未完成的工作而又无法清楚地交由下一班人员去完成，仍由上一班来完成。

②查看各种流水、营业号是否与报底相同。

③营业员核准当班的营业收入，并将营业收入的现款、手续费做好报表上交财务部。

④填写日报表和交班本。

（16）接班包括以下注意事项：

①着好工作服，整理好仪容，准时上班。

②检查机器是否有故障。

③准备好足够的电报纸、笔、挂号单等物品。

④检查日戳是否已调准确。

⑤查看电报、电传机上的流水号是否与报底相同。

⑥检查发报机内的纸张、纸带是否用完，如果已经用完应立即更换。

⑦签阅交班本，有疑问的地方要主动询问上班工作人员。

▲传真、书信来往和签订合同制度

传真、书信来往和签订合同制度

1. 传真

（1）接传真后了解其内容，向领导汇报，请求处理的具体方式。

（2）回复传真时，要注意检查电文，特别是报价传真，一定要审核价格是否准确，以防止出现错漏。

（3）回复传真后，凡要求订房并需经领导确认的，要复印一份交预订部订房后存档。

2. 书信

（1）接到书信后，要了解其内容，针对具体的情况，向领导汇报。

（2）复信写好后，要认真检查交领导审阅，上级领导认可后盖上本部门的印章，复印一份留档，把原稿寄出。

3. 合同

（1）制订合同前，先要了解该年度的团体房价、餐价，司陪房价、餐价及散客价、回扣率。

（2）做好合同后，先呈领导批阅，批复后送打字室打印。

（3）合同取回后，要认真审核，确保准确无误后，盖上本部印章，呈领导签署。签好后复印一份存档，把签好的合同寄发（或让对方旅行社到酒店签署）。

（4）收到签复合同后，在登记册上分类登记，复印一式三份，交预订部门一份、财务部门两份。

▲迎宾服务管理制度

迎宾服务管理制度

第一条　迎宾员须保持充沛的精力、彬彬有礼的风度、热情周到的服务，做好客人的迎来送往工作。

第二条　站在酒店正门指定位置迎接客人的到来。

第三条　为客人开酒店大门，待客人进入后把门关好。

第四条　当来宾的车辆抵达时，面带微笑为客人开车门，动作要显得熟练、轻松，对于儿童、年老体弱和行动不便的客人要主动搀扶他们下车。

第五条　客人下车后，迎宾员要向客人表示问候和欢迎，同时使用服务敬语。

第六条　工作人员在岗时，要留意出入酒店客人的情况特征，对陌生及形迹可疑的人要询问是否有房卡或找人等，使客人既感到亲切，又不会有难堪之处，同时也体现出酒店周到的服务。

第七条　当客人离店时，应主动上前向客人打招呼、问候并为客人拉大门，同时代客人叫车，待车停稳后，打开车门请客人上车。如果客人有行李应主动帮客人将行李放上车并与客人核实行李件数，待客人上车后，为客人关上车门，向客人微笑道别。

第八条　如遇雨天，要主动为离、进店客人打雨伞，为客人提供优质的服务。

▲散客入住登记管理制度

散客入住登记管理制度

第一条　前厅部设专人负责接待客人入住登记工作，全天当值。

第二条　凡在本酒店入住的客人，一律凭护照、身份证明、旅行证等有效证件登记入住。

第三条　先由住客本人填写“入住登记表”，然后由负责接待的服务员验证无误后填写完表内所列内容，收取住宿押金后将入住房间的钥匙交给客人。

第四条　没有证件或证件有可疑之处的旅客，要问明情况和原因，先安排入住，并立即报告保安部、值班经理处理。

第五条　长包房的客人，须在租房协议上注明住客的人数及其基本情况，第一次入住要在前台接待处办理入住登记手续，并建档管理。

第六条　旅行团客人的入住手续，统一由陪同代办，并负责发钥匙。

第七条　对 VIP 可由接待单位、大堂副经理先行引带进房，然后再由接待单位工作人员代为办理。

▲团体入住操作管理制度

团体入住操作管理制度

第一条　当酒店订房员接到团体订房时，先要请旅行社将有关资料传真到酒店，然后将资料交给客房部经理，由客房部经理决定是否接待此团。

第二条　确认团体之前问清楚旅行社团体确实的房间数、付款方式，是否需要订餐，是否需要在酒店适当位置举办一些欢迎仪式等。

第三条　团体到达的前一天，将资料再复查一次，落实各部门之间的准备工作，避免团体到达后酒店产生混乱。

第四条　团体到达的当天，酒店接待员应预先将有关资料整理好，用塑料袋装起来，以便团体领队分配房间。

第五条　团体领队预先到酒店分配团体用房时，由接待员将入住卡交给领队，领队可在车上或餐厅帮助办理入住手续。

第六条　团体上楼层前，行李生最好使用一部专用电梯疏送团体的团员。

第七条　团体入住后，接待员要向团体领队获取一份团体名单及对应房号，送交电话房及管家部，同时将团体叫醒服务写上，以便电话总机及管家部帮团体做叫醒服务。

▲接待预订房客入住制度

接待预订房客入住制度

第一条　带着热情而诚恳的笑容欢迎并招呼客人。

第二条　如果不知道客人的姓名，可以有礼貌地问一下：“先生/小姐，您是否有预订房间?”

第三条　检查一下电脑中的信息或预订客人名单，以确认客人是否有预订。

第四条　将登记表递给客人，请客人填写入住登记表。

第五条　检查所有的内容是否已填写清楚，如果有遗漏未填的，应礼貌地让客人补填上。

第六条　将补填好的登记表再检查一遍，看客人的姓名拼写是否清楚，其他内容的书写是否清楚，如有疑问或不明白的地方，应有礼貌地再向客人核对一下。

第七条　因有关治安管理部门对客人登记表的检查需要，该表必须正确地填写完整，同时有礼貌地告知客人仔细填好每一项内容的重要性。

第八条　所有登记入住的客人都应出示有效护照或其他有效证件，接待员应仔细检查客人的证件。

第九条　应仔细地按顺序填写客人的姓名，客人的出生年、月、日也应正确地填写清楚。

第十条　填写国籍时应填全称而不能用缩写。

第十一条　护照签证、号码要填写清楚，接待员应仔细检查签证的有效日期，如果客人所居住的日期超过了签证的有效期限，应有礼貌地告知客人去有关部门办理延长有效期的相关手续。

第十二条　再次确认客房类型、房价及离店日期是否准确。

第十三条　有礼貌地询问客人的支付方式，如果客人用信用卡支付，应有礼貌地请客人刷卡。

第十四条　仔细检查信用卡的有效期、真伪，并对照其背面的签名是否与登记单上的签名相同。

第十五条　如果客人要求公司、旅行社或机场转账，应做确认。

第十六条　有礼貌地询问客人如何结算他的其余费用或杂费。

第十七条　将房间钥匙、欢迎卡交行李生带上房。

第十八条　将所有登记本上的入住信息输入电脑。

▲受理客房加床制度

受理客房加床制度

第一条　酒店客房加床的业务由接待处负责，控制、安排加床数量，每张加床费一律为房价的 20%。

第二条　客人办理入住登记时，如果要求加床，接待员应在其入住登记上注明加床数量，同时在登记表及欢迎卡上注明加床费用。

第三条　如果客人入住登记之后再提出加床要求，接待员应该与客人确认加床费用，再发出“接待处通知书”，由前台收银处相应地更改房租，并为客人更换欢迎卡，证明已交加床费用。

第四条　接待员在确认某房间需要加床后，应将加床标记输入客人的入住资料，并立即发出“加床通知单”一式四份，总机、前台收银处、接待处各一份，最后一份由管家部文员签收后送回接待处存档。

第五条　如果接到客人要求取消加床或接到管家部通知某房间取消加床的信息时，接待员应发出“接待处通知书”，到管家部和前台收银处注明取消加床、住店客人姓名及更改房租，同时电脑中的客人资料亦要由接待处及收银处做相应更改。

第六条　夜班接待员负责每晚与管家部核对制作的“加床服务表”，并制作“加床统计表”存档，另送一份到管家部。

▲受理客人转房制度

受理客人转房制度

第一条　接待员为客人安排转房时，应按其具体要求安排令客人满意的房间。

第二条　如果是客人提出要求转房，应询问客人转房的原因，如果是因为客人原住房间出现问题，应在“接待通知书”上注明，以便通知管家部及时解决。

第三条　与客人落实转房的时间。

第四条　如果转至不同类型的房间，必须预先与客人商议转房之后的房价。

第五条　准备将要转至房间的钥匙及欢迎卡，然后交行李部安排行李生为客人转房，如客人不在房间而又需搬移客人物品时，需通知管家部当值主管及当值客房主管作转房监护人。

第六条　电话通知管家部、电话房客人的转房情况。

第七条　清楚地填写“接待通知书”上有关转房的内容，并将副联发至前台接待处、管家部和电话房等。

第八条　在行李生为客人转房的同时，接待员必须更改有关电脑资料及钥匙架上客人登记表的房间号码，并向该行李生收回客人原住房间的钥匙及欢迎卡。

第九条　每天由夜班接待员核对当日的“接待通知书”，将每一次转房事宜详细记录在当日的“转房报表”上，完成后派发至管家部、前台收银、总机、行李部。

第十条　夜班接待员负责在每晚交接班前对当日转房的房租做例行检查，以避免出现错误。

▲坏房及无法分配房管理制度

坏房及无法分配房管理制度

1. 坏房

（1）当酒店客房发生故障，如空调及暖气设备故障、抽水马桶或淋浴设备故障，或地毯破损、房门故障、墙壁及家具上有划痕、漏水、潮湿、控制板失调等，客房部将定为坏房或待维修房。

（2）划定为坏房的应及时按程序输入电脑，坏房必须在当天停止入住客人。

（3）坏房的维修一般需要一天以上的时间，这期间需要由客房部将该房锁定信息输入电脑，作为不出租的房间。

2. 无法分配的房间

（1）客人提前抵店而所需的客房尚无法出租，客人登记入住时，要马上告知房态及可使用的时间以便于客房部为出租客房做好准备，并请客人在酒店的大堂等待。

（2）打印登记卡的入住时间及行李标签，让大堂服务处尽快将行李按客人要求送入房间，电话问询客人的具体要求，并及时将登记单内容输入电脑。

（3）若客房已经准备好而客人还没有在总台登记，应通知客房主管告知客人，可以让行李员将行李送入房，客人离开大堂抵客房后，通知总机如有电话及留言直接转入客人所在房间。

3. 告知客人需要等待的时间

（1）向客房部电话询问清扫该房间所需要的时间。

（2）将清扫房间所需时间再加上 10 分钟，所得的时间数为客人需等待的时间。

▲受理客人续住制度

受理客人续住制度

第一条　每日中午 12 点之后，接待员即打印出当日预计离店的客人名单，并根据该名单主动打电话联络客人，具体落实客人的退房时间。

第二条　接待员必须得到客人的确认后，才可将其确定为续住。

第三条　确定客人续住后，接待员应该为客人更换新的有效的酒店欢迎卡，并发接待通知书送交前台收银处。

第四条　以现金付账的客人，如果未交当日房租而又要求续住，接待员应该提醒客人到前台收银处补交续住期间的押金。

第五条　如当日预期离店的客人在晚上 12 点尚未返回酒店，由接待员将有关资料送交房务主任，由房务主任决定是否为客人办理续住或退房手续。

▲申报住宿登记制度

申报住宿登记制度

第一条　由指定接待员专职负责申报酒店住客登记的工作，该接待员有责任保证所填写资料的准确性和真实性。

第二条　接待员从钥匙架中取出住店客人的入住登记表，并将所住客人的详细资料分别填写在当天旅客住宿名单登记簿中，填写完毕后签名，并将入住登记簿放回架中。

第三条　申报酒店客人住宿登记的工作应在次日早班完成，并将登记簿交至总台。

第四条　通知当值的经理及保安副经理就有关内容检查一遍，并签名认可，以加强对此项工作的管理，及时发现可疑情况并采取进一步行动。

第五条　由票务代办处在次日 10 点前将当天旅客住宿名单登记簿送至有关部门。

▲房间钥匙管理制度

房间钥匙管理制度

第一条 客人办理入住登记手续后，接待员负责把客人将要入住的房间钥匙交给行李生带领客人到房间，在没有行李生带客人的情况下，接待员须把房间钥匙亲手交给客人并指引客人自行到客房。

第二条 客人若在外出时将房间钥匙存在接待处，接待员应该马上接过房间钥匙并与客人确认，提醒客人返回时来取，然后把房间钥匙存放在相应的钥匙架中。

第三条 客人若到接待处要求取回房间钥匙，接待员应该礼貌地请客人出示其酒店欢迎卡或有效的身份证件，并与电脑中的客人资料核对无误后方可把房间钥匙交给客人。

第四条 当前台收银员负责把已退房的房间钥匙交至接待处时，接待员应该把房间钥匙准确地放回钥匙架中，并利用前台收银交退房钥匙的登记簿核对电脑资料，检查该房间是否退房，同时检查房钥匙在钥匙架中的位置是否正确，然后由接待员在登记本上签名，以便查证。

第五条 客人在办理退房手续时如果报称房间钥匙遗失，前台收银经查证后负责通知大堂副经理跟办更换房间钥匙，如果退房客人是将房钥匙遗留在房间内，前台收银处应负责通知管家部收回该钥匙，由管家部负责将房钥匙交至接待处。

第六条 每天晚上夜班接待员必须打印“住客名单”，核对钥匙架中的房间钥匙存放情况是否与客人入住情况一致。

第七条 在接待过程中或核对钥匙过程中，如果更改某空置房间而没有钥匙存于接待处，接待员应该立即停止出租该房间并循有关途径查找，如经查找后未能发现房间钥匙，应该马上把查找情况向客房主任、管家部当值经理反映，并由管家部当值经理跟办更换房钥匙。

第八条 每天凌晨3：00由夜班接待员打印出“住客名单”，核对钥匙架中钥匙存放情况，如果发现入住房当时还有房钥匙存在钥匙架中，应把该房间号码记录下来并立即通知当值大堂副经理更换房钥匙。

第九条 接待员应保证存在接待处的每一房间钥匙都完好无损地交给客人，若房钥匙有所损坏，应立即报告当值大堂副经理。

▲客人延迟退房处理制度

客人延迟退房处理制度

第一条　酒店客人退房时间规定为中午 12：00 之前。

第二条　延迟退房时间以超过 1.5 小时（即 13：30）开始计，通常延迟退房时间至晚上 6 点前应加收半晚房租，延至晚上 6 点后退房应加收全晚房租。

第三条　如客人因故要求延迟退房时间又要求免收租，可根据不同实际情况和具体退房时间给予考虑。延迟退房时间免收日租须经大堂副经理或前台主管以上人员同意，并在“接待处通告书”上签字认可。

第四条　以下客人应予优先考虑给予减免房租：

（1）重要客人（VIP）。

（2）酒店常客。

（3）公司协议价客人。

（4）由酒店行政人员介绍的客人。

第五条　客人需延迟退房时间，一律由接待处发出“接待通知书”（房租更改单），第一联由接待处存档，第二联送前台收银处，第三联送前厅部办公室，以便该部及时掌握客人退房情况以安排工作。

▲客人投诉处理制度

客人投诉处理制度

第一条　认真聆听顾客投诉。

第二条　所有投诉都须表示理解、接受，并给投诉者以安慰。

第三条　不允许与客人争论，应理解客人的感受，并站在客人的立场上来了解其意向。

第四条　在投诉过程中，如顾客大声吵闹或喧哗，为了避免影响他人，应将投诉者与其余顾客分开。

第五条　在当值值班日记上记录下投诉事项，可请顾客说话放慢速度，并使顾客感到酒店对此投诉的重视。

第六条　在接纳顾客的投诉后，应代表酒店致歉。

第七条　如顾客的投诉需转告有关部门，应及时和有关部门协商处理，并尽可能在最短时间内给予客人明确的答复。

第八条　摆事实，讲道理，明确指出投诉者的问题所在，恰到好处地回答顾客的投诉，如有可能，应提供给顾客选择的机会。

第九条　在处理投诉后要注意跟办，如发觉不当应及时纠正，务使投诉者感到酒店当局对其提出问题的重视。

第十条　事后将详情包括结果、牵连部门、姓名、房号等记录在值班日记上并向上级主管汇报。

第十一条　切勿轻易向客人做出权力范围之外的许诺。

▲接待重要客人操作制度

接待重要客人操作制度

1. 贵宾抵达前

（1）酒店前台部落实贵宾所住的房间，将房钥匙装进写有贵宾名字及房号的钥匙袋里，放在入住楼层的服务台。

（2）检查 VIP 房内的设备，将为 VIP 提供的鲜花、水果、总经理致敬信等摆放整齐，其他物品要准备齐全。

（3）准确掌握贵宾抵达时间及交通工具（包括车、船、飞机等）。

（4）宴会部安排贵宾在酒店期间的餐饮，要确定用餐时间、地点、人数、用餐标准等，特殊的客人还要根据其饮食习惯安排。

（5）写出报告呈报总经理室，并通知有关部门（大堂副经理、保安部、前台部等）。

2. 贵宾抵达时

（1）迎接人员必须和酒店经理在正门等候客人的到达。

（2）门口要保留停车位置。

（3）客人到达时，迎接人员主动上前迎接并做介绍后，带领客人乘电梯到达所入住的楼层。

（4）行李员及时把客人的行李送到客人房间。

（5）客人填写入住登记表后交付前台。

（6）视客人身份通知保安部做好贵宾的安全保卫工作。

（7）随时与陪同保持联系，相互配合，及时解决计划外的问题。

（8）贵宾的日常用餐及宴会根据计划安排的地点、时间进行，客人用餐期间，应随时予以照应。

3. 贵宾离店

（1）落实客人的离店时间，准备好在大堂欢送。

（2）通知行李组，及时将客人的行李送至门口。

（3）协助财务人员对客人在酒店的消费进行结算。

（4）送客人出门口，直至客人离开酒店为止。

▲营销部日常管理制度

营销部日常管理制度

第一条　严格打卡制度，每日外出必须先到部门报到，经经理批准同意后方可外出。如由于工作不能及时打卡，须在第二天一早报经理签字，逾期不补。

第二条　离开工作岗位去酒店外办事，需将所去位置告知其他同事。外出办事必须经部门经理同意，并在部门交班记事本上注明。

第三条　上班时必须穿工作服，工作服必须整洁。带团期间或外出可穿便服，回酒店应立即换上工作服，不许穿工作服回宿舍。

第四条　去大堂只能走员工通道，不得走酒店正门。

第五条　不陪客户时，严禁使用客用电梯。

第六条　因陪客户等工作需要在酒店营业场所用餐，须提前报经理审批，凭书面用餐单用餐，不许先做后报。

第七条　不许在当值台对面和大堂沙发坐等客人和陪客人聊天。

第八条　注意礼貌用语，接电话先说“您好，营销部”。如无紧急事情不许在办公室打私人电话，接听私人电话时间不许超过三分钟。

第九条　因带团或跟办会议而加班，须在次日一早报经理确认时间，过后不补办。

第十条　补休、事假必须提前报经理审批，严禁先休后报，病假必须出示医生假条。

第十一条　有事补休要将手上工作事项交代给指定同事，重要活动期间不许补休。

▲营销部资料管理制度

营销部资料管理制度

第一条　资料管理内容。营销部在日常工作中，需要使用和接触的资料很多，包括酒店宣传小册子、基本情况介绍、宴会和会议室宣传册、餐饮促销资料、房价表、明信片、销售袋、营销手册、信件、电传、传真、协议书、合同副本、客房档案、重点客人档案、记事本、人员销售记事卡、各种报表、销售报告表，等等。

第二条　资料分类。可分为经营表格类，宣传资料类，协议、合同类，业务通信类，内部通知、启事、文件类，客户档案类，重点客户档案类，团队客人类，零散客人类，长包房客人类和其他。

第三条 建立资料档案。营销部应有专门的资料档案柜，经常查用的档案按一定的顺序进行排列。

客户档案内容包括：房间种类、所住房号、抵离店日期、生日、实收房价、特殊爱好、禁忌、投诉、宴请次数、规格等。潜在客户档案内容包括公司名称、地址、背景、法人姓名、生日、个人爱好、拜访次数、拜访结果、需求等。

第四条 资料的保管和使用。公用资料、不涉及保守商业机密的资料，如内部报表、宣传册等，由销售代表领取、使用和保管。合同书、协议书等文件由秘书保管，本部门人员查阅在当天必须归还，不得带出办公室。外部门人员借阅有关资料，须本部门经理同意，并办理借阅手续，重要资料必须及时归还。

▲查询客人房号制度

查询客人房号制度

第一条 为了保证住店客人的隐私权及其人身安全，不得将住店客人的房号告诉无关人员。

第二条 前台接待处遇到有人查询某客人房号时，应礼貌告诉查询人：“很抱歉，我不能透露他的房号，这是我们酒店为保护客人隐私而制定的一项制度，如果您愿意，留个言好吗?”“请告诉接线生想通话客人的姓名，总机会帮您接过去的。”

第三条 接待处的电话既不可以被住店客人使用，也不可以被酒店外人员使用，如果他们有这种要求，应被礼貌地告知使用房间内的电话。

第四条 如果客人坚持要知道其他客人的房间号码，可以让他与当班的主管或大堂副经理联系。

第五条 前台的员工应有效地使用外交手段，谨慎、仔细地处理事情。

▲问询代办服务操作制度

问询代办服务操作制度

第一条 主动与客人打招呼，接待客人一视同仁，给客人留下乐于效劳的感觉。

第二条 认真聆听客人的询问，尽量给予简明圆满的答复，不能及时答复的要将客人提出的问题以及客人的姓名、房号及电话号码记录下来，尽快解决，不准拒绝回答客人的询问。

第三条　客人委托代办时，将内容详细记录下来，包括委托人的姓名、房号、电话号码等，并与有关部门联系尽快办理，客人若委托办理票务方面的事，应迅速和有关单位联系办理，尽快给客人答复。

第四条　收发客人的邮件或替客人转交物品注意：寄件（信）按邮电部门的标准加适当的服务费。派发客人的信件、电传、电报等，要做好登记、签收工作，若客人已离店，退回邮局的邮件需作登记。转交物品要记下交接客人的姓名、房号和电话号码等，做好签收工作。

第五条　在下班前交接未能及时完成的物件递送工作。

▲票务服务管理制度

票务服务管理制度

第一条　票务员要熟悉通往各地的火车线路、轮船航线、飞机班次。熟知车、船、机各班次线路的始发、沿途经过的地方和终点站，抵达各站的准确时间、运行所需时间和各地的中转站情况等。

第二条　在接受客人订票时，要问清客人姓名、所住房号，请客人填写订票单，填好后要逐项进行核对，向客人收取押金，然后将订票单一联交给客人，作为取票凭证，并将订票单进行整理后与车站、机场联系，选购车（船、机）票。

第三条　接受订好的机票时，将票上的时间、地点、车次，分别与订票单核对，无误后方可收取，并将票价、收取的手续费核算准确，把票和剩余款分别装入客人的订票袋中，按客人房号迅速送到客人手中，与客人当面核对无误后收回取票单。

第四条　如遇到实在办不到的事情，要耐心向客人解释，帮助客人出主意、想办法，为客人推荐邻近车（船、航班）次，或采取别的补救办法，尽量使客人感到满意。

第五条　没有征得客人同意，订票员不得擅做主张，随意更改车（船、航班）次。

▲办理叫醒服务制度

办理叫醒服务制度

第一条　酒店工作人员受理客人叫醒服务时须将客人姓名、房号、叫醒时间详细记录并复述、征求客人核对。

第二条　查询电脑中有关客人的姓名、房号等资料，查核无误后，在叫醒服务记录表上记录客人姓名、房号、叫醒时间，并签上职员当班工号和姓名。

第三条 客人叫醒服务记录表一式两联，第一联留底，第二联送管家部签收存底。

第四条 把客人房号、姓名、叫醒时间输入电脑自动叫醒服务程序。

第五条 为防止电脑出现故障，用人工叫醒补叫。

第六条 如发生客人电话和管家部服务员多次叫醒而客人未能醒来的情况，应立即通知大堂副经理、保安部经理、管家部经理，由大堂副经理负责处理强行开锁，并做好记录。

▲邮件处理制度

邮件处理制度

第一条 收到邮递员交来的各类邮件时，需进行分类。

第二条 邮件的接收、派发及退回过程均要求作签收记录。

第三条 住客邮件按如下方法处理：

（1）将标明房号的邮件交前台问询处，查询确认后，由行李生送给客人签收。

（2）如发现收件人没有在酒店入住时（包括已退房或已订房的客人），应将此信保留一周，并需每天早上由问询处查询一遍，如仍无人接收，由问询处在信上加以注明，退回邮局处理。

第四条 员工邮件按如下方法处理：

（1）所有邮件由大厅服务处（行李部）送有关部门签收。

（2）对于未注明部门而不能确认的邮件，由问询处统一送人事部处理，人事部确认后转交有关部门或个人。

（3）无人认领的邮件需加以注明并交回问询处退回邮局。

▲代发信函邮寄管理制度

代发信函邮寄管理制度

第一条 酒店住客的信函和酒店内部的公函均可由接待人员负责代寄，其他一律不代替邮寄。

第二条 接待处代寄的信函包括平邮信件、挂号信件、航空信件和明信片，大宗邮件、邮政快件、包裹及特快专递均可由问询处代办。

第三条 代寄的邮件均以邮局发出的“邮件资费表”所规定的邮资计费，资费以本国货币为标准。

第四条 所寄信函均须用标准信封，并清楚地写上收件人及寄信人地址、邮政编码。

第五条 酒店住客的邮费一律只收现金。

第六条 酒店公函须由其部门经理签名批准后方可代寄。

第七条 酒店公函或代寄客信须开具某项收费单，客信须注明付现金，酒店公函须注明入酒店账，并由该部门经理签名认可。

第八条 每天下午接待员收齐所代寄信件，贴足邮票并填写“邮寄统计表”和“信件收费统计表”，将信件统一交行李部签收，由该部派人员外出投寄。

第九条 接待处须保证有足够的邮票供代寄信件使用。

第十条 接待处不定期发出“信件收费统计表”，第一联和酒店公函的邮资收费单交财务部报销，取回现金后连同代寄客信所收的现金交行李部所派人员外出购买邮票。

第十一条 查无收件人或因地址不清而被退回的信件由接待处退还给该酒店住客，如果寄信的住客已离店，则作为死信归档。

第十二条 因书写不正确或地址不清而被退回的酒店公函退回有关部门签收。

▲贵重物品的存放管理制度

贵重物品的存放管理制度

第一条 酒店设有客用贵重物品保险箱，为客人提供贵重物品存放保管的服务。

第二条 新开保险箱时，客人应填写“贵重物品寄存单”一式两联，客人和酒店各一联。客人凭此单及保险箱钥匙存取物品。

第三条 建立保险箱租用登记本，详细记录保险箱租用的情况，包括开启时间、客人姓名、房间号码、客人身份证号码、保险箱箱号、存放物品时间、取用物品时间、退还保险箱时间、客人签字等资料。

第四条 收银员须妥善保管好寄存物品，每日检查保险箱登记情况，时常查看保险箱的安全情况，做到防潮、防火、防盗。

第五条 收银员须妥善保管好保险箱钥匙，特别是保险箱母匙的保管，做到母匙 24 小时不离身。每班做好交接记录。对于子匙应每日检查是否与登记本一致。

第六条 开启保险箱时，必须由服务人员及收银员操作。不能让客人自己持母匙开箱，以保证其他客人的财产安全。

第七条 开启的标准程序是：接过客人的子匙及查看客人的寄存单无误后，同客人一起进入保险箱存放处，由收银员操作开启保险箱，将内箱交给客人（注意不要将内箱打开），然后暂时回避，待客人存取完物品以后，将内箱接过，放入保险箱内锁好。如果客人要继续租用保险箱，则将子匙与寄存单返还客人。

第八条　收银员不得私自开保险箱存放私人物品。

第九条　如客人将钥匙丢失，应马上通知主管，同时通知大堂副经理与客人联系。客人须付相应的赔偿金。

第十条　如客人寄存物品有遗失现象，应立即通知保安部及本部门主管，采取紧急措施。

第十一条　以上规定，×月起实行。如有违反者，严肃处理，严重者追究刑事责任。

▲遗失物品处理制度

遗失物品处理制度

第一条　客人离房后，服务员应立即进房检查，如发现有客人遗留的物品，应马上通知主管或前台。

第二条　如客人已离开酒店，应将遗留品登记在失物招领登记本上，并写明客人的姓名、房号、物品名称，还要写上拾物人姓名，然后交领班送管家部保管。

第三条　失物一般保存半年，过期将认领单和失物一齐上交处理。

第四条　客人来信或来电索取遗失物品时，应在管家部办理认领手续。在认领时，应请客人签收，客人不在也可由总台经手人代为签收。

▲行李寄存制度

行李寄存制度

第一条　了解客人寄存物品的情况，若发现有不易管理或易碎、易燃的物品，应向客人解释或建议客人同有关部门联系。

第二条　寄存前向客人报行李件数，并做简单检查，发现有破损应及时向客人说明。

第三条　在行李卡上填写日期、经手人、行李件数、编号、提取时间，并记下客人的房号，将行李卡下联撕下交给客人保管，届时凭行李卡下联提取。

第四条　对易碎物品应挂上“小心轻放”的标志，把行李卡上联和编号牌挂在行李明显的地方，并集中在行李房内。

第二节　前厅部规范化管理表格

宾馆酒店补配钥匙申请表

表 7-1　宾馆酒店补配钥匙申请表

需用部门：　　　　　　　　　　　　　　　　　年　月　日

<table>
<tr><th>部门</th><th>配制钥匙原因</th><th>配制钥匙数量</th><th>配制人姓名</th></tr>
<tr><td></td><td></td><td></td><td></td></tr>
<tr><td></td><td></td><td></td><td></td></tr>
<tr><td></td><td></td><td></td><td></td></tr>
<tr><td></td><td></td><td></td><td></td></tr>
<tr><td colspan="2">申请补配钥匙部
主管签字</td><td colspan="2"></td></tr>
</table>

经手人姓名：

大堂经理值班记录表

表 7-2　大堂经理值班记录表

值班人：　　　　　　　　　　　　　　　　　日期：

时间	记录内容	值班情况	备　注

注：每日必查大堂内的设备设施、装饰物、告示牌的规范情况，进离店重要顾客和房号，大堂及前台人员情况。

贵宾呈报表

表7－3 贵宾呈报表

月 日

房号	姓名	身份	抵离店时间	备注

顾客意见咨询记录表

表7－4 顾客意见咨询记录表

顾客姓名		国籍		工作单位	
日期		处理日期			
总经理批示					
备注					

注：此表由大堂经理填写，一式三份，一份送总经理室，一份送前厅部，一份送大堂经理。

顾客报失登记表

表7－5 顾客报失登记表

登记日期： 月 日

顾客姓名		性别		工作单位	
住店房号					
联系电话					
记录内容（写明发生时间、地点、遗失物品内容，包括数量、特征、顾客何时离开饭店）					
报失时间			顾客签字		

注：本表一式三份，一份送总经理室，一份送保安部，一份送大堂经理。

失物招领单

表7－6　失物招领单

年　月　日

失主姓名		电　话	
地　址			
失物特征			
处理日期			
经办部门		经办人	

接待通知单

表7－7　接待通知单

姓　名 （团体） 身　份			国　籍	
人　数	男　女	房号		
来店日期		班次		
离店日期		班次		
拟住天数		接待标准		
客人要求				
接待单位		陪同人数	男	女
特殊要求				
审核人		经手人		
备注： 年　月　日				

重要客人预报表

表 7－8 重要客人预报表

年　　月　　日

<table>
<tr><td>姓名
或
团名</td><td></td><td>国　籍</td><td></td></tr>
<tr><td>身　份</td><td></td><td>人　数</td><td></td></tr>
<tr><td>来店日期</td><td></td><td>人　数</td><td></td></tr>
<tr><td>离店日期</td><td></td><td>班　次</td><td></td></tr>
<tr><td>接待单位</td><td colspan="3"></td></tr>
<tr><td colspan="4">具体要求：</td></tr>
<tr><td colspan="4">备注：
经手人：______</td></tr>
</table>

旅客住宿登记表

表 7－9 旅客住宿登记表

店徽及酒店名称：　　　　　　　　房号：__________

<table>
<tr><td>姓　名</td><td>性别</td><td>年龄</td><td>籍贯</td><td colspan="2">工作单位及住址</td><td colspan="3">证件号码</td></tr>
<tr><td></td><td></td><td></td><td></td><td colspan="2"></td><td colspan="3"></td></tr>
<tr><td></td><td></td><td></td><td></td><td colspan="2"></td><td colspan="3"></td></tr>
<tr><td></td><td></td><td></td><td></td><td colspan="2"></td><td colspan="3"></td></tr>
<tr><td></td><td></td><td></td><td></td><td colspan="2"></td><td colspan="3"></td></tr>
<tr><td></td><td></td><td></td><td></td><td colspan="2"></td><td colspan="3"></td></tr>
<tr><td colspan="2">何处来</td><td colspan="3"></td><td>每日房价</td><td></td><td>加床</td><td></td></tr>
<tr><td colspan="2">何处去</td><td colspan="3"></td><td>房费合计</td><td colspan="3"></td></tr>
<tr><td colspan="2">到达日期</td><td colspan="3">年　月　日</td><td>备　注</td><td colspan="3"></td></tr>
<tr><td colspan="2">离开日期</td><td colspan="3">年　月　日</td><td>值班签名</td><td colspan="3"></td></tr>
</table>

交　款　表

表 7 – 10　交款表

收银点：________　日期：________　班次：________

票　价	人民币		美元		其他		备　注
	数量	金额	数量	金额	数量	金额	
500 元							
100 元							
50 元							
20 元							
10 元							
合计							

交款人：　　　　　　收款人：

散客进店登记表

表 7 – 11　散客进店登记表

日期______

房　号	行李员姓名	进店时间	行李员回到大厅时间	行李件数	备　注

散客离店登记表

表 7 – 12　散客离店登记表

日期______

房号	收取行李的行李员姓名	收到行李时间	客人离店时间	送客离店的行李员姓名	是否结账	行李存放卡号码	行李件数	车号	备　注

团队接待通知单（一）

表7－13　团队接待通知单（一）

年　　月　　日

<table>
<tr><td colspan="2">国　名</td><td colspan="3"></td><td>编号</td><td></td></tr>
<tr><td colspan="2" rowspan="2">抵　离
时间、地点</td><td colspan="3">月　日　时　分乘　由　抵</td><td rowspan="2">付款
方式</td><td rowspan="2"></td></tr>
<tr><td colspan="3">月　日　时　分乘　赴　离</td></tr>
<tr><td colspan="2" rowspan="2">人　数</td><td>客人</td><td>陪同</td><td>全陪姓名</td><td colspan="2" rowspan="2"></td></tr>
<tr><td>计　人</td><td>计　人</td><td>地陪姓名</td></tr>
<tr><td rowspan="3">用
房
数</td><td>标准间</td><td></td><td></td><td rowspan="3">客房布置
及
要求</td><td colspan="2"></td></tr>
<tr><td>单人间</td><td></td><td></td><td colspan="2"></td></tr>
<tr><td>套间</td><td></td><td></td><td colspan="2"></td></tr>
<tr><td colspan="2">自订项目</td><td colspan="5">自订：　人　间　月　日至　日</td></tr>
<tr><td colspan="2">房费</td><td colspan="5">A.　　美元
元/间天　B. 按　　合同价</td></tr>
<tr><td rowspan="3">膳
食</td><td>餐别</td><td></td><td rowspan="3">退伙
及
其他</td><td colspan="3" rowspan="3">日　餐
日　餐</td></tr>
<tr><td>标准</td><td>元/人天（含）
（不含）</td></tr>
<tr><td>餐差</td><td></td></tr>
<tr><td colspan="2">风味或宴会</td><td colspan="5">月　日　时　分共　桌计　人，标准　元/人（含）
（不含）</td></tr>
<tr><td colspan="7">确认事项：A.
B.
C.</td></tr>
<tr><td colspan="7">备注：A.
B.
C.</td></tr>
</table>

送：开户、宴会预订、客房中心　收款：　　　　团队联络员：

团队接待通知单（二）

表7－14　团队接待通知单（二）

年　月　日

<table>
<tr><td colspan="2">国　名</td><td colspan="3"></td><td>编号</td><td></td></tr>
<tr><td colspan="2">抵　离
时间、地点</td><td colspan="3"></td><td>人数</td><td></td></tr>
<tr><td colspan="2">付款方式</td><td colspan="5"></td></tr>
<tr><td rowspan="2">用房数</td><td>标准间</td><td></td><td></td><td rowspan="2">客房布置
及
要求</td><td rowspan="2" colspan="2"></td></tr>
<tr><td>套间</td><td></td><td></td></tr>
<tr><td>房费</td><td colspan="3">美元
元 /间天</td><td></td><td colspan="2"></td></tr>
<tr><td rowspan="3">餐费</td><td>餐别</td><td colspan="5"></td></tr>
<tr><td>标准</td><td colspan="5">元/人天（含）
（不含）</td></tr>
<tr><td>餐差</td><td colspan="5"></td></tr>
<tr><td colspan="2">备注</td><td colspan="5"></td></tr>
</table>

散客行李寄存记录表

表7－15　散客行李寄存记录表

记录人：　　　　　　　　　　　　记录日期：　年　月　日

<table>
<tr><td>房　号</td><td>行李件数</td><td>寄存时间</td><td>行李寄存号码</td></tr>
<tr><td></td><td></td><td></td><td></td></tr>
<tr><td></td><td></td><td></td><td></td></tr>
<tr><td></td><td></td><td></td><td></td></tr>
<tr><td></td><td></td><td></td><td></td></tr>
<tr><td></td><td></td><td></td><td></td></tr>
<tr><td></td><td></td><td></td><td></td></tr>
<tr><td>备注</td><td colspan="3"></td></tr>
</table>

团体行李寄存记录表（一）

表7－16　团体行李寄存记录表（一）

行李寄存日期：　　年　月　日

房号	行李寄存件数	团体标志	指定行李员	寄存时间
备注				

团体行李寄存记录表（二）

表7－17　团体行李寄存记录表（二）

团体抵达日期	房号	行李件数	存单号码	寄存时间	取回时间
备　注					

换房行李登记表

表7－18　换房行李登记表

日　期	时　间	由	到	行李件数	楼层服务员
备　注					

补领行李申请单

敬启者：

本人因故遗失贵酒店　　年　　月　　日发出之　　号行李存仓收据上的行李。现恳请让本人领回该收据所述之行李，无须依正常手续呈示该收据。

本人自愿对贵酒店日后可能因此事而招致之任何损失，负一切赔偿责任。

申 请 人：__________
房间号码：__________
证件号码：__________
申请日期：　年　月　日

报纸递送表

表 7－19　报纸递送表

日期：　　　　　　递送人：

房　号			数　量			
报纸名称						

服务员：

委托代办登记表

表 7－20　委托代办登记表

委托代办日期：

姓　　名		房　号	
委托事宜			
备　　注			
委托人联系电话			

经办人签字：

邮件转送单

表7-21 邮件转送单

日期：

日期	时间	房号	姓名	经办人	收件人签字	备注
备注						

行李员工作任务记录单

表7-22 行李员工作任务记录单

在班行李员： 日期：

行李员	服务内容	时间	
		离开	返回
备　注			

行李服务台交代事项处理簿

表7-23 行李服务台交代事项处理簿

日期	时间	交代事项	交代者	处理结果	经办人
备注					

前台交接班登记表

表 7-24 前台交接班登记表

年 月 日

<table>
<tr><td>营业情况</td><td colspan="6">住房 间 空房 间</td></tr>
<tr><td rowspan="2">交班人</td><td>接待处</td><td colspan="2"></td><td rowspan="2">接班人</td><td>接待处</td><td></td></tr>
<tr><td>询问处</td><td colspan="2"></td><td>询问处</td><td></td></tr>
<tr><td>客房预订情况</td><td colspan="6"></td></tr>
<tr><td rowspan="2">顾客留言
情 况</td><td colspan="2">姓 名</td><td>房 号</td><td colspan="2">留言时间</td><td>交办情况</td></tr>
<tr><td colspan="2"></td><td></td><td colspan="2"></td><td></td></tr>
<tr><td rowspan="3">房间其他
情 况</td><td colspan="2">无行李房间</td><td colspan="4"></td></tr>
<tr><td colspan="2">无办续住房间</td><td colspan="4"></td></tr>
<tr><td colspan="2">特殊房间</td><td colspan="4"></td></tr>
<tr><td>备注</td><td colspan="6"></td></tr>
</table>

订房申请表

表 7－25 订房申请表

编号：

<table>
<tr><td colspan="2">来宾/团体名称</td><td></td><td>国籍</td><td></td><td>人数</td><td colspan="2"></td></tr>
<tr><td colspan="2">到店时间</td><td colspan="2">月 日</td><td colspan="2"></td><td colspan="2"></td></tr>
<tr><td colspan="2">抵达时间</td><td colspan="2">月 日</td><td colspan="2"></td><td colspan="2"></td></tr>
<tr><td colspan="2">离店时间</td><td colspan="2">月 日</td><td colspan="2">定金</td><td colspan="2">有□ 无□</td></tr>
<tr><td rowspan="4">客房要求</td><td>房类</td><td>房数</td><td>房价</td><td colspan="4">其他</td></tr>
<tr><td></td><td></td><td></td><td colspan="4"></td></tr>
<tr><td></td><td></td><td></td><td colspan="4"></td></tr>
<tr><td></td><td></td><td></td><td colspan="4"></td></tr>
<tr><td rowspan="4">餐饮要求</td><td>餐厅</td><td>时间</td><td>人数</td><td>标准</td><td colspan="3">其他</td></tr>
<tr><td></td><td></td><td></td><td></td><td colspan="3"></td></tr>
<tr><td></td><td></td><td></td><td></td><td colspan="3"></td></tr>
<tr><td></td><td></td><td></td><td></td><td colspan="3"></td></tr>
<tr><td rowspan="2">费用结算</td><td></td><td>房租</td><td colspan="2">洗衣</td><td colspan="3">餐费</td></tr>
<tr><td>会计</td><td></td><td colspan="2"></td><td colspan="3"></td></tr>
<tr><td colspan="2">订房人</td><td></td><td>电话</td><td></td><td colspan="3"></td></tr>
<tr><td colspan="2">更改/取消人</td><td></td><td>电话</td><td></td><td colspan="3"></td></tr>
<tr><td colspan="2">留 言</td><td colspan="2">有（ ） 无（ ）</td><td>回复</td><td colspan="3">电话（ ） 人（ ）</td></tr>
<tr><td colspan="2">备 注</td><td colspan="6"></td></tr>
</table>

经办人： 年 月 日

订房确认书

表7－26　订房确认书

姓名：　　　　　　　　　　　　　日期：

客人姓名	性　别	房　类	入住日期	退房日期
结算办法	现付□　　挂账□			
特殊要求				
酒店回复意见	以上委托：已确认□　房满未能确认□			
备　注				

说明：①填写本单时，对"□"的地方，画"✓"即可。
②对填好后的确认书如有更改，请立即打电话通知订房部。

客户档案卡

表7－27　客户档案卡

姓　名		性别	男□　女□			
出生日期		证件号码				
工作单位		职务				
工作单位地址		电话				
其　他						
住店序号	住宿期间	房号	房租	消费累计	信用卡及账号	备注
1						
2						
3						
4						
5						
6						
7						
8						

婉拒预订的致歉词

表7－28 婉拒预订的致歉词

本酒店对下列的日期内不能接受您的订房要求，深表歉意。

____

____

____

____

____

____

__________酒店

预订部

感谢您的关照，希望以后能有机会为您服务。

预期抵店顾客名单

表7－29 预期抵店顾客名单

日期： 年 月 日

顺序号	客人姓名	房号	人数	何时进店	何时离店	订房人
1						
2						
3						
4						
5						
6						
7						
预计抵达总数						
备注						

说明：本单一式三份，一份送大堂总经理，一份预订处留存，一份接待处留存

预期离店顾客名单

表7－30　预期离店顾客名单

制单日期：　　年　　月　　日

预期离店日期			月　　日
姓　名	房　号	离店时间	备　注

境外团队人员名单

表7－31　境外团队人员名单

团体名称			入住日期			离店日期		
序号	姓名	性别	出　生年月日	国籍	护照号码	签证号码	签证签发机关	房号
1								
2								
3								
4								
5								
接待单位（盖章）								
备注								

经办人（签字）：

VIP 接待规格审批表

表 7－32　VIP 接待规格审批表

年　月　日

团队名称			
审批内容	房　　费		
	用　　餐		
	房内要求		
	迎送规格		
	其　　他		
呈报部门		经办人	
总经理批署			

VIP 接待账务处理审批表

表 7－33　VIP 接待账务处理审批表

日期：　　年　　月　　日

顾客姓名		人　　数	
抵店时间		离店时间	
请将下列费用做内部转账处理			
用　餐			
饮　料			
洗　衣			
长途电话 电传/传真			
市内电话 电传/传真			
客人特别要求			
部门负责人			
批准人			

抄送：财务总监、前厅部经理。

VIP 预订/礼品申请单

表 7－34　VIP 预订/礼品申请单

<table>
<tr><td>姓　名</td><td></td><td>到达时间</td><td></td><td>离店时间</td><td></td></tr>
<tr><td>房间类型</td><td></td><td>房　号</td><td></td><td>房　价</td><td></td></tr>
<tr><td colspan="6">到达前台的通知
机场接（　）　　机场送（　）</td></tr>
<tr><td colspan="5">礼品名称</td><td>价　格</td></tr>
<tr><td colspan="5"></td><td></td></tr>
<tr><td colspan="5"></td><td></td></tr>
<tr><td colspan="5"></td><td></td></tr>
<tr><td>特殊要求</td><td colspan="5"></td></tr>
<tr><td>申请人（签字）</td><td colspan="2"></td><td>批准人（签字）</td><td colspan="2"></td></tr>
</table>

免费房、宾馆酒店同行业房申请单

表 7－35　免费房、宾馆酒店同行业房申请单

年　月　日

<table>
<tr><td>申请部门</td><td colspan="3"></td><td>部门经理签字</td><td colspan="2"></td></tr>
<tr><td>宾客单位</td><td></td><td>职务</td><td></td><td>姓名</td><td colspan="2"></td></tr>
<tr><td>房　间</td><td colspan="6">套间□　　标间□</td></tr>
<tr><td>VIP 礼遇</td><td></td><td>入住时间</td><td colspan="4"></td></tr>
<tr><td>理　　由</td><td colspan="6"></td></tr>
<tr><td>总经理批示</td><td colspan="6"></td></tr>
</table>

水果/鲜花出入日报表

表 7－36 水果/鲜花出入日报表

水果/鲜花名称	昨日结存	本日进货	本日出货	本日结货
合　计				

主管：__________ 制表：__________

物品转递记录

表 7－37 物品转递记录

日期	时间	房号	顾客姓名	件数	留物人	留物人电　话	收件人签　名	取物时间
备注								

酒店加床通知单

表 7－38 酒店加床通知单

加床通知单
房号　　　　　　价格/每晚
加床日期　　　　　　撤加床日期
顾客签署
职员签署
前　台

延时退房通知书

表 7－39　延时退房通知书

年　月　日

房间 可停留至 ________________________ ______________________ 日期 前厅经理 签　名

住 客 通 知

日　期：

______先生/女士：　　　　房间号：

兹收到一份：

电传（　）　　挂号信（　）　　电报（　）

包裹（　）　　传　真（　）　　信件（　）　　其他（　）

请与（　　）联系或到（　　）处索取。

顾客签名：　　　　　　　　值班员：

留　言

______先生/女士：

房号：

当阁下外出

姓名：　　　　　　　　公司/单位：

来电（　）　　　　　　　　请复电（　）

留言：________________________________

____

经办人：

日　期：　　　　　　　　　　时　间：

退房登记表

表7－40　退房登记表

房号	退房日期	退房数量	退房类型	备　注

逾期未离店顾客催办交接表

表7－41　逾期未离店顾客催办交接表

房号	姓　名	入住时间	预离时间	备　注
接待处		大堂经理		

房间钥匙跟踪表

表 7－42　房间钥匙跟踪表

日　期	房　号	顾客姓名	取匙时间	交匙时间	经办人
备　注					

顾客房门未锁提醒留言

尊敬的　　　先生/女士：

您好！很抱歉，我们发现了您的房门未锁好，我们已帮您把它锁好了。如有什么需要我们协助的，请与大堂经理联系，内线×××。

谢谢！

日期：　　　　　　　　　　　　时间：

当值大堂经理：

离店通知书

房号：　　　　　　　　　　宾客姓名：

感谢您下榻我店，据我们了解，您的离店时间是　　月　　日 12 点前，如果您希望延长居住期，请与前台联系，我们将尽力为您提供帮助。

注意：延迟离店将加收下列费用：

中午　点至下午　点　　　　　　　　半天房租

下午　点以后　　　　　　　　　　　一天房租

谢谢！

前厅部

房门反锁申请表

表 7－43　房门反锁申请表

住客姓名		房　号	
证件号码			
反锁理由			
以下由饭店服务员填写			
开门时间		大堂经理	
开门时间		保安部	
备　注			

七天住房预计表

表 7－44　七天住房预计表

制表日期：　年　月　日

日　期			
续　住			
非预计续住			
已预订房散客			
已预订房团体			
当天订房			
离店房数			
提前退房			
预计总房数			

抄送：　　　　　　　　　　　　制表人：

房间调查报告表

表 7－45　房间调查报告表

制表日期：　　年　　月　　日

房　号	前台显示	客房部显示	调查结果	备　注

长途电话开通记录表

表 7－46　长途电话开通记录表

日期	房号	入　店			离　店	
		付款方式	通知人	接收人	通知人	接收人
备注						

部门长途电话签认表

表7－47 部门长途电话签认表

姓 名	电话号码	通话时间	分 钟	合计金额

部门经理签署：

商务中心设备出租通知单

表7－48 商务中心设备出租通知单

日期：　　年　　月　　日

顾客姓名		房 号	
设备名称		租用费	
出租时间		收回时间	

经办人（签字）：

商务中心综合服务单

表 7－49　商务中心综合服务单

顾客姓名		房号		日期	
电话号		发往国家或地区		页数	
传真号		发往国家或地区		页数	
打字				页数	
复印				页数	
备注					

经办人（签字）：

商务中心借用表

表 7－50　商务中心借用表

借　用				归　还	
日　期	内　容	顾客房号	顾客签名	日　期	员工签名

商务中心收入控制表

表7－51 商务中心收入控制表

日期： 页数：

单据号码	房间号码	客人姓名	收入项目						合计	备注
			打字	复印	传真	电传	电报	其他		
合 计										

商务中心主管：______ 编制人：______

商务中心营业日报表

表7－52 商务中心营业日报表

日期： 年 月 日

收入项目	现 金		总 计		合 计	备 注
	住客	外客	住客	外客		
合 计						

商务中心主管（签字）：

第八章　现代酒店客房部管理制度与表格

第一节　客房部规范化管理制度

▲客房部与其他部门工作协调制度

客房部与其他部门工作协调制度

1. 与前厅部的协调

（1）客房部与前厅部应根据各自的工作记录，准确核对最新的客情房态。

（2）客房部根据前厅部提供的客情预报，获得即将抵店的 VIP、团队等信息，根据客人的特殊要求，做好准备工作。根据客情预报定期安排清洁计划和客房维修。

（3）对携带少量行李的住客，两部要保持密切联系，防止逃账。

（4）住客离店结账时，客房部要及时检查房间，必要时协助行李员为客人送出行李。

（5）客人离店、客房部及时清理房间后，通知前台调整房间状况。

2. 与工程部的协调

（1）当客房清洁工具、设施设备等发生故障时，客房部应填写报修单或电话通知工程部，工程部应及时派人修理，两部应密切配合，对客房的设备设施进行定期的维护和保养。

（2）客房部应向工程部提供有关客情预报，合作制订客房大修计划。

3. 与保安部的协调

（1）客房部应积极协助保安部对酒店公共区域客房楼层进行细致检查，做好防火防盗工作，确保住客安全。发现安全隐患，两部应协同制订整改计划。发现可疑情况，应及时与保安部取得联系。

（2）客房部和保安部应共同制定住客紧急疏散方案，一旦出现险情，客房部应配合保安部，并在保安部的统一指挥下，做好住客安全工作。

4. 客房部内部工作协调

（1）当酒店出现人手紧缺时，客房部除了可以补充实习生外，还应注意合理安排人手，以老带新。或将工作表现良好的公共区域服务员抽调至楼层服务组，而把临时工配备于公共区域服务组。

（2）因临时性任务而出现人手紧缺时，客房部或主管可向上一级报告，由上一级管理人员协调处理。

（3）当酒店出现季节性接待任务不足时，为避免劳动力过剩，可组织员工休假、培训，还可利用接待淡季来保养客房。

（4）在工作中由于所接待客人的需求不一，可能会发生某班组的某种物资不足，而另一班组的同类物资闲置的情况，各班组应发扬互相支持、配合的精神，在双方主管同意的情况下，按规定的借还手续办理，若约定归还时间超越本班次，应在交班本上注明。

▲客房摆设规则

客房摆设规则

1. 标准房间

（1）关于房门有如下规则：

①门的正面三分之一部分的正中间装房号牌。

②门的背面上三分之一部分的正中间装走火位置图一张，走火位置图用有机玻璃、铜板或不锈钢板制作。

③门背铜把上挂“请勿打扰”和“请打扫卫生”的牌子。

④门的正中央装防盗眼（猫眼）。

⑤门背铜把上方装防盗链，链头钩挂在卡位上。

⑥门框墙的一边装呼叫铃开关及“请勿打扰”指示灯。

（2）关于衣柜有如下规则：

①挂衣横杆上备置有店徽的衣架。

②横杆上方有放物架，架上可放叠好的棉被或备用毛毯和开夜床后收叠整齐的床罩。

③化妆台下面放置叠放好的洗衣袋、小购物袋、大购物袋，袋的数目按床位数计，每位各一个，每个洗衣袋放上干、湿洗衣单各一份，有的酒店将袋放在化妆台的抽屉里。

（3）关于组合柜即化妆台、冰箱柜、行李架有如下规则：

①化妆台的一头放电视，一头放台灯，电视机也可以放在特制的电视机台几上。

②化妆台的中间放文具夹。

③化妆台下的中间放琴凳，一边放垃圾桶。

④化妆台上面的抽屉里放擦鞋布或纸两片，针线包两个。

⑤电冰箱放在冰箱柜里，冰箱里放各种罐装软饮料及一个冰水瓶，冰箱柜的上方设小酒吧，放各种小包装的酒类，吧前放饮料及酒类价目牌。

（4）关于咖啡桌有如下规则：

①咖啡桌面放冷水杯带封套两个，热水瓶一个，有盖茶杯两个，烟灰盅、茶叶盒各一个，这些物品最好放在漆盘或不锈钢盘里。热水瓶摆中间，水杯与茶杯以热水瓶为中心成“八字”形向外摆，茶叶盒、烟灰盅成“一”字形与热水瓶成垂直摆放，凡有酒店标志的都要求向着客人。茶叶盒里放红茶、绿茶各两包。烟灰盅的右上角放火柴一盒，店徽向上。

②扶手椅摆在咖啡桌两边，不要靠墙。

（5）关于灯有如下规则：

①床头灯装在床头柜上边的两边（指双床房），单床房视床及床头柜的位置而定。

②夜灯一个装床头柜下，一个（筒灯）装房间通道天花板正中间。

③落地灯摆在咖啡桌后边。

（6）关于床头柜有如下规则：

①床头灯开关装在床头柜两边，向里，一边装夜灯、电视机、“请勿打扰”开关，一边装音响音量调节及选台调节钮。

②床头柜面一边放电话机，一边放烟灰盅。

③酒店电话指南一份（中英文印刷）放在电话机下面，电话簿一本、电话记录便条纸一本放在柜里一侧，电话本在下，记录纸上放圆珠笔一支。

（7）关于床（按单床计所配用品）有如下规则：

①枕头连套两个。

②床单一条。

③软垫保护垫一条。

④毛毯一条。

⑤毛毯托布一条。

（8）关于工艺品（画）有如下规则：

①题材：有人物、花鸟、山水等。

②类别：有国画、漆画、水印版画、油画、陶瓷挂盘等。

③装饰位置：一般装饰在床头的上方墙面或卫生间墙面。

（9）关于绿化有规则如下：

床附近或墙的一角摆绿化植物一盆或在梳妆台上放置一个小盆景。卫生间化妆台上插一枝鲜花等。

2. 大床客房

大床客房的设备、物品的摆放规格与标准房间一致。由于大床的两边都设有床头柜，因此电话机、酒店电话指南、电话簿、烟灰盅（连火柴）等均按标准房间的规格放在有电开关及音响的柜台面上或柜桶里。

3. 双连客房

设备用品的摆设规格同标准客房。

4. 套房

（1）卧室设备用品的摆放规格与标准房间相同。

（2）关于客厅的布置规则如下：

①门的设计同标准房间。

②房间的一边放一套沙发，一长两短，长沙发的前边摆一个玻璃面茶几，茶几上放烟灰盅一个，盅的一角摆火柴盒，店徽向上。

③房间的另一头摆一张小圆台，圆台两边摆扶手椅，摆放要对称。

④墙面的一边摆长条台或柜一个，上面放彩色电视机一部、台灯一盏、花瓶一个。

⑤墙的一角摆落地灯一盏，另一角（靠门边）摆鲜花一盆。

5. 标准客房卫生间设备用品的摆放规格

（1）化妆台及台上用品的摆放规格如下：

①两个带封套的漱口杯并列斜放在一边台角，两个带封套盒的浴帽并列斜放在杯前，与杯平行。

②洗浴液和洗头膏（液）各两瓶或两包“一”字形排列斜放在另一边台角。

③小香皂两块放在香皂碟里，香皂碟摆在洗浴液和洗头膏前的中间。

④若有化妆品并列摆在右手玻璃边的台面上。

⑤上述物品若是用漆盘或藤篮盛放的，应整齐地排放在盘或篮里，盘或篮摆放在化妆台靠镜的一角。

⑥大香皂一块摆放在浴盆正面墙的皂盒内。

（2）“四巾”的摆放规格如下：

①面巾两条，三折成长条形，店徽向外，并列挂在化妆台上的毛巾挂杆上。面巾下沿平齐。

②方巾两条，三折成长方形，店徽向外，并平放挂在面巾上。

③地巾一条，全打开，平铺在浴盆外边沿上，店徽向外。

④浴巾两条，先三折成长条形，然后三折成长方形，店徽向外，并列平放在浴盆架上。

（3）面纸巾及卫生卷纸摆放规格如下：

①卫生纸一卷打开包装纸装进马桶边墙上纸架盒里，拉出纸端折成梯形露出压在盒盖下。

②面纸巾装进化妆台上，毛巾挂杆下、墙面的纸巾盒里。打开封口，拉一张纸

巾折成梯形露出盒封口外。

（4）女宾清洁袋袋口向右，标志向上，放在马桶水箱盖面的中间、卫生卷纸下。

（5）浴帘一张挂在浴帘杆上拉到一端，下部吊在浴盆外。

（6）垃圾桶一个放在化妆台下一侧的墙边，桶外沿与梳妆台平行。

▲开夜床操作管理制度

开夜床操作管理制度

第一条 在确认没有挂“请勿打扰”标志牌或房门反锁的情况下，轻轻敲门，并报称客房服务员，缓缓把门打开。

第二条 见到客人应征询可否进来整理清洁房间，如客人拒绝服务，应在服务员工作记录表上注明。

第三条 检查灯具、开关，确定使用正常，将空调开到指定刻度上，整理客房内器具什物。

第四条 轻轻拉上窗帘，若客人在场时，应征询客人的意见后方可操作。

第五条 执行开床服务程序，将床罩从床头拉下并按要求折好，将床罩置于衣柜或行李架上，打开床具一角，将盖单连毛毯一起折成一个三角形，在其上面放上早餐牌和晚安卡。

第六条 清洁烟缸和桌面，给水壶加注热水或冰块，放当天报纸于文具夹旁边。

第七条 整理卫生间，主要是擦洗脸盆、冲座厕及浴缸、换洗杯子。

第八条 更换用过的毛巾，确保毛巾整洁。遇客人要求加床要补充客用品。

第九条 检视一遍卫生间及房间，除床头灯外，将灯都熄灭并关上房门。

第十条 开床时，如一人住单间，则开有电话的床头柜一侧，一人住双床间，则一般开邻近卫生间靠床头柜一侧。如二人住大床间，则两边都开，二人住双床间，则各自开靠床头柜的一侧。

▲清洁空房制度

清洁空房制度

第一条 在房门锁上挂上“正在清洁”牌。

第二条 拿一湿一干抹布清洁家具。

第三条 卫生间的座厕放水，地面冲水排异味，清洁卫生间浮座，淋浴水阀隔两三天应放锈水一次，并注意清洗抹干。

第四条 检查房间规格、设备情况，检查天花板有无蜘蛛网、地面有无蚊虫，把空调调至适当位置，熄灯关门，取回清洁标牌。

▲清洁卫生间制度

清洁卫生间制度

第一条 卫生间的清洁工作必须自上而下进行。

第二条 清除垃圾杂物，用清水洗净垃圾桶并用抹布擦干。

第三条 用除渍剂清除地胶垫和下水道口，清洁缸圈上的污垢和渍垢。

第四条 用清洁桶装上低浓度的碱性清洁剂彻底清洁地胶垫，切不可在浴缸里或脸盆里洗，桶里用过的水可在打扫下一卫生间前倒入其厕内。

第五条 在镜面上喷上玻璃清洁剂，并用抹布擦净。

第六条 用清水洗净烟缸，并用专备的擦杯布擦干，烟缸上如有污渍，可用海绵块蘸少许除渍剂清洁。

第七条 清洁脸盆和化妆台时，如客人有物品放在台上，应小心移开，待将台面抹净后将其复位。

第八条 用海绵块蘸少许中性清洁剂擦除脸盆镀锌件上的皂垢、水斑，并随即用干抹布擦亮，禁止用毛巾做抹布。

第九条 若客人在浴缸里用了橡胶防滑垫，则视其脏污程度用相应浓度的清洁剂刷洗并用清水洗净，然后可用一块大浴巾裹住垫子卷干。

第十条 将用过的脚垫巾放入浴缸，以便可站在上面清洁浴缸内侧的墙面，一般情况下，只需用中性清洁剂即可，过后随即擦干。

第十一条 用海绵蘸上中性清洁剂洗浴帘内侧，特别要注意浴帘下沿，且两面都要清洁干净，抹净浴帘杆、晾衣绳盒等。

第十二条 拿出浴缸里的垫巾，站在浴缸外侧清洁水暖器件和墙面、浴缸里面。

第十三条 清洁并擦干净墙面与浴缸接缝处、浴缸外侧。

第十四条 用中性清洁剂清洁座厕水箱、座沿盖及外侧底座等。

▲客房部防火制度

客房部防火制度

第一条 员工需在指定地点吸烟及在安全地方弃置烟灰、烟头，发现客人房间有未熄灭的烟头、火种，应立即处理。

第二条　经常检查防火通道，使其畅通无阻，一切易燃液体应放入五金容器内并适当地放置于远离火种及阴凉的地方。

第三条　不使用易燃液体做清洁剂，留意及警觉电器漏电或使用不正确而造成的火灾隐患。

第四条　经常检查用电线路，如发现接触不良、电线磨损或发现客人超负荷使用电器时，应立即报告上级主管处理。

第五条　酒店员工都必须了解酒店的火警系统，明确知道灭火器、警钟或其他灭火用具的位置。

第六条　当发生火灾或其他紧急事故时，应保持镇定，在确定地点的同时，应立即打电话通知消防中心及部门经理或主管。

第七条　报告火警时，应清楚说出火警发生的正确位置、火情并报上自己的姓名，同时将灭火器材取出拿到着火部位进行灭火。

第八条　着火时注意要先切断电源，采取一切可能采取的措施扑灭火灾于初期。

第九条　火势变猛时，应打破就近的消防报警器的玻璃。

第十条　火势不受控制时，应关掉一切电器用具开关，离开前把门窗关闭，撤离现场，切勿搭乘电梯。

▲客人失窃处理制度

客人失窃处理制度

第一条　接客人报失后，立即通知部门经理及保安部。

第二条　由部门经理协同保安人员到现场了解情况并保持现场，不得擅自移动任何东西，不得让外人进入。

第三条　请客人填写财物遗失报告单，询问住客是否有线索等情况，如需要，在客人在场及同意的情况下，由保安人员检查房间。

第四条　如果客人需要报警，则由保安部负责联系，由部门经理同意后向总经理报告。

▲客人急病处理制度

客人急病处理制度

第一条　服务员发现客人病倒应以最快的速度通知领班或部门值班经理，并负责照顾客人。

第二条 领班或部门值班经理接通知后，于第一时间到场，并及时通知大堂副经理联系急救工作。

第三条 如有可能，应通知客人的单位和家属。

第四条 领班或部门经理应适时探访病客。

第五条 部门经理做好记录备查。

▲来访人员登记制度

来访人员登记制度

第一条 需要进入客房的来访人员，经服务员认真查验来访者的身份，并填写“来访人员登记表”，征得被访人同意后，准予进入客房会客。没有有效身份证明的，不准进入客房会客。

第二条 来访人一天内多次来访同一住客，经查验证件无误，不再重新填写“来访人员登记表”，但应在其第一次来访登记表“备注”栏内注明来访次数和来访、离访时间。

第三条 来访人员离访时，要在“来访人员登记表”的“离访时间”栏内准确填写时间，来访人员离访时，住客没送行的，服务员应及时查看被访的客房。

第四条 本酒店不同楼层住客互访，经查验持有本店住宿凭证的，可免填来访登记，但服务员必须做互访记录。

第五条 举行会议，如主办单位有相应安全防范措施并征得酒店保安部门同意，来访人员可不需要登记。

第六条 晚上 11 点至次日 7 点，来访人员不准进入客房访客。

▲楼层客房服务员安全守则

楼层客房服务员安全守则

第一条 工作人员当值期间要全心全意保护酒店财物、客人生命财产及人身的安全，不要替任何不认识的客人开门，除非接到前台部的通知及证明。在房间清洁时间有客人进入时，应有礼貌地向客人查看钥匙牌与房号是否相符，防止他人误入房间。

第二条 如客人忘记带钥匙而工作人员又不认识者应与前台联系，待前台证实身份、通知后方可开门；如发现有可疑的陌生人在走廊徘徊或在客房附近出现，或客房房间有异常情况，房内发现有动物或违禁品，客人情绪变化、生病或特异行动，均须立即报告领导。

第三条　装饮用开水一定要经煮沸。水壶内装水不得过满，应留一点空间，则可较长时间保持水温。

第四条　清倒垃圾桶内的垃圾时要注意桶内有无特别的物品、有无客人无意中掉下或错误放置的物品，切勿用手到垃圾桶内检查垃圾，防止桶内留有玻璃碎片或刀片类而伤及手部。关门时要拉把手关门，不可随意拉住门边便关门，避免夹伤手。高空挂物或清洁时要用梯子，挂浴帘时亦不可站在浴缸边缘，湿手未擦干者不可触动电器。要小心保存总钥匙，匙不离身，下班前应安全地交给接班人，钥匙不准带离酒店，弄断了的钥匙亦要整体交回。

第五条　清楚、明白各楼层消防系统的位置及用法，当火警发生时，应保持镇定，并在第一时间通知电话房和消防中心，清楚地说明起火地点。工作人员应保护客人的安全，通知所有客人离开现场，负责带离或指明最近的防火通道，如向下走的通道被火包围，应另想办法，切记不能乘坐电梯。在安全的情况下，利用就近的灭火器材试行控制火势。

第六条　托物体入房应以左手托东西，右手开门，转弯时注意慢行，搬动过重的物体时要适量并双手并行。提醒客人不可在床上吸烟。

▲客房检查制度

客房检查制度

1. 建立检查制度

（1）服务员自查。服务员在整理客房完毕并交上级检查之前，应对客房设备的完整、环境的洁净、物品的布置等进行检查。

（2）领班查房。早班领班要对每间客房都进行检查并保证质量合格。鉴于领班的工作量较重，要求其对各客房、空房及贵宾房进行普查，而对住客房实施抽查。领班是继服务员自查之后的第一道关，责任重大，因此领班应有高度的责任心。

（3）主管抽查。主管除保证每天抽查客房数十间以上外，必须仔细检查所有的贵宾房和抽查住客房。主管通过查房，为管理工作的改进及调整、实施员工培训和计划人事调动等提供有价值的信息。

（4）经理查房。管家部经理通过查房可加强与基层员工的联系，并更多地了解客人意见，为改善管理和服务提供依据。客房部经理每年应定期对客房家具设备状况进行检查。

2. 检查客房的标准

（1）检查房时应有规律地绕客房一周，从天花板检查到地面每一个角落，发现问题应当记录在案，及时解决，防止耽搁和疏漏。

（2）日常检查标准包括如下几方面：

①房间标准如下：

A. 房门门锁完好，安全指示图等完好齐全，请勿打扰牌及餐牌完好齐全，安全键、防盗眼、把手等完好，正反面无污迹。

B. 墙面和天花板无斑迹、无蛛网、无油漆脱落和墙纸起翘等。

C. 护墙板、地脚线清洁完好。

D. 地毯干净，无斑迹、烟痕、纸屑等。

E. 床罩干净，铺法正确，床下无垃圾，床垫按期翻转。

F. 硬家具干净明亮，无划伤痕迹，位置正确。

G. 软家具无尘无迹无杂物。

H. 抽屉干净，使用灵活自如，把手完好无损。

I. 电话机功能正常，无尘无迹，指示牌清晰完好，话筒无异味。

J. 镜子与书柜框架无尘，镜面明亮，位置端正。

K. 灯具灯泡清洁，功能正常，灯罩清洁，使用正常。

L. 垃圾桶清洁、状态完好。

M. 电视与音响使用正常，频道应设在播出时间最长的一档，音量调到偏低，画面与音响效果较好。

N. 壁柜中衣架的数量、品种正确且干净无污，门、柜底、柜壁和格架清洁完好。

O. 窗户清洁明亮，窗台与窗柜干净，开启灵活。

P. 窗帘干净、完好，使用自如。

Q. 空调滤网清洁，运作正常，温控符合要求。

R. 酒吧清洁无异味，物品齐全。

S. 客用品数量、品种正确，状态完好，摆放符合规格。

②卫生间标准如下：

A. 门前后两面干净，状态完好。

B. 墙面清洁，无污迹。

C. 天花板无尘无迹，完好无损。

D. 地面清洁无尘，无毛发，接缝处完好。

E. 浴缸内外清洁，镀铬件干净明亮，皂缸干净，浴缸塞、淋浴器、排水阀和水管开关等清洁完好，接缝干净无斑迹，浴帘干净完好，浴帘扣齐全，晾衣绳使用自如。

F. 脸盆及梳妆台干净，镀铬件明亮，水阀使用正常，镜面明净，灯具完好。

G. 座厕里外都清洁，使用状态良好，无损坏，冲水流畅。

H. 抽风机清洁，运转正常，噪声低，室内无异味。

I. 客用品品种、数量齐全，状态完好。

▲客房部安全管理制度

客房部安全管理制度

第一条　注意防火、防盗，如发现异常情况或闻到异味，必须立即查找处理并及时报告有关部门，切实消除隐患。

第二条　认真检查各区域，消除安全隐患，确保酒店及客人的生命财产安全。

第三条　如发现有形迹可疑或有不法行为的人或事，应及时报告保安部或领导。

第四条　不与客人的小孩玩耍，发现客人的小孩玩水、玩火、玩电，要加以劝阻，避免意外事故发生。

第五条　不得将亲友或无关人员带入工作场所，不准在值班室内或值班宿舍留宿客人。

第六条　遇意外发生应视情况分别通知大堂经理或有关部门酌情处理，通知电话总机转告当值经理及有关人员，同时加设标志，保护现场，警告其余人员勿进入危险区。

第七条　发生火警时保持镇静，不可惊慌失措，应寻求附近的同事援助，及时通知电话总机、消防中心，清楚地说出火警地点、燃烧物质、火势情况及本人姓名、工号，并报告总经理及有关人员。

第八条　在安全的情况下，利用就近的灭火器材试行控制火势，如火势不受控制而蔓延，必须协助引导客人从防火通道、楼梯撤离火警现场，切勿搭乘电梯。

第九条　服从总经理或经理的指挥，全力保护酒店财产及客人生命安全，保证酒店业务正常进行。

第十条　未经批准，员工不得向外界传播或提供有关酒店机密的资料，酒店的一切有关文件及资料不得交给无关人员，如有查询，可请查询者到总经理室或有关部门查询。

第十一条　坚守工作岗位，不得做与工作无关的事情。

▲婴儿托管服务制度

婴儿托管服务制度

第一条　此项服务由客房女服务员兼管。

第二条　提供婴儿托管服务，帮助客人照顾小孩，收取服务费。

第三条　方便客人，客人不因小孩影响外出或参加其他活动，同时提高酒店服务档次。

第四条　照顾小孩时要注意，要确保孩子安全，不准随便给孩子食物吃。

第二节　客房部规范化管理表格

客房部当班记录

表8－1　客房部当班记录

日期：　　年　月　日

当班事件记录	客房卫生情况	
	维修情况	
	物品/遗留客衣	
	服务/客情	
	安全情况	
备　注		

当班人（签字）：

房务中心电话记录表

表8－2　房务中心电话记录表

日期：　　年　　月　　日

时　间	发话人	受话人	内　容	处理意见
备注				

记录人（签字）：

客房状况显示表

表 8－3　客房状况显示表

房　号																				
楼层	一																			
	二																			
	三																			
	四																			
	五																			
	六																			
	七																			
	八																			
	九																			
	十																			
	…																			

说明：空房用 K 表示。住客房用 J 表示。走客房用 Z 表示。待修房用 D 表示。保留房用 B 表示。

客人进出客房核对表

表 8－4　客人进出客房核对表

客人姓名	房　号	进房时间	离房时间	签　名
备注				

宾馆客房情况报告表

表 8－5 宾馆客房情况报告表

楼层：

房间号	房间状况	人　数	服务时间	查房情况	备　注

客房领班（签字）：

宾馆客房用品报告表

表 8－6 宾馆客房用品报告表

项　　目	工作车存货	各房间用品耗用情况								
		房号	房号	房号	房号	房号	房号	房号	房号	房号

物品借用登记表

表 8－7 物品借用登记表

日　期	
房　号	
顾客姓名	
物品名称	
顾客签名	
送还日期	
接收人	

说明：顾客所借的上述物品，如果离开前仍未交还，酒店将会向顾客索取物品的价值费用。

顾客遗留物品记录表

表8-8　顾客遗留物品记录表

房　　号		签　　名	
入店日期		离店日期	
物品名称			
拾捡位置			
交客房部时间		顾客取回时间	
备　注			

钥匙领用表

表8-9　钥匙领用表

领钥匙人	钥匙种类	领用时间	归还时间
备　注			

失物认领表

表8-10　失物认领表

物品号码		日　期	
认领人姓名			
身份证号码			
地　址			
电话号码			
失主姓名			
认领物品如下			
认领人签字		经手人	

客房装饰情况表（家具饰物）

表8－11 客房装饰情况表（家具饰物）

饰物名称	规　格	单　位	制造商	日　期	备　注

客房装饰情况表（织物和地毯）

表8－12 客房装饰情况表（织物和地毯）

项　目	规　格	单　位	制造商	日　期	备　注

客房装饰情况表（建筑装修）

表8－13 客房装饰情况表（建筑装修）

项　目	规　格	单　位	制造商	日　期	备　注

客房装饰情况表（卫生间）

表 8－14　客房装饰情况表（卫生间）

项　目	规　格	单　位	制造商	日　期	备　注

客房保养进度表

表 8－15　客房保养进度表

房号	保养进度	
房号	保养进度	
房号	保养进度	
房号	保养进度	
房号	保养进度	
房号	保养进度	
房号	保养进度	
房号	保养进度	
房号	保养进度	

客房客用品盘存记录表

表 8－16 客房客用品盘存记录表

序号	物品名称	单位	上月结存	本月进货	本月发出	本月结存
1						
2						
3						
4						
备注						

经手人：______

主管日报表

表 8－17 主管日报表

日期：______ 楼层：______

住房数				VIP 情况			
空房数				送餐情况			
退房数				特约事项			
房号	性质	时间	情况	房号	性质	时间	情况
维修情况							
亟待解决问题							
备注							

客房部主管（签字）：

客房物品申领单

表 8-18　客房物品申领单

日期：　　年　　月　　日

申领物品名称	申领数	实发数	申领物品名称	申领数	实发数

申领人（签字）：

服务员客房检查报告

表 8-19　服务员客房检查报告

日期：　　年　　月　　日

房　号	准备出租	住房	退房	“请勿打扰”	其他	备　注

服务员（签字）：

客房检查记录

表8－20　客房检查记录

日期：　　年　　月　　日

项　目	良　好	需要修理	短　缺	备　注

检查人（签字）：

夜班主管报告表

表8－21　夜班主管报告表

日期：　　年　　月　　日

提前入住登记	
重要宾客	
行李和物品	
备　注	

客情出入动态表

表8－22　客情出入动态表

房　号	姓　名	外出时间	回房时间	携带物品	查房情况

当班员（签字）：

客衣收发报表

表 8－23　客衣收发报表

日期：　　　　房号：

房　号	收衣时间	衣物数	送衣时间	收款人
备　注				

客房领班查房表

表 8－24　客房领班查房表

<table>
<tr><td colspan="2">房　号</td><td colspan="2"></td><td colspan="2">服务员</td><td colspan="2"></td><td colspan="2"></td><td colspan="2"></td><td colspan="2"></td></tr>
<tr><td colspan="2">总　分</td><td colspan="12"></td></tr>
<tr><td rowspan="3">检查时间</td><td rowspan="3">情况</td><td colspan="12">房间卫生（分）</td></tr>
<tr><td></td><td></td><td></td><td></td><td></td><td></td><td></td><td></td><td></td><td></td><td></td><td></td></tr>
<tr><td></td><td></td><td></td><td></td><td></td><td></td><td></td><td></td><td></td><td></td><td></td><td></td></tr>
<tr><td></td><td></td><td></td><td></td><td></td><td></td><td></td><td></td><td></td><td></td><td></td><td></td><td></td><td></td></tr>
<tr><td></td><td></td><td></td><td></td><td></td><td></td><td></td><td></td><td></td><td></td><td></td><td></td><td></td><td></td></tr>
<tr><td></td><td></td><td></td><td></td><td></td><td></td><td></td><td></td><td></td><td></td><td></td><td></td><td></td><td></td></tr>
<tr><td></td><td></td><td></td><td></td><td></td><td></td><td></td><td></td><td></td><td></td><td></td><td></td><td></td><td></td></tr>
</table>

领班（签字）：

客房交班登记表

表 8－25　客房交班登记表

年　月　日

<table>
<tr><td colspan="3">明日离店客人</td><td colspan="2"></td><td>当班事件记录</td></tr>
<tr><td colspan="3">遗留物品记录</td><td colspan="2"></td><td rowspan="6">1.
2.
3.
4.
5.
6.
7.
8.</td></tr>
<tr><td colspan="3">保留房间房号及保留时间</td><td colspan="2"></td></tr>
<tr><td colspan="3">长住房间号及情况记录</td><td colspan="2"></td></tr>
<tr><td colspan="3">单据交班记录</td><td colspan="2"></td></tr>
<tr><td colspan="3">…</td><td colspan="2"></td></tr>
<tr><td colspan="3">…</td><td colspan="2"></td></tr>
<tr><td>品名</td><td>数量</td><td>存</td><td>借</td><td>序号</td><td rowspan="5">重点房间及会议中心接待情况
（房号，时间，要求）</td></tr>
<tr><td></td><td></td><td></td><td></td><td></td></tr>
<tr><td></td><td></td><td></td><td></td><td></td></tr>
<tr><td></td><td></td><td></td><td></td><td></td></tr>
<tr><td></td><td></td><td></td><td></td><td></td></tr>
</table>

交班人：　　　　　　　　　　　　　　　　　　接班人：

客房情况报告表

表 8－26　楼层住客情况表

值班员：________　　　　　　　　　　　　日　期：________

房　号	住客情况	房　号	住客情况

表 8－27　顾客离店情况登记表

日　期		房　号	
付款方式			
离店时间			
检查时间			
客房设备管理			
楼层经办人			
结账经手人			
备　注			

表 8－28　房态检查报告表

楼层：　　　　　　　　　　日期：

房　号	“请勿打扰”	有　客	离　店	空　房	待　修
1					
2					
3					
4					
5					
6					
7					
8					
9					
10					
11					
备　注					

表 8－29 客房报表

日期：

房号	住房	空房	入住	走客房	故障房	再次入住	
						住客	时间
备注							

婴儿看护申请单

顾客姓名________ 房号________

日期________ 婴儿年龄________

尊敬的宾客：

应您的要求，我们安排了保姆服务，具体事项如下：______日至______日

姓名：________

时间：由________时________分至________时________分

请您在所需的项目上打“✓”

早餐	是	□
	否	□
晚餐	是	□
	否	□

托婴服务的最初两小时，按________收费。

所有费用都在前台收银处直接结算，酒店将不承担因看护疏忽造成的事故而引起的任何赔偿。

申请人愿意接受以上全部条款。

经理签名　　　　　　　　　　　顾客签名

注：一式三联，客人一联，前台收银一联，客房部留存一联。

服务通知

尊敬的宾客：

因您的房间显示“请勿打扰”，服务员不便进行下列服务，您何时需要以下服务，请拨电话“×××”与客房服务中心联系。

我们将竭诚为您服务。

谢谢。

□整理房间

□收送洗衣

□晚间开床服务

客房部

紧急通知

尊敬的先生/女士：

本酒店将于____月____日____时至____月____日____时进行下列事项，给您带来不便之处，敬请见谅。

多谢合作！

□清洗外墙　　　　　　□清洗室外窗玻璃

□装修改造施工　　　　□暂时停电

□电梯检修　　　　　　□电话系统检修

客房做夜床检查记录表

表 8 – 30　客房做夜床检查记录表

日期：　　年　　月　　日

项　目	房　号							

检查员（签字）：

来访客人登记表

表 8 – 31　来访客人登记表

被访者				房号		从何来	
姓　名	性别	年龄	关系	工作单位		证件号码	
来访时间				离店时间			

值班服务员（签名）：

取交房间钥匙记录表

表 8－32　取交房间钥匙记录表

房　号	取钥匙时间	交钥匙时间
备　注		

经手人（签字）：

酒　吧　单

表 8－33　酒吧单

酒的名称		价目（元）	数量（瓶）
总　数			
客房号码		顾客签名	

每日酒水清算单

表 8-34 每日酒水清算单

日期：　　年　　月　　日

序　号	酒水种类					

酒水提取单

表 8-35 酒水提取单

日期：　　年　　月　　日

编号	酒水名称	单位数量	成　本		预算卖价	
			每单位金额	总额	每单位金额	总额
1						
2						
3						
4						
5						
6						
7						
8						
9						
10						
合计						

填表人：

楼层物品盘存单

表8－36　楼层物品盘存单

楼层：

房号	名　称	单位	单价	盘点数	账面数	盘　盈	盘　亏
合　计							
备　注							

主管：__________　盘点：__________

住客洗涤物品登记表

表8－37　住客洗涤物品登记表

顾客姓名	房号	收物日期	衣物名称	件数	单价	合计金额	收送人	送物日期	收物人签名
洗涤要求									
备注									

台班（签名）：

楼层布草收发登记表

表 8－38　楼层布草收发登记表

年　　月　　日

楼　层	种　类										数量	签收
合　计												

经手人：

餐厅布草收发登记表

表 8－39　餐厅布草收发登记表

年　　月　　日

日期	部门	布草种类					数量	签收
合　计								

经手人：

特殊布草收发登记表

表 8－40　特殊布草收发登记表

年　　月　　日

日期	部门	特殊布草种类					数量	签收
合　计								

经手人：

浴室、美容美发室布草收发登记表

表 8－41　浴室布草收发登记表

浴室											
日期										数量	签收

表 8－42　美容美发室布草收发登记表

美容美发室					
日　期				数　量	签　收

布草交收单

表 8－43 布草交收单

楼层： 日期： 年 月 日

布草类别	楼层交出数	布草房发出数
合 计		

布草员：

顾客衣物收洗登记表

表 8－44 顾客衣物收洗登记表

日 期	楼 层	顾客衣物收洗数量	衣物名称	收洗人	签 收
备 注					

顾客衣物水洗服务表

表 8－45　顾客衣物水洗服务表

日　期	客人姓名		服务员	备　注
	普通	快件		

顾客衣物干洗服务表

表 8－46　顾客衣物干洗服务表

日　期	客人姓名		服务员	备　注
	普通	快件		

顾客衣物熨衣服务表

表 8－47　顾客衣物熨衣服务表

日　期	客人姓名		服务员	备　注
	普通	快件		

宾馆布草、周转性物品盘点月报表

表 8－48　宾馆布草、周转性物品盘点月报表

年　　月　　日

编号	部门	物品名称	规格型号	单位	月周转量	盘点	欠缺或损耗量	原因
财务部审核意见								

第九章　现代酒店餐饮部管理制度与表格

第一节　餐饮部规范化管理制度

▲餐饮部会议制度

餐饮部会议制度

第一条　每月底召开一次餐饮部工作会议，由餐饮部经理主持、餐厅经理以上人员出席。主要内容为总结本月工作，制订下个月的工作计划。

第二条　每月上、下旬各召开一次前后台协调会，由餐饮部经理主持，餐厅经理、酒吧经理、厨师长、宴会预订员及管事部领班参加。

主要内容为：对经营运转过程中由于工作不协调而出现的问题进行沟通，提出解决的办法、解决问题的具体时间，并落实到具体人员。

第三条　每月召开一次服务质量分析会，前台领班以上人员出席，由餐饮部经理主持，对前台为客人服务中出现的投诉等进行案例分析和讨论，达到培训基层管理者的目的。

第四条　每月召开一次餐饮销售分析和营业分析会议，主要分析餐饮部营业情况和大型活动促销成功与失败的原因，以便采取对策，促进餐饮推销。

第五条　每日例会由餐饮部经理主持，传达总经理室晨会指示，并分析餐饮部各部门每日报告，得出处理意见。

第六条　临时会议，即大型活动、重要宾客等接待计划会议，由餐饮部经理主持，有关接待人员出席，会议地点和时间及出席者由餐饮部临时通知。

第七条　餐饮部指定专人负责所有会议的考勤和记录整理工作，包括会议纪要的发放工作。

第八条　出席会议人员应了解各种会议的目的、性质等，提前准备会议所需各种文件。

第九条　出席会议的人员必须准时到席，不得无故迟到缺席。

第十条　所有出席会议者应做必要记录，严守会议秩序和纪律。

▲餐饮部员工培训制度

餐饮部员工培训制度

第一条　餐饮部员工必须经培训合格后才能上岗。

第二条　餐饮部必须制订切实可行的培训计划，让员工清楚培训的时间、内容和目的等。

第三条　建立培训制度，具体落实培训计划。

第四条　培训的方式：在职培训、上岗培训、换岗培训。

第五条　培训的方法：课堂讲授、案例分析、角色扮演等。

第六条　培训的内容：服务态度、服务技能、服务知识、职业道德等。

第七条　受训者应遵守课堂纪律，认真记录，积极参与。

第八条　培训员应认真备课，准备充分，注重培训效果。

第九条　任何培训结束后必须有评估，评估成绩记录并存入个人业务档案，对培训成绩优异者给予一定的物质和精神奖励。

▲餐饮部个人卫生制度

餐饮部个人卫生制度

第一条　每天起床后漱口、刷牙、洗脸。

第二条　每天至少一至两次沐浴。

第三条　每天工作前或饭前洗手一次，并注意手指甲的修剪。

第四条　制服每天更换一次，力求整洁、笔挺。

第五条　头发梳洗干净，女性工作时应化淡妆，并附带发网。

第六条　工作时不穿拖鞋与木屐。

第七条　不用重味的香水及发油。

第八条　男性不留胡须及长发。

第九条　打喷嚏时应用手帕遮住，离开工作地方并洗手。

第十条　不用手指挖鼻孔、牙缝以及耳朵。

第十一条　不用手摸头发、揉眼睛。

第十二条　上厕所后，必须洗手并擦拭干净。

▲餐饮部服务质量检查制度

餐饮部服务质量检查制度

第一条　酒店餐饮部服务质量检查旨在找出服务工作中存在的问题，采取一定的措施，以达到提高和改进服务质量的目的。

第二条　餐饮部定期组织餐厅经理以上人员对各营业点进行服务质量检查。

第三条　餐饮部经理应采取随时或定期抽查的方式，对各营业点在开餐过程中的服务质量进行检查。

第四条　聘请有关专家对餐饮服务质量进行临时暗访检查。

第五条　服务质量检查内容以餐厅卫生、设备保养、服务态度、仪表仪容、服务技能、服务程序、工作效率等为主。

第六条　检查方法以电话询问、口头提问、用餐客人意见反馈等为主。

第七条　对检查结果进行记录，对有关严重违纪等事项进行处理并公布处理结果。

第八条　对检查出的问题，必须制定切实可行的改进措施并限期改正。

第九条　检查者必须认真负责，实事求是，公平合理。

▲餐饮部考核制度

餐饮部考核制度

第一条　考核目的是为进一步提高管理水平和服务水平，使餐饮管理和餐饮服务保持规范性，确保向客人提供高效、礼貌、热情、周到和规范化的优质服务。

第二条　考核内容结合餐饮服务质量标准分为工作态度、仪表仪容、礼貌礼节、工作规范、工作纪律、环境卫生等。

第三条　建立考核标准，设计考核表格，分别对餐厅经理、领班、服务员等进行每日工作情况考核。采用经理考核主管、主管考核领班、领班考核服务员，逐级考核、逐级打分的方法。

第四条　考核表格的设计包括如下几类：

（1）餐饮部餐厅经理日考核表。

（2）餐饮部领班日考核表。

（3）餐饮部服务员日考核表。

第五条　考核结果与员工经济效益直接挂钩，对表现较差的员工必须根据考核情况进行培训，培训合格后再上岗。对各方面表现较好的员工进行适当奖励。

第六条 建立考核制度，不断完善考核方法和考核内容，培训考核人员，确保考核工作公正严明。

第七条 将员工考核情况纳入餐饮部质量分析内容，每月在进行服务质量分析的同时分析评估考核情况，使考核工作制度化、规范化。

第八条 考核评分表由专人进行统计，每月写出考核情况分析报告，报餐饮部经理审阅。

▲餐饮部物资领用制度

餐饮部物资领用制度

第一条 餐饮部物资的领用根据营业情况而定，并以标准贮存量为依据。

第二条 申领物品必须填写领货单。领货单必须由领货人签字、餐饮部经理签字才生效，发货时由发货人签字，三者缺一不可。

第三条 所有申领物品领入餐厅后需由领班清点记账，并根据用途分类存放。

第四条 贵重物资领用后要有专人负责保管，严格控制用途。

第五条 对物资使用量要有科学的预测，保证在规定的领用时间内领货，以增强工作的计划性。

第六条 使用物资既要保证规格，又要杜绝浪费，节约成本、费用。

▲餐厅服务制度

餐厅服务制度

第一条 在餐厅中不准大声讲话，不准有不雅之举，如用手触摸头脸或置于口袋中等。

第二条 在服务中不准背对客人，不准靠墙或服务台，不准跑步或行动迟缓，不准突然转身或停顿。

第三条 要预先了解客人的需要，避免聆听客人的闲聊，在不影响服务的状况下才能与客人聊天，联络感情。

第四条 搞好工作场所的清洁，避免在客人面前做清洁工作。勿将制服当抹布，保持制服的整洁。勿置任何东西在干净的桌布上，以避免造成污损，溢泼出来的食物、饮料应马上清理。上冷餐用冷盘，上热餐用热盘。不可用手接触任何食物。餐厅中所有餐具，需要用盘子盛装拿走，盘上需加餐巾。避免餐具碰撞发出声响。

第五条　不准堆积过多的盘碟在服务台上，不准空手离开餐厅到厨房，不准拿超负荷的餐具。

第六条　客人进入餐厅就餐时，以微笑迎接客人，根据年龄及阶层先服务女士，但主人或女主人留在最后才服务。在服务时避免靠在客人身上。

第七条　在服务时尽量避免与客人谈话，如果不得不谈话，则将脸转移，避免正对食物。除非是不可避免，否则不可碰触客人。

第八条　在最后一位客人用完餐之后，不要马上清理杯盘，除非是客人要求才进行处理。

第九条　所有掉在地上的餐具均须更换，但需先送上干净的餐具，然后再拿走弄脏的餐具。

第十条　一般除了面包、奶油、沙拉酱和一些特殊的菜式外，所有的食物、饮料均须由右边上。切忌将叉子叉在肉类上。

第十一条　客人入座时，主动上前协助拉开椅子。用过的烟灰缸一定要换掉。在餐厅中避免与同事说笑打闹。

第十二条　在上菜服务时，先将菜式呈给客人过目，然后询问客人要何种配菜。确定每道菜需要用的调味酱及作料。需要用手拿食物时，洗手碗必须马上送上。

第十三条　保持良好的仪容仪表，有礼貌地接待客人，尽量记住常客的习惯与喜好的菜式。

第十四条　熟悉菜单并仔细研究。口袋中随时携带开罐器、打火机及笔。清除所有不必要的餐皿，但如有需要则需补齐。确定所有的玻璃器皿与陶瓷器皿没有缺口。

第十五条　将配菜的调味料备妥。倒满酒杯（红酒半满，白酒3/4满）。面包与奶油的供应要充分。询问客人是否满意。在没经客人同意之前，不可送上账单。

第十六条　不可在工作区域内抽烟。不得嚼口香糖、槟榔等。不得照镜子或梳头发、化妆。

第十七条　工作时，不得双手交叉抱胸或挠痒。不得在客人面前打哈欠。忍不住打喷嚏或咳嗽时要使用手帕或面纸，并事后马上洗手。不得在客人面前算小费或看手表。

第十八条　不得与客人争吵，不得批评客人或强迫推销。对待小孩必须有耐心，不得抱怨或不理睬。如果小孩影响到别桌的客人，应请他的父母加以劝导。

▲餐厅工作人员管理制度

餐厅工作人员管理制度

第一条 工作人员上班不准戴戒指、手表等，不准留长头发、长指甲，要保持良好的仪容仪表。

第二条 保鲜柜、雪柜、油烟罩、下水道等应每日清洗，墙面必须保持干净。

第三条 蔬菜用流动清水漂洗的时间不少于 20 分钟，海鲜类与肉类必须分别清洗、分别加工、分别存放。

第四条 发现蔬菜、肉类或其他副食品有异常，如有异味、变质、霉烂或变色等，应及时报告领班、主管或经理，在未得到领导的明确意见前不准擅自处理。

第五条 凡从餐厅带出食品、用具、调料的工作人员一律按偷窃论处。

第六条 下班前必须严格检查各个用火点，保证油、气、电、水、火各个部位关闭，闩好门窗通道后方可下班。

▲餐厅交接班制度

餐厅交接班制度

第一条 餐厅接班人员必须准点到岗，认真查看值班日志，有不清楚之处必须及时问清情况。

第二条 交班人员对需交接的事宜要有详细文字记录，并口头交代清楚。

第三条 接班人员在认真核对交接班记录后要确认签字，并立即着手处理有关事宜。

第四条 交接时对下列事项应特别注意：

（1）客人的预订。

（2）重要客人的情况。

（3）客人的投诉。

（4）未办完的准备工作。

（5）客人的特别要求。

（6）餐厅工作上的变化情况。

（7）经理交办的其他工作。

▲餐饮操作安全制度

餐饮操作安全制度

第一条　养成注意安全的习惯，掌握正确的安全常识。

第二条　要做好工作环境的安全管理，以避免事故的发生。

第三条　每位员工应熟练运用预防灾害发生的技巧。

第四条　做好安全管理检查和预防工作。

▲餐前准备操作制度

餐前准备操作制度

第一条　员工应注意自己的仪容仪表，备好自己的工作用具，如打火机、笔，参加班前会。

第二条　把所有的备用物品摆放到指定位置，分类陈列整齐。

第三条　服务员要保持微笑，精神状态良好，个人私事不能带入工作当中。

第四条　清理楼面和餐桌，按标准摆台、摆位。

第五条　备好客用开水和调味品等。

▲餐后清洁整理制度

餐后清洁整理制度

1. 移除脏污的盘碟

（1）将所有剩菜残羹拨到一个盘子，大盘及大碟置于托盘或手推车，再将小件餐具置于大盘的上面。

（2）银制餐具应持其把柄，所有把柄应朝向同一方向，置于托盘一边，以避免玷污手。

（3）勿将盘碟堆叠过高，亦勿使托盘装堆过量，小心轻放，以免发出噪声。

（4）玻璃水杯不可套叠，以免分开时割伤手指。

（5）用与上菜时相同的方法搬运托盘，平衡持盘，靠右边走，移至洗碗机旁。

2. 清理桌面

（1）使用台布的餐桌，餐后将脏台布向后折半，再将干净台布向前展开一半，铺在桌上，将桌上物件移于干净台布上，抽去脏台布，将干净台布慢慢拉至定位。

（2）撤除用过的烟灰缸，换上清洁的烟灰缸。调味品瓶罐有不洁处，均应擦拭好后摆上。

（3）用清洁的托盘搬上干净的餐具，按规定摆设在餐桌上。

3. 清扫地面

（1）清扫地面时，倘有客人还在用餐，应隔开清扫的地方。

（2）清扫完毕，座椅归还原位，如有椅垫布，应将其放平整。

▲团体服务操作制度

团体服务操作制度

第一条　接受团队预约登记，详细填妥预约单。

第二条　热情迎宾，引领客人到指定位置入座、开茶。

第三条　服务员清点人数并与陪同或导游员核对。

第四条　按散客服务操作程序服务，中途若有客人加饮品和食品，应另外计账收费。

第五条　用餐结束，欢送客人，并与陪同或导游结算费用。

▲备餐间服务操作制度

备餐间服务操作制度

第一条　做好备餐间准备工作。

第二条　摆齐银器、托盘，准备好开餐时所需的配料、餐具及洗手盅。

第三条　接到菜单后，迅速加上标记并送到厨房，点清品种通知楼面服务人员。

第四条　厨房出菜时，应马上配上合适的配料餐具、用具，并在菜单上勾销此菜。

第五条　收餐后将所有餐具洗净入柜。

▲中餐酒水服务制度

中餐酒水服务制度

第一条　调酒员必须按照标准配方调配鸡尾酒。

第二条　应用量酒器量度酒水。

第三条　倒酒时检查器皿是否干净，有无破损，并使用规定的杯类。

第四条　装饰物必须与规定相符合。

第五条　服务员需按服务程序为客人送上酒水。

▲中餐早点推销服务制度

中餐早点推销服务制度

第一条　检查点心车的水量、煤气是否充足，点心车的配料、用具是否卫生、齐全。

第二条　把点心装车，掌握点心的名称、价格。

第三条　由服务员把点心车推到楼面供客人挑选。

第四条　热情待客、积极推销点心，以增加营业收入。

▲点菜服务操作制度

点菜服务操作制度

第一条　了解菜单内容。了解每日的鲜菜，注意烹饪时间，为客人介绍餐厅的特色菜。客人如赶时间，可提醒客人点供应快的菜。如客人要吃便餐，切勿推销名菜。

第二条　服务酒水的方法。

（1）在上酒、饮料后，即将茶杯收回，一般情况下，喝饮料就不需茶水。

（2）倒酒水时，切忌反手倒。

（3）客人的酒水要随时添满，除非客人不需要。

第三条　小吃部服务、上菜方法。

（1）小吃部毛巾最少换三套，客人来时、用餐时、上水果时分别替换一次。

（2）茶在第一次及第三次上毛巾前后送上，毛巾应在客人的左边上下。

（3）第一道菜应放于正中间处，第一道菜来时，先将中间空开，第二道菜应摆在靠近年老或贵客、女士面前，往后上菜照此顺序服务，托盘稍有不洁，应马上更新。

（4）不喝酒、饮料的客人，服务员应随时注意添加茶水、添饭。

（5）服务员动作应敏捷，切忌空手往返而降低工作效率。

▲酒吧服务操作管理制度

酒吧服务操作管理制度

第一条 迎客要求。微笑，见到客人即上前招呼。如遇到外宾，应使用得体的英文。

Good morning (afternoon/evening), Sir/Madam.

How many people in your party?

第二条 带位要求。在客人前侧引领入座，问明人数，准备好台椅后再带位。

This way, please. /Follow me, please.

第三条 拉椅示座。对外宾用语如下：

Would you like this table?

Sit down, please.

第四条 递酒牌。翻开酒牌递给客人（先女后男）。对外宾用语如下：

Here's our drink list.

第五条 整理台面。将花瓶、烟盅、意见卡之类移至无人坐的地方。

第六条 问饮品。说明鸡尾酒配方、烈酒，问明加冰、净饮或者加上其他饮料，推销特饮（咖啡、蒸馏水、矿泉水等）。

第七条 复述菜单。把客人所点菜单复述一遍，检查错漏。

第八条 填写菜单。按要求写上日期、工号、人数，需附上特殊注明的饮品，属于鸡尾酒的要写鸡尾酒名，而不是写配方。

第九条 出酒水。用托盘备好纸巾、杯垫等，饮品要跟好零食、搅拌勺、巧克力等。

第十条 酒水上台。在客人右边送上饮品，并说明品名。饮品放于客人面前，先女后男，不能一次在同一位置上齐，纸巾、小食放于易拿之处，巧克力、冰水、白兰地、甜酒放成品字形。

第十一条 添酒水、换烟盅。巡台时为客人倒满啤酒、汽水，收掉杂物，并再问是否要加另一杯饮品，用正确的方法换烟盅。

第十二条 准备账单。预先打好酒水结账单，并确保正确无误，属改错的账单要有主管以上人员签名方有效。

第十三条 结账、谢客。用账单夹把账单夹好递给客人，并向客人致谢，付现款时要在客人面前清点数目，零钱、底单要送还给客人。

第十四条 在客人离开时，再次道谢，并欢迎再次惠顾。

▲洋酒服务操作管理制度

洋酒服务操作管理制度

第一条　验酒。出示酒时，左手持底部，右手持酒的颈部，顺手一推，左手打直，右手靠在自己胸前，把有酒名厂牌的一面向客户展示。

第二条　开酒。酒瓶开启时，先将外围的铁丝或外围的密封线撕开，接着打开酒瓶与瓶盖子的连接处，然后单手扶酒瓶，另一只单手大拇指顺着握颈力量将瓶盖向外推扣。

第三条　倒酒。一手持扶底部，一手持颈部前线，倾斜倒入公杯七分满，再倒入小杯，为避免瓶口余滴的酒漏出杯外，应在倒入公杯七分满后，保持酒瓶姿势不变，然后向自己里面方向旋转回来，停顿一下，使余滴流入瓶内，再将盖子盖好。

第四条　加冰块。除白兰地酒不加冰块外，其余的酒在加冰块时要注意冰块的数量。

第五条　分辨真伪酒。将酒用力摇动，迅速单手持倒立酒瓶数 5 下（5 秒钟），酒的泡泡在 5 下以内消失，确定是真酒。

第六条　处理空酒瓶。将饮用完毕的空瓶及瓶盖，分开处理，置于备好的桶内，以利统计售出与回收的数目，其增加收入部分可由主管全权处理或充作内部基金。

▲咖啡厅摆位标准及操作制度

咖啡厅摆位标准及操作制度

第一条　咖啡厅台面不需要铺台布，摆位之前首先用干净的湿抹布将台面擦净，擦拭时要顺着台面纹路。

第二条　将椅子按照均等的距离摆放整齐，注意两把隔桌相对的椅子一定要对齐。

第三条　摆台前应首先洗净双手，并将盛放餐具用的小圆托盘洗刷干净。拿取餐具时应掌握规定的部位，汤匙应握柄部，茶杯要握在距杯底 1/3 以下部分，刀、叉应握其柄部。

第四条　摆放餐桌用品时，将花瓶、顾客意见征询表、烟灰缸、胡椒瓶、盐瓶、牙签盅等整齐地摆放在台面中间。盐瓶和胡椒瓶应当并排摆放。餐桌用品应以花瓶为中心对称分布且成直线排列。同一纵排的餐桌用品应摆放相同。

第五条　台纸要对正餐椅摆放，其边缘与台面的内侧边缘相平，注意应将台纸上餐厅的标志正对着客人，隔餐桌相对的台面纸应对正。

第六条　摆放餐具注意以下几方面。

（1）摆放餐巾和面包碟的规则：

①早茶和下午茶摆放纸巾，午、晚餐摆放餐巾。

②纸巾摆在台纸中间，边缘与台纸边缘线相隔一定距离。

③面包碟摆在纸巾左边，间距以能够放下一把餐叉且取用方便为原则，面包碟距台纸边缘线45厘米为宜。

（2）摆放刀、叉的规则：

①刀摆在纸巾右部，刀口朝纸巾，距纸巾一指左右。

②叉摆在面包碟和纸巾之间。

③牛油刀摆在面包碟上方靠右侧处。

④刀、叉的尾部与纸巾靠桌的边缘齐平，即距台纸边缘线3厘米。

⑤自助餐时，甜品叉、匙应相向置于纸巾上方，叉头朝向右，匙头朝向左，叉位于甜品匙和纸巾之间。

（3）摆放水杯和咖啡杯的规则：

①早茶和下午茶时，应在刀的右边摆放咖啡杯，咖啡杯距餐刀2～3厘米，杯把与桌边呈45度角，便于客人拿取。

②午、晚餐时摆放水杯，水杯应摆在餐刀正上方，距餐刀3厘米。

▲咖啡厅早餐服务操作制度

咖啡厅早餐服务操作制度

第一条　迎送员站在门口，面带微笑，等待客人的光临。接待外宾用语如下：

Good morning, Sir/Madam. How many people in your party, please?

客人回答后，应说：This way, please.（做一个请客人起步的动作并在客人前方距离50厘米左右引导客人入座。）

Is this table all right?

将客人带到座位时，要询问客人对这张台是否喜欢。征得客人同意后，为客人拉椅、让座、落餐巾，服务员协助迎送员并对客人说声：

Enjoy your breakfast.

第二条　安排好客人座位，服务员为客人点菜服务时，首先应询问客人先来点咖啡还是茶。如：

Good morning, Sir/Madam.

Would you like some coffee or tea?

客人若要咖啡，应摆上咖啡杯，手持咖啡壶，在客人右边倒咖啡至八成杯，倒完咖啡后，要对外国客人说：

I am here right back take your order.

第三条　服务员将咖啡壶放回备餐间，带菜单上前为客人点菜。

May I take your order now?

服务员为客人点菜应在客人右边，先女后男。客人点菜时，服务员要认真听并详细记下客人所点的食物，有不明之处，及时向客人询问，客人点菜完毕，需要向客人复述一遍，检查是否有错漏。

点菜完毕，服务员将客人所点的食物写在菜单上。填写菜单需记住写日期台号、人数及服务员号码（名字），送至收银台、备餐间。

第四条　起菜后对客人说：Enjoy your breakfast，同时检查台面是否要收餐具。若客人表示可以收餐具，应从客人右手边，用右手将餐具撤走，要注意安全，操作要轻，同时，可征求客人对菜式的意见，检查台面是否要换烟灰盅、加咖啡等。

第五条　结账时，先用账单夹把账单夹好，双手呈上，账单夹应在客人的右上角，结账时要告知客人账上的银码，客人付钱及在找客人零钱时说："谢谢。"客人结账后，要注意客人是否离座，客人离座时服务员应上前拉椅，检查客人是否遗留物品，若有，应及时送还给客人。

第六条　感谢客人的光临，并希望下次惠顾。

▲咖啡厅午、晚餐服务操作制度

咖啡厅午、晚餐服务操作制度

第一条　酒店咖啡厅午、晚餐服务操作程序与早餐服务操作程序相似，服务性质相同。区别在于：递送员送菜牌给客人时，服务员可先询问客人是否需要一些饮料，再拿菜单准备点菜。

第二条　点菜应先女宾后男宾，先老年人后年轻人，先客人后主人。

第三条　点菜按顺时针方向进行。在点菜时，要积极推销，耐心介绍，腰微弯（表示对客人恭敬）。

第四条　点菜后，向客人复述一遍，服务员填写完点菜单后，要根据客人所点食品进行摆位，餐具不允许有崩缺、水渍，并按规定摆放在适当的位置上。

第五条　服务员（传菜员）在起菜时，注意上菜顺序：

开胃头盘→汤→沙拉→主盘→甜品→咖啡。

第六条 上菜时，从客人右手边进行，上菜前先检查台面，摆好餐具和准备所需要跟办的配料或调味料。

第七条 客人用餐后，服务员可上前撤盘，同时向客人推销甜品、咖啡或茶。

第八条 客人用完甜品后，为客人准备账单，服务员应检查账单的台号和银码是否准确，然后用账单夹呈上账单。

第九条 客人离店时，感谢他们的光临和惠顾。

▲西餐厅自助餐服务操作制度

西餐厅自助餐服务操作制度

第一条 餐前搞好清洁卫生，准备好充足的消毒用具。

第二条 冷菜、热菜、点心、水果要按顺序摆放，并备好相应的保温设施。

第三条 客人进入餐厅时，应热情招待，询问其要求，随时撤掉客人用过的餐具，并添加桌上物品，不能出现空盘现象。

第四条 准确计算人数，严格开单，防止作弊现象出现。

第五条 客人用餐结束后，拉椅送客并表示感谢。

▲西餐宴会操作制度

西餐宴会操作制度

第一条 接受客人各种方式的预订。

第二条 安排服务人员和宴会场地，布置餐厅，摆设餐台，准备工作台。

第三条 为餐前鸡尾酒提供服务，待主宾到时或宴会开始时请宾客入宴会厅，通知厨房宴会正式开始。

第四条 宴会开始时，服务员趁热把菜送入餐厅，并分派给客人，每一道菜上时要保持原貌，服务员派菜要正确、适量，主菜要有不同的配菜，并按照服务顺序上菜。

第五条 每上一道菜时，应先将用完的餐具撤下，上甜点、水果之前撤下除酒之外的餐具，并摆洗手盅及水果刀、叉。

第六条 上咖啡或茶前应放好糖缸、奶壶等，依次为客人斟倒。

第七条 结账后，收台打扫卫生，了解下餐宴会安排情况，领班记录本宴会情况。

▲西餐鸡尾酒会操作制度

西餐鸡尾酒会操作制度

第一条　根据客人的“宴请通知单”的要求摆放各种设备。

第二条　酒会开始后服务人员必须保证客人有充足的食品和酒水供应，并搞好餐台卫生。

第三条　酒会期间周到地为客人服务，尽量满足客人的要求。

第四条　客人结账离去，服务员迅速撤掉所有物品。

▲西餐送餐服务操作制度

西餐送餐服务操作制度

第一条　接受住店客人预订，认真填写订单，并向客人复述一遍订单。

第二条　准备相应餐具，等待出菜。

第三条　将送往客房的饭菜整齐摆放在送餐车上。

第四条　送餐到房间并向客人呈上账单，请客人现金付款或经总台同意签单转账。

第五条　客人餐毕后，迅速与楼层服务员联系，收回餐具并整理房间。

▲宴会准备操作制度

宴会准备操作制度

第一条　接到订单后，需了解清楚接待对象的名称、国籍、身份、生活习惯、人数、宴会时间及有何特殊要求等。

第二条　按具体要求摆置餐位，根据宴会对象设置酒吧。

第三条　准备好菜单，客到前 15 分钟上芥酱、酱油等。

第四条　整齐地将餐具、食品放好。

第五条　大型宴会提前 10 分钟斟上甜酒。

▲宴会迎接客人操作制度

宴会迎接客人操作制度

第一条　站立宴会厅大门口恭迎客人，多台宴会应按指定位置站立，不得有有损酒店形象的行为，如交头接耳、倚靠而立、打闹嬉笑等。

第二条　客到时，应笑脸迎宾，使用服务敬语，并送上香巾。

第三条　帮助客人宽衣，并主动挂好，妥善保管客人携来物品。

第四条　如厅内没有休息厅，则请客人到休息室休息。

第五条　主动拉椅请客人入座，向客人介绍酒吧上各类摆设饮料或送上香茶。

第六条　了解客人在宴会过程中选用的甜辣酒。

▲宴会受理、布置与检查制度

宴会受理、布置与检查制度

第一条　受理。受理宴会的人在受理宴会时要问清举办单位或个人的详细名称、姓名、宴请对象、就餐人数、宴会时间、宴会标准、宴会布置、食品要求等，并一一记录清楚交宴会部营业员制定通知单和菜单。

第二条　布置。宴会部要将受理的宴会情况及要求通知各有关方面和部门。重要的大型宴会要提前几天通知物资采购部、酒水部，以准备好货源、酒水和宴会用具，并通知有关厨房部、餐饮部做好宴会的一切准备工作。

第三条　检查。宴会前必须做好以下检查工作：

（1）宴会厅厅容的检查。检查宴会厅的布局是否按要求设计布置，摆台是否合理、美观，主人位、主宾位是否正确，并让设宴部门或个人的代表检查是否符合宴请的意图。

（2）检查宴会的餐具是否准备得充分够用，如银器、碗碟、甜辣酒、饮品杯及开餐用具是否齐备。

（3）检查厅容卫生，看地毯上是否有牙签、油渍、杂物等，重要的、大型的宴会要通知管家部提前将地毯清洗干净。

（4）检查台面餐巾花、鲜花、筵席设计、服务（分菜）台、台面餐具、席位名卡、烟灰盅、菜单、火柴等是否完好齐全。

（5）检查主持台、话筒、灯光、音响等的布置效果是否良好，有乐队伴奏的宴会要检查乐队位置、舞台布置是否完善，乐器是否齐备，传声效果是否良好，等等。

（6）检查备餐间的备料及一切准备工作是否妥善齐备。

（7）检查即将开宴前的酒吧设计及酒水是否备齐，斟酒水的盛器、用具是否准备妥当。

（8）如果重要宴会需绿化布置的，要检查绿化美化的情况，并要协助保安部进行安全检查。

（9）向宴会部的工作人员强调宴会的服务要点、工作程序、注意事项及其细节方面等。

▲工作餐供应制度

工作餐供应制度

第一条　餐厅为酒店所有员工免费提供早、中、晚三餐工作餐，在规定的开餐时间内要保证供应，并保热、保鲜，使员工在岗位能保持良好的精神状态。

第二条　餐厅拟定每周食谱，尽量使一星期每日饭菜不重样，饭菜要讲究色、味、形，并严格操作规程。

第三条　为每位员工提供餐具，用餐完毕由员工本人送到指定地点，由餐厅人员进行刷洗、消毒。

第四条　热情、礼貌地接待员工就餐，负责对员工餐卡加盖就餐戳记，对特殊口味的员工要尽量满足其要求。

第五条　为生病的员工做病号饭，由医务人员根据病情及营养搭配开具食谱。

第六条　严格各项卫生制度，保证不进、不用、不做、不售腐烂变质原料及食品，炊事人员每次就餐后进行一次大清理，使桌、椅、餐具整洁有序。

▲职工餐厅就餐制度

职工餐厅就餐制度

第一条　职工餐厅每日供应三餐，根据酒店实际情况，制定用餐时间。

第二条　酒店职工进入餐厅就餐一律挂员工牌，凭餐卡打饭菜。

第三条　就餐人员进入餐厅后，必须遵守就餐秩序，排队打饭，不许插队，不许替他人打饭。

第四条　就餐人员必须按自己吃饭的量盛饭打汤，不许造成浪费。

第五条　职工用餐后的餐具放到餐厅指定地点。

第六条　所有员工应文明用餐，餐厅内不准随地吐痰，不准抽烟，不准大声起哄、吵闹等。

第七条　在餐厅用餐人员一律服从餐厅管理和监督，要爱护公物、餐具，讲究道德。

第八条　就餐人员不准把餐具拿出餐厅或带回办公室占为己有。

第九条　如有违反以上规定者，餐饮部有权报人事部给予罚款处理，情节严重、屡教不改者，给予处分或开除。

▲食品卫生管理制度

食品卫生管理制度（一）

第一条　采购员要熟悉各类食品的卫生要求，采购时严格把好质量关。

第二条　验收时做好食物的检查工作，然后入库。

第三条　厨房出品时，保证各类食品色、香、味俱全等。

第四条　传菜部要检查熟食品的质量，确保熟食品的卫生。

第五条　楼面服务员也要做好菜肴、酒类、水果、冷饮的卫生检查工作。

第六条　所有工作人员要有良好的卫生习惯，保证身体健康。

食品卫生管理制度（二）

第一条　环境卫生。保持酒店餐厅内外环境整洁，与有毒有害物保持一定的距离。餐厅周围半径30米内不能有排放灰尘毒物的作业场所以及暴露的垃圾堆和露天坑式厕所。500米内不能有粪场，并应在污染源的上风向。消除害虫、蚊蝇等滋生条件。餐厅应当有相应的消毒、更衣、盥洗、采光、照明、通风、防腐、防尘、防蝇、防鼠、存放垃圾等的设施。

第二条　采购运输过程中的卫生。运输食品的车辆、容器要清洁卫生，生熟分开，以防互相接触传染，装过其他物品的车辆，必须经彻底洗清后方可运输食品。运输过程中必须苫盖，防尘、防蝇。食品运输要尽量缩短时间，按不同季节、不同品种的要求，做好防晒、冷藏、防潮、防冻工作，装卸食品讲卫生，不得将食品直接卸在地上。

第三条　食品加工、制作过程卫生。食品原料新鲜，应具有固有的光泽和颜色，符合国家卫生标准，不得带有污水、泥土和其他异物，不得含有有毒物质，禁止使用腐败、发霉、虫蛀和变质的原料。使用食品添加剂必须符合国家卫生标准。加工过程应严格遵守卫生操作规程。操作人员要穿戴工作服，不得穿工作服上厕所。冷荤制作应做到“五专”：专人、专室、专设备、专冷藏、专消毒。

第四条 食品销售的卫生。做好食品保管、个人卫生和环境卫生。注意防尘、防蝇。出售直接入口食品不得用手拿。销售时应注意个人卫生，便后洗手，穿戴工作帽，不吸烟，不面对食品打喷嚏、咳嗽。

第五条 食品贮存过程的卫生。食品入库要验收、登记，验收食品用的工具、容器，做到生熟分开，库内不能存放变质、有异味、不洁的食品。

▲食品验收管理制度

食品验收管理制度

第一条 制定“食品选购及验收标准”。

第二条 严格按照程序和手续办理验收，并逐日登记。

第三条 各类货品验收合格后，依类交由仓管人员点收，登记入库。

第四条 仓管人员对所有进货食品、物品列册管理。

第五条 按采购部规定办理付款手续。

▲厨房环境卫生制度

厨房环境卫生制度

第一条 不将食物置于角落、衣橱及橱柜内。

第二条 不丢弃余渣于暗处、水沟及门缝等处。

第三条 凡已腐蚀的食物不留置或丢在地上。

第四条 厨师尽量避免使用手拿食物，餐厅人员亦切勿用手拿食物。

第五条 在地上捡拾东西、搬运桌椅后，须洗手后再为客人服务。

第六条 不随地吐痰。

第七条 随时保持工作区域内的清洁。

第八条 生病时立即进行医治，病愈后才能上班。

第九条 餐厅内须经常保持清洁整齐。

第十条 各类客人使用的餐具务必清洁。

第十一条 服务人员除搞好个人卫生外，对于客人的卫生要求更应特别注意。

第十二条 上菜前，务必先行检视菜肴的分类，热类者要以热盘服务，冷类者则以冷盘服务。

第十三条 客人用后的残渣，应立即收拾并进行处理。

第十四条 餐厅工作台随时保持清洁，不得留置任何食品。

第十五条 发现在餐厅内有苍蝇或其他虫物出现，立即报告，并做彻底的扑灭、消毒工作。

▲设备、餐具卫生制度

设备、餐具卫生制度

第一条 设备、餐具应洗涤之后再进行消毒处理。

第二条 加工食物原料用的设备、厨具消毒应更加认真细致。

第三条 餐厅内冷藏设备的清洁卫生工作应派专人负责。

第四条 保证清洁卫生，清洁消毒设备，确保被洗涤餐具的干净。

第五条 要经常消毒、清理储藏和输送设备。

第六条 制订设备卫生计划和各种设备洗涤操作规程，并教育训练职工。

第七条 所有工作人员要讲究个人清洁卫生，养成良好的卫生习惯。

▲破损餐具管理制度

破损餐具管理制度

第一条 当班领班或管理员应真实记录餐具破损情况。

第二条 将破损的餐具集中放在专用的包装盒里。

第三条 破损较严重的应及时通报员工所在部门经理、厨师长和餐饮部经理。

第四条 管事部领班每月做一份各餐厅、厨房及管事部破损餐具报告，并上交餐饮部经理。

第五条 管事部每月集中对破损餐具进行处理，并将处理结果报餐饮部经理审核。

▲厨房员工管理制度

厨房员工管理制度

第一条 厨房员工必须按时上班，履行签到手续，不迟到、早退。进入厨房必须按规定着装，佩戴工作牌，保持仪表、仪容整洁，洗手后上岗工作。

第二条 服从上级领导，认真按规定要求完成各项工作。

第三条　工作时间内不得擅自串岗、离岗、看书、睡觉等，不准干私事和与工作无关的事。

第四条　不得在厨房区域内追逐、嬉闹、吸烟，不得做有碍厨房生产和厨房卫生的事。

第五条　不得坐在案板及其他工作台上，不得随便吃拿食物，不得擅自将厨房食品、物品交与他人。

第六条　厨房设备不得带故障操作或将专用设备改作他用，工作人员应自觉维护、保养厨房设备及用具，损坏公物按规定赔偿。

第七条　自觉养成卫生习惯，随时保持环境卫生。

第八条　未经厨师长批准，不得擅自带人进入。

▲厨房值班制度

厨房值班制度

第一条　领班应合理安排本组各岗位人员值班。

第二条　接班人员必须提前抵达工作岗位，保证准点交接班。

第三条　交班人员必须与接班人员详细交代交接事项，并填写交接日志，方可离岗。

第四条　接班人员应认真核对交接班日志，确认并落实交班内容。

第五条　值班人员应自觉完成领班交代的工作，工作时间不得擅自离开工作岗位，不得做与工作无关的事情。

第六条　值班人员应保证值班期间房内用餐，及时按规格供应其他客人需要的食物。

第七条　值班人员要妥善处理食品及原料，做好清洁卫生工作。

第八条　值班人员下班时要关闭水电气阀，锁好柜、门，交还钥匙，在规定的时间离岗。

第九条　厨师长检查值班交接班工作和交接班日志，发现问题，当值人员必须解释清楚并合理解决。

▲厨房出菜制度

厨房出菜制度

第一条　厨房案板切配人员，负有随时接受和核对菜单的责任：

（1）接受餐厅的点菜单需盖有收银员的印记，并夹有该桌号与菜肴数量相符的木夹。

（2）宴会和团体餐单必须是宴会预订或厨师长开出的正式菜单。

第二条　配菜岗凭单按规格及时、准确配制，并按先接单先配、紧急情况先配、特殊菜肴先配的原则办理，保证及时上火烹制。

第三条　负责排菜的人员，排菜必须前后有序，准确及时，菜肴与餐具相符，成菜及时送至备餐间，提醒传菜员取走。

第四条　从接受订单到第一道热菜出品不得超过 10 分钟，冷菜不得超过 5 分钟，因误时拖延出菜引起客人投诉的，当事人应负责。

第五条　所有出品菜单必须妥善保存，餐毕及时交厨师长审核。

第六条　炉灶岗对所订菜肴要及时烹调，对所配菜肴的规格、质量有疑问者，要及时向案板切配岗提出，并妥善处理。

第七条　厨师长有权对出菜的手续和菜肴质量进行检查。如有质量不符或手续不全的菜肴，有权退回并追究责任。

▲厨房防火安全管理制度

厨房防火安全管理制度

第一条　厨房必须保持清洁，染有油污的抹布、纸屑等杂物，应随时消除，炉灶油垢应经常清除，以免火屑飞散，引起火灾。

第二条　炒菜时切勿随便离开、分神处理其他厨务或与人聊天。

第三条　油锅起火时，立即用锅盖紧闭，使之缺氧而熄，锅盖不密时，就近用酵粉或食盐倾入，使火焰熄灭，并除去热源，关闭炉火。

第四条　工作时切勿吸烟或随便放置未熄烟蒂。

第五条　烟囱顶端应装不锈钢的防护器，以防火星飞散。

第六条　易燃、易爆危险物品，例如酒精、汽油、煤气罐钢瓶、火柴等，不可放置于炉具或电源插座附近，更不可靠近火源。

第七条　马达动力机器使用过久，常会生热起火，应切实注意检修。

第八条　用电烹煮食物，须防水分烧干起火，用电切勿利用分叉或多口插座同时使用多个电器。

第九条　插座头损坏或电线外部绝缘体破裂，应立即更换或修理。发现电线走火时，迅速切断电源，切勿用水泼覆其上。

第十条　使用煤气炉，煤气管线勿靠近电气线路或电源插座装置，炉具及钢瓶未经检验合格者，不可采用。

第十一条　使用煤气钢瓶不可横放，管线及开关不可有漏气现象。遵照点火及熄火方法，点火之前忌多量煤气喷出，熄火时关闭管制龙头，不可用口吹熄，以致忘记关闭，使煤气泄溢室内，引起火灾或中毒等事故。

第十二条　煤气火灾灭火的方法：

（1）用泡沫灭火器械灭火。

（2）断绝煤气之源。

（3）降低周围温度。

（4）断绝空气供给。

第十三条　每日工作结束时，必须清理厨房，检查电源及煤气、热源火种等开关是否确实关闭。

第十四条　如果发生火灾，应立即求援消防中心，在消防队未到前，自己要先抢救。油类起火最好用消防沙或灭火器扑灭。

第十五条　平时注意对员工进行消防宣传，灌输救灾常识，实施救灾编组，训练正确地使用消防器材。灭火器及消防水栓要经常检验，以免失效。应储备一些沙包，作为应急之需。另外，经常进行太平门、安全梯的安全检查。

第二节　餐饮部规范化管理表格

餐饮部团队客情预报表

表9-1　餐饮部团队客情预报表

月　　日

到店时间			来宾名称	人数	标准	餐别	付款方式	离店时间	全陪人数	就餐地点	备注
月	日	时									

餐饮部临时客情通知单

表9－2 餐饮部临时客情通知单

月　　日

来宾名称		接待单位	
		外宾人数	
		内宾人数	
		到店时间	
		离店时间	
		餐　　别	
		餐　　厅	
		标　　准	
		付费方式	

厨房值班交接班日志

表9－3 厨房值班交接班日志

交班内容	接班、值班记录
交班人________ 时　间________	接、值班人________ 时　间________
厨师长________	时间________

重要客人饮食安排表

表 9－4　重要客人饮食安排表

来订日期　　年　月　日

<table>
<tr><td>姓名
（团名）</td><td colspan="2"></td><td colspan="2">人　数</td><td colspan="2"></td></tr>
<tr><td>时　间</td><td colspan="2"></td><td colspan="2">台数</td><td colspan="2"></td></tr>
<tr><td>厅名</td><td colspan="2"></td><td colspan="2">来电人</td><td colspan="2"></td></tr>
<tr><td>每人（台）
标准</td><td></td><td colspan="2">饮　料</td><td colspan="3"></td></tr>
<tr><td>时　间</td><td colspan="4">处理情况</td><td colspan="2">备　注</td></tr>
<tr><td></td><td colspan="4"></td><td colspan="2"></td></tr>
<tr><td>付款方式</td><td colspan="4"></td><td>经手人</td><td></td></tr>
</table>

宴会、会议预订记录

表 9－5　宴会、会议预订记录

年　月　日

编号	主办宴请单位	人数	桌数	标准	时间	餐厅	联系人	电话	付费方式	备注

会议厅	会议名称	人数	时间	场租	付费方式	联系人	联系电话	备注

宴会通知单

表 9－6 宴会通知单

年 月 日

<table>
<tr><td rowspan="2">主办单位</td><td>日期</td><td></td><td rowspan="2"></td><td rowspan="2"></td></tr>
<tr><td>时间</td><td></td></tr>
<tr><td rowspan="3">宴请对象</td><td>桌数</td><td></td><td rowspan="3"></td><td rowspan="3"></td></tr>
<tr><td>人数</td><td></td></tr>
<tr><td>餐厅</td><td></td></tr>
<tr><td rowspan="2">联系人</td><td>标准</td><td></td><td rowspan="2"></td><td rowspan="2"></td></tr>
<tr><td>付款法</td><td></td></tr>
<tr><td colspan="4">菜单：</td><td>备注：</td></tr>
</table>

发至：厨房　　餐厅　　收款　　留存

第十章　现代酒店娱乐部管理制度与表格

第一节　娱乐部规范化管理制度

▲歌舞厅营业前服务操作制度

歌舞厅营业前服务操作制度

第一条　测试音响、灯光的效果，保证正常运行。

第二条　检查酒水、饮料的品种、数量是否齐全充足。

第三条　检查台位摆放是否符合标准。

第四条　检查节目编排情况，准备应急节目。

第五条　检查舞厅的环境卫生是否符合标准。

第六条　迎宾：

（1）迎宾员分为两班，一班在大堂，负责将客人引领进歌舞厅，二班在楼面标志灯下，负责将客人从舞厅门口引领到适当的座位。

（2）迎宾员面对客人时，要面带微笑，态度温和，亲切大方，将歌舞厅的特色节目简介给客人。

（3）将客人带到座位，要询问客人的意见，客人坐下后，即问需要什么饮料。

（4）祝愿客人度过一个愉快的晚上。

第七条　楼面服务：

检查台上的酒水饮料牌、写单、蜡烛，将酒水牌翻开放在台面上。

▲歌舞厅营业后安全检查制度

歌舞厅营业后安全检查制度

第一条　客人离场后，清场查看有无遗留物品，如有发现应及时记录处理。

第二条　检查歌舞厅的设施设备有无损坏或遗失。

第三条　将晚餐具、酒器皿送入厨房，搞好歌舞厅的环境卫生。

第四条　关灯、关空调、锁门后才可下班。

第五条　注意做好防火、防盗安全工作。

▲卡拉 OK 厅服务制度

卡拉 OK 厅服务制度

第一条　服务员应站立服务，两手握在一起放在背后，面带微笑迎接客人的到来。客人到来后要主动上前迎接，礼貌问好。

第二条　客人入座后，递送歌单、饮料单、点歌卡、铅笔等，主动向客人介绍歌曲内容，并协助客人查找所需曲目。

第三条　客人演唱时，服务员应将设备调整适当，使音质优美，图像保持清晰。

第四条　根据客人需要递送酒水，在递送酒水时不能挡住客人视线，要注意随时撤换烟灰缸，将烟灰缸换下时注意必须用干净烟缸先盖上用过的烟灰缸，然后再进行更换。

第五条　服务员应巡视各卡拉 OK 房，根据客人需要及时补充酒水和食物。

第六条　客人离开时，服务员上前告别，并感谢客人的光临。

第七条　客人离开后，应迅速清理好房间。

▲卡拉 OK 包房服务操作制度

卡拉 OK 包房服务操作制度

第一条　接到预订包房通知后，在客人未进包房前，做好准备工作，如播放音乐、开启灯光等。

第二条　客人到后，即通知 DJ 做好准备，同时上茶并推销饮料。

第三条 为客人调试音响、音量，客人询问时热心为客人解答。

第四条 客人选曲，详细记下，随即为客人提供选曲、选歌，待客人开始唱歌后，暂时退出。

第五条 做好促销工作，增加营业额。

第六条 注意包房里面的情况，及时处理音响设备出现的各种问题。

第七条 客人离去，要注意检查音响设备有无损坏，如有损坏立刻报告楼面经理。

▲歌厅服务员的服务程序

歌厅服务员的服务程序

第一条 客人来卡拉 OK 唱歌时，应主动迎接问候客人。

第二条 客人入座后 1 分钟内开始服务，递送歌单、酒单、点歌卡，介绍歌单内容主动及时，服务周到、细致。

第三条 快速递送酒水饮料，操作规范。

第四条 在大中型卡拉 OK 厅，客人点歌后，点歌单 1 分钟内送到音响控制室。

第五条 告知客人大致等候时间。

第六条 客人演唱歌曲，音量调整适当，保证音质优美、图像清晰。

第七条 单间歌厅客人点歌，电脑检索控制与传送设备完好，音像传送快速。

第八条 歌厅服务过程中，根据客人需要及时补充酒水小吃。

第九条 服务员要加强歌厅巡视，维持歌厅秩序。

第十条 客人离座，主动告别，欢迎再次光临。

第十一条 客人离座后，桌椅 2 分钟内清扫完毕，准备迎接下一批客人。

▲舞厅服务员的服务程序

舞厅服务员的服务程序

第一条 提前换好工作服，整理好专用品。

第二条 每日营业前整理好舞厅、休息区和卫生间的清洁卫生。

第三条 认真细致地检查舞厅的设施、设备。

第四条 保持各种设备完好。

第五条 正式营业前准备好为客人服务的各种用品，整理好个人卫生，精神饱满地准备迎接客人。

▲游泳池卫生制度

游泳池卫生制度

第一条　酒店游泳池的环境应美观、舒适、优雅、整洁。

第二条　游泳池门口设营业时间、客人须知、价格表等标牌。

第三条　标牌应设计美观，有中英文对照，字迹清楚。

第四条　室内游泳池、休息区、配套设施整体布局合理协调，空气新鲜，通风良好，光照充足。

第五条　保证标准的室内换气量、自然光率、室内温度、水温和室内相对湿度等。

第六条　休息区的躺椅、座椅、餐桌应摆放整齐，大型盆栽盆景美观干净。

第七条　顶层玻璃与墙面干净、整洁，地面无积水，休息区地面、躺椅、餐桌座椅、用具等无尘土、污迹和废弃物，无卫生死角。

第八条　更衣室、淋浴室、卫生间天花板光洁明亮，墙面、地面整洁，无灰尘蛛网，地面干燥，卫生间无异味。

第九条　所有金属件光亮，镜面光洁。

第十条　更衣柜内无尘土、垃圾、脏物等。

第十一条　游泳池水质清澈透明，无污物、毛发，池水定期消毒，并定期进行更换。

▲游泳池管理制度

游泳池管理制度

第一条　人员管理。酒店游泳池的管理人员，宜取专兼职相结合的办法确定，安排的专兼职人员中要男女均有，以方便处理偶发事故。

第二条　时间管理。科学地安排开池时间，满足各类人员的游泳要求，避免拥挤。开池时间要相对稳定，由于季节或其他情况需要调整时要事先做好通知。

第三条　设备管理。游泳池的设备要随时进行维护，保证安全、好用。

第四条　服务管理。游泳池的服务管理重点是开池前的准备工作的管理。管理员在开池前要检查的主要内容是：地面、四壁、池塘是否干净，上下水是否畅通，水温是否适宜等。在达到规定标准后，才能开池接待游泳者。在开池后，服务人员要到池边巡视，解决所出现的问题。

▲游泳池服务操作制度

游泳池服务操作制度

1. 服务人员的基本职责

（1）熟悉酒店游泳池服务的工作内容和工作秩序。

（2）服务态度主动、热情，工作认真细致。

（3）具有对游泳池设施、设备维修保护、清洁卫生的知识和水上救护常识。

（4）每日营业前搞好游泳池、休息区、更衣室、淋浴室与卫生间的清洁，并将设备设施摆放整齐。

（5）负责检查池水水质和温度是否符合标准。池水水质每日检测两次，水温每日上午、下午、晚上测量三次，室内及池水温度、湿度按时向客人公布。

（6）检查各种设备、救生器材是否完好。

（7）营业前将各种用品准备妥当，整理好个人卫生，准备迎接客人。

（8）能区别不同接待对象，准确运用迎接、问候、告别语言，对常客和回头客能称呼姓名或职衔。

2. 游泳池服务

（1）酒店游泳池免费提供给本酒店的住客进行运动，一般不接待非住客。

（2）客人进入游泳池一般凭房间钥匙或酒店发的证件，服务员带领客人到更衣室更衣。客人来到游泳池，要准确记录客人姓名、房号（酒店宾客应登记房号）、到达时间、更衣柜号码。客人的衣服挂在衣柜里，鞋袜放在柜下，贵重物品要客人自己保管好，需要加锁的要为客人锁好，钥匙由客人保管。

（3）进入游泳池前应先淋浴，擦太阳油者必须淋浴后方可入池游泳。

（4）对有皮肤病、急性结膜炎、艾滋病等传染病患者，有心脏病、癫痫病、精神病者及酗酒者、过饥过饱者，应谢绝进入游泳池。

▲棋牌游艺厅服务员的服务程序

棋牌游艺厅服务员的服务程序

第一条　提前换好工作服，整理好服务台卫生。

第二条　每日营业前整理好棋牌游艺厅、休息区与卫生间的 F 清洁卫生。

第三条　认真细致地检查棋牌游艺厅的设施、设备。

第四条　保持各种设备完好。

第五条　正式营业前准备好为客人服务的各种用品，整理好个人卫生，精神饱满地准备迎接客人。

第六条　客人来到游艺室，主动问候，服务热情。

第七条　记录客人姓名、游玩项目、时间、人数，做到准确无误，康乐间还要登记客人房号。

第八条　向客人说明游戏项目的收费标准。

第九条　客人进入游艺室，主动引导，及时递送香巾、茶水，祝客人玩得开心。

第十条　客人游玩期间，根据客人需要，及时提供饮料、小吃服务，做好记录。

第十一条　客人招呼时，及时提供客人需要的服务。

第十二条　注意客人的状况，发现客人之间发生纠纷，及时排解。

第十三条　游玩结束，账单开具准确，账款当面点收，手续完善。

第十四条　客人离座，主动告别，欢迎再次光临。

▲桑拿浴休闲服务员的服务程序

桑拿浴休闲服务员的服务程序

第一条　每天提前 10 ~ 15 分钟上班，换好工作服，整理好服务台卫生。

第二条　每日营业前整理好桑拿浴室、更衣室、沐浴室与卫生间的清洁卫生。

第三条　认真细致地检查桑拿浴室的设施、设备，保证桑拿浴设施的卫生。

第四条　保持各种设备完好。

第五条　浴室开启后，10 分钟室温达到 80℃。

第六条　所有木板不松动，无毛刺，温度计、地秤指示准确。

第七条　室内及各配套设施整洁、卫生、干净、无异味。

第八条　正式营业前准备好为客人服务的各种用品，整理好个人卫生，精神饱满地准备迎接客人。

第九条　客人到达，主动问好，热情迎接客人，询问有无预订。

第十条　准确记录客人姓名（如酒店客人要登记房号）、到达时间和欲消费的服务种类。

第十一条　说明各项桑拿浴的费用标准，并按标准收费。

第十二条　细致地提供更衣柜号码、钥匙。

第十三条　主动及时提供毛巾、服务用品。

第十四条 客人进入桑拿浴室前，做好开启桑拿、调好温度和沙漏控制器等准备工作。

第十五条 客人享用桑拿浴期间，每 10 分钟巡视一次，注意客人情况，若有呼唤，随时服务。

第十六条 随时同前台人员保持联系，有情况及时同前台沟通。

第十七条 及时提供客人要求的各项服务。

第十八条 客人离开，应主动告别，并欢迎再次光临。

▲美容美发服务员的服务程序

美容美发服务员的服务程序

第一条 提前换好工作服，整理好服务台卫生。

第二条 每日营业前整理好美容美发厅、休息区和卫生间的清洁卫生。

第三条 认真细致地检查美容美发厅的设施、设备。

第四条 保持各种设备完好。

第五条 正式营业前备好为客人服务的各种用品，整理好个人卫生，精神饱满地准备迎接客人。

第六条 客人来美容美发室，主动迎接、问候客人。

第七条 一分钟内引导客人入座，两分钟内开始提供服务。

第八条 若客人到达而无空位，请客人在休息室等候并告知客人大致等候时间。

第九条 客人入座后，询问客人服务项目，服务要热情礼貌。

第十条 征询客人是否指定某位美发师为其提供服务。

第十一条 理发、染发、烫发、美容化妆等能够根据客人脸型、审美情趣、爱好和具体要求提供服务，当好客人的参谋。

第十二条 服务过程中，每一个服务项目均严格按照操作程序，精心操作，技术熟练。

第十三条 每完成一个服务项目，让客人照镜，主动征求客人意见。

第十四条 保证服务质量和最佳效果，账单所开服务项目、所需用品与实际操作及价目表一致，账目清楚准确。

第十五条 客人付款，随付随收。

第十六条 向客人提供底单，表示感谢。

第十七条 客人离开，主动告别，欢迎再次光临。

▲按摩休闲服务员的服务程序

按摩休闲服务员的服务程序

第一条　提前换好工作服，整理好服务台卫生。

第二条　每日营业前整理好按摩室、休息室、沐浴室与卫生间的清洁卫生。

第三条　认真细致地检查按摩设施、设备，保证按摩设施卫生。

第四条　保持各种设备完好。

第五条　正式营业前准备好为客人服务的各种用品，整理好个人卫生，精神饱满地准备迎接客人。

第六条　客人来到按摩室，主动问好，热情礼貌地迎接和询问客人有无预约。

第七条　向客人说明各项按摩的费用标准，并按标准收费。

第八条　按摩前15分钟，向客人提供整洁干净的专用按摩衣和消毒后的拖鞋。

第九条　请客人更衣。

第十条　询问客人是否需要做桑拿浴。

第十一条　按摩室能够提供全身和局部五种以上按摩服务项目。

第十二条　开始按摩前，热情、礼貌、耐心地询问客人需要按摩的项目、部位。

第十三条　按摩过程中，每一个按摩项目均按操作程序和技术要求操作。

第十四条　做到时间够，按摩时穴位准确，力度掌握适当，绝对保持安静。

第十五条　细致观察客人反应和面部表情。

第十六条　征求客人的意见，及时改进工作。

▲保龄球休闲服务员的服务程序

保龄球休闲服务员的服务程序

第一条　每日营业前整理好保龄球场、休息区、更衣室、沐浴室与卫生间的清洁卫生。

第二条　将设备设施摆放整齐。

第三条　正式营业前准备好为客人服务的各种用品，整理好个人卫生，准备迎接客人。

第四条　客人前来打保龄球时，要准确记录客人姓名、房号（酒店宾客应登记房号）、运动时间。

第五条　迎接客人，主动问好，运用准确、规范的服务语言，请客人在登记本上签名。

第六条　问清是否有预订，向有预订的客人介绍保龄球场设施、租金、收费标准以及为客人提供的服务。

第七条　对无预订的客人，如果场地已经占满，应礼貌地告知客人打保龄球需要提前预约，以免与其他客人在时间上发生冲突。

第八条　根据客人预订及人数和球道租况安排球道。

第九条　如遇客满，请客人排队等候。

第十条　如果客人需要教练，则做出相应安排。

第十一条　客人玩球期间，提供巡视服务，检查操作设备是否准确、规范地运行，保证自动回球、记分显示、球路显示等正常运作。

第十二条　巡视员精神状态良好，及时、准确、礼貌地提醒客人注意球场秩序，向客人讲解保龄球运动知识应清楚、明确。

第十三条　及时纠正违反球场规则和妨碍他人的行为，迅速排解纠纷，始终保持球场秩序井然，在整个服务过程中要做到耐心周到。

第十四条　弄清结算方式，并在保龄球记录本上记清开始和结束时间，然后由服务员带领客人去保龄球场。

第十五条　到结束时服务员应礼貌地征求客人意见，是否需延长使用场地时间，如客人结束租用，最后检查有无遗失物品，客人是否归还租用球鞋和球等。

第十六条　主动及时询问客人休息时是否需要饮料、小吃，做好记录，并迅速提供服务。

第十七条　客人离开，应主动告别，并欢迎再次光临。

▲宾客纠纷处理制度

宾客纠纷处理制度

第一条　服务员如果发现宾客之间发生纠纷，应立即上报主管，并坚守岗位，维护现场。

第二条　相关主管接到通知后应立即到达现场，视情况果断做出决定，并向大堂副经理、保安部或上级经理报告。

第三条　协调解决、控制事态，做好客人安全或疏导工作。

第四条　协助保安员或执法人员尽快控制局面，维持正常营业。

▲客人与服务员纠纷处理制度

客人与服务员纠纷处理制度

第一条　向客人道歉以平息其怒气。

第二条　问清事情经过，查明原因。

第三条　属服务员过失，应责问服务员并向客人道歉。

第四条　属客人不了解情况造成的，应耐心向其说明情况。

第五条　若属客人无理取闹，应与保安人员联系将其强行带出。

第二节　娱乐部规范化管理表格

康乐中心食品饮料消费单

表 10－1　康乐中心食品饮料消费单

台号______　　　　　　日期______

消费品名	数　量	单　价	金　额
小　计			
服务员签名			

康乐城奖品发放单

表 10－2　康乐城奖品发放单

娱乐项目		客人台号	
客人成绩		获奖种类	
奖品内容		奖品数量	
计奖时间		发奖时间	
服务员签名	领班签名	领奖客人签名	

康乐城内部交款单

表 10－3　康乐城内部交款单

款项形式	张　数	金　额
现　金		
转账支票		
信用卡		
签单挂账		
其　他		
合　计		
备　注		

交款人签字______　　收款人签字______

带客情况统计表

表 10－4 带客情况统计表

日 期	带客者	账单号	人 数	更衣柜号	入客时间	服务项目	备 注

值日人员表

表 10－5 值日人员表

星期一	
星期二	
星期三	
星期四	
星期五	
星期六	
星期日	
备 注	

客人洗浴项目记录表

表 10 - 6　客人洗浴项目记录表

日期：　　　年　　月　　日　　　　　　　　No.

姓名：　　　　　　　　　　更衣柜：

项　　目	数　量	单　价	总　计
桑拿蒸汽浴			
中式首钟			
中式加钟			
中医保健按摩首钟			
泰式首钟			
泰式加钟			
女宾推拿			
搓　　背			
修手修脚			
足底按摩			
采　　耳			
饮　　品			
食　　品			
其　　他			
合　　计			

第十一章　现代酒店商场部管理制度与表格

第一节　商场部规范化管理制度

▲营业员服务操作制度

营业员服务操作制度

第一条　主动热情，耐心周到，接待客人要面带微笑。

第二条　环视柜台橱窗，注视每位客人的动向和视线，端正姿势等待客人前来选购商品。

第三条　当客人购物时，要使用礼貌用语。

第四条　耐心向客人介绍商品的特点、性能、用途、产地、价格等情况，了解客人的需要。

第五条　对顾客提出的各种问题要详细地解答，注意了解客人的需要，摸清客人的消费心理，以利于商品的销售。

第六条　树立“宾客至上、服务第一”的思想，积极主动介绍、推荐商品，注重迎合客人的需要和爱好。

第七条　把客人要买的东西拿出三五件来，让客人充分地挑选。

第八条　将客人购买的商品放入印有酒店名称的塑料袋中，便于客人提携及扩大酒店知名度。

第九条　收款付货，款项要准确无误。收款时，要将客人所购商品和价格重复一遍，唱收唱付，一次购买商品较多时，要分类清点核对，以免发生差错，货款交付无误后，将所捆扎的商品交给顾客，向客人道别，使其满意离去。

第十条　售出商品后，应立即将销售的商品名称、金额按要求分类登记在“销售日报表”上，以便查核。

▲商品保管制度

商品保管制度

第一条　根据不同的商品以及库房条件，将商品分类保管。

（1）根据不同商品所需的不同养护条件安排合适的储存场所，食品应存放在独立间内。

（2）入出库频繁或笨重的商品应存放在进出库方便之处。

（3）贵重商品要单独存入专柜上锁保管。

（4）消费上有连带性的商品尽量放在一起储存，但互相有影响的商品要分开。

（5）消防灭火施救方法不同的商品分区分类存放。

第二条　统一货物编码，标明商品存放的精确位置，并以明显的字迹将编码标明于货位、货架上。同时绘制库房商品储存位置平面图，以便全面反映库存情况。

第三条　保持库房的清洁卫生，消除导致商品霉烂、变质及虫蛀、鼠咬等隐患。

第四条　控制库房温湿度，在库房内设置温湿度计，利用密封、吸潮、通气等方法加以调节，以适应保管商品的需要。

第五条　经常检查在库商品，及时发现商品在保养过程中数量质量的变化情况，采取措施加以预防和解决。库存商品发现变质、破损、超过保管期或出现滞存情况，仓管员要及时上报主管，并提出处理意见。

▲仓库安全管理制度

仓库安全管理制度

第一条　严格执行商场安全保卫的各项规章制度。仓库安全工作要贯彻预防为主的方针，做好防火、防盗、防汛、防工伤事故的出现。

第二条　本着谁主管谁负责，宣传教育在前的原则，坚持部门责任制。建立健全各级安全组织，做到制度上墙、责任到人、逐级把关、不留死角。

第三条　按规定库区配备各种消防器材和工具，不得私自挪用。

第四条　各种生活用危险品，车辆、油料、易燃品严禁进入库区。

第五条　仓库区域内严禁烟火和明火作业，确因工作需要动用明火，按安全保卫有关规定执行。

第六条　加强用电管理。建立班前班后检查记录制度，做好交接检查的详细记录。

第七条　加强对商场内门、窗、锁的管理，出现问题及时向有关部门汇报，及时采取措施。末班人员下班后，将钥匙交到保卫部门，方可离去。

第八条　做好来宾登记工作，严禁夜间留宿。特殊情况须报保卫部备案。

若因违反以上各款规定而造成商品损失，按酒店有关规定处理。

▲零售商品进货制度

零售商品进货制度

第一条　所有商品必须先入仓库，然后办理验收、作价等手续，再通知柜台。

第二条　柜台应积极出货，办理出仓领货手续。领货时如发现商品有质量问题，柜台必须提出意见，或者拒收。但在正常情况下柜台无权拒收商品，柜台应做到仓有柜有。

第三条　商场部各柜台每月初将下月的销售计划报采购部。采购部做出进货计划报经理审批，再由采购部执行。

第四条　试销产品在进货前要与商场部经理沟通，说明商品的特征。业务员必须备有商品介绍资料，如没有资料，业务员可做笔记，随同货品出仓，做好销售服务。

第五条　到货时间必须符合合同条款，如不能按期到货，由采购部在业务分析会上说明原因和补救办法。

第六条　定时将库存盘点表各送一份到商场部、采购部、财务部和总经理室，以便掌握存货情况，做好进、销工作。

第七条　部门经理定时组织商场部、采购部、仓库主管召开业务分析会，商议解决和协调销售、库存、进货过程中存在的问题。

第八条　柜台滞销和残次的代销商品要定期退还仓库。残损商品由柜台填写残损表，滞销商品填退货单，经业务经理批准后退回仓库。

第九条　采购部要及时与出货单位联系办理退货。半年内销不出的小商品和一年内销不出的大商品属滞销商品，特种商品的售期不限。

第十条　自营的残次商品一律报物价员，由物价员会同财务和经理及时做削价处理，残次食品在两天内及百货工艺品在一定期间内要做出削价决定。

▲文明售货操作制度

文明售货操作制度

第一条　售货员要讲究语言艺术，语言要准确、清楚、简明扼要，不出差错。

第二条　说话要生动得体、礼貌周到，要区别对象，注意顾客的风俗习惯，对客人的疑问要有问必答。

第三条　谈话要谦恭亲切、声调柔和、态度真挚，既要口语化，又要形象化，使客人听了舒服，感到亲切，增加消费欲望。

第四条　对客人提出的批评或建议要虚心接受，不与客人顶撞及争吵，以免引起误解，造成不良影响。

第五条　商场售货服务员上岗要做好个人的仪容仪表工作，服务证章齐全，行为举止文雅，同时要学习柜台、外事纪律。

（1）不准擅离职守。

（2）不准在柜台内外成群聊天、嬉笑打闹。

（3）不准在柜台内吃东西和吸烟。

（4）不准在柜台看书报。

（5）不准坐着接待客人。

（6）不准与顾客顶嘴吵架。

（7）不准因上货、记账、送款等影响接待顾客。

（8）不准以次充好、缺斤短两、欺骗顾客。

（9）不准讽刺、挖苦、刁难顾客。

（10）不准私留私分紧俏商品，严格遵守外事服务纪律。

（11）不得向客人套取外汇。

（12）不许私自在柜台内换取外汇。

（13）不准因内部或个人原因而影响接待顾客。

第六条　贵宾（VIP）接待要注意以下事项。

（1）贵宾前来购物，应当使用英语或其本国语言接待。

（2）在接待过程中要注意向客人推销具有特色的产品，并注意向客人介绍商品的产地、历史和性能等。

▲售后服务操作制度

售后服务操作制度

第一条 商品售出后，应向客人提供各项必要的服务，以提高服务质量，保持销售水平。

第二条 对客人负责，商场根据客人需要加强售后服务工作。

(1) 发行产品质量跟踪卡。商场对于某些中高档商品，要与厂家联系好，由商场和厂家共同担负售出产品的质量，采取随同售出的商品一起发行产品质量跟踪卡，客户在使用一段时间后，将产品质量跟踪卡填写清楚寄回商场，再由商场反馈回厂家，厂家通过综合分析产品质量可以查出其产品问题和质量，以便通过进一步改进产品，适合市场需要。

(2) 保退保换。商品在售出后，发现规格、型号不对、不适合或有其他问题，甚至在使用一段时期后发现由于产品本身的设计、制造等自身的原因所产生的质量问题，只要商品经核对确为该商场售出，则商场应允许退换，实行部分或全部退款。商场对于食品、药品、调味品及各种营养滋补品经售出后，概不退换，但应向客人解释清楚免得引起误解。

(3) 代办邮寄托运。客人购买商品，特别是一些中高档商品，由于距离较远，旅途携带不便，以及时间安排、商品的规格等情况影响，商场可以为客人代办托运或者邮寄，但实施过程中，务必请客人填写清楚地址、邮编、姓名、身份证号码等，并根据商品性质，请客人选择寄运方式，合理包装捆扎，以便商品在途中安全完好，满足客人需要，从而扩大商品销售范围。

(4) 预购服务。客人购买商品，若商场出现该商品的断档或缺货时，某些商品经联系可以在近期到货，则可以请客人进行登记预约。在登记时可请客人将欲购商品的型号、品名、规格、尺寸、生产厂家、价格等详细资料填写清楚。营业员应准确记下客人的地址及电话号码，以便于商品到货后及时通知客人，使其如愿买到想要购买的商品。

(5) 登门检修。对于某些中高档产品，如电视、空调、冰箱等，由商场和厂家订好合同，定期由厂家主动为客户对产品进行检修、调试，以保证客户对产品的正常使用。

▲商场换货管理制度

商场换货管理制度

第一条　顾客要求换货，售货员必须检查，具备以下条件，方可决定更换：

（1）商品未使用过。

（2）售出商品完好无损或质量上有问题，且原因不是顾客使用不当引起而是生产厂家的质量问题。

（3）顾客持有本商场的售货单据。

（4）购买商品在合理的期间内。

第二条　检查后，符合退货条件，营业员可报领班，经领班核准后予以换货。

第三条　无论能否退换，营业员都必须礼貌对待顾客，必须耐心讲清原因。

▲商场环境卫生制度

商场环境卫生制度

第一条　每个员工必须保持个人清洁卫生，勤修头发、指甲、胡须，保持衣着干净整洁。

第二条　每日上班营业前作为清洁卫生时间，早班营业员必须在上班营业前到达柜台，立即开始按分工做清洁卫生。

第三条　用于搞卫生的水桶、抹布、鸡毛帚、吸尘器等用品和工具以及装垃圾的纸箱，必须齐备。如果这些用品用完，应及时向商场办公室申报领用。各种用品应节约使用。工具要认真负责保管和爱护，人为损坏按规定处理。工具用完之后应冲洗干净放好。

第四条　卫生范围包括地毯、柜台、门窗、玻璃、橱窗、镜、货架、商品、仓库、商品外陈列物等。

第五条　每天倒垃圾，地毯用吸尘机吸尘。根据商品的品种、性质分别用湿布、鸡毛帚抹净商品上的灰尘。每周要用玻璃水擦玻璃和镜，以保持铜条和玻璃的光亮。仓库每星期整理、清扫一次，保持仓库清洁，有条理。

第六条　搞完卫生后，必须把商品迅速整理、摆设、陈列好。售完的商品应及时出货补充，保持店内货架上、柜台的商品琳琅满目，摆设美观大方，陈列新颖，别具一格。

第七条　搞商品卫生时，要注意轻拿轻放，小心谨慎，防止损坏。

▲商场安全管理制度

商场安全管理制度

第一条　营业员应坚持每个柜台上锁，售货时才打开。

第二条　每个晚班都必须有一至两位主管当班，督导营业员做好安全工作。

第三条　下班前由各部领班检查柜台安全，清除所有垃圾桶，防止失火。

第四条　下班时现金柜由主管和营业员当面点清并签名后才放入保险柜，第二天由主管和营业员按单点清后才上柜。

第五条　下班后由当值主管负责检查门窗，熄灯锁门。

第六条　下班后由当值主管与出纳员一起下班，保证办公室的安全。

第七条　商场值班室每晚保证两至三人值班，要求做好值班记录。如发现意外情况要立即报告领导或通知保安部。

第二节　商场部规范化管理表格

商品缺货日报表

表 11－1　商品缺货日报表

编号：　　　　　　　　　　　　　　　　年　　月　　日

商品号码	品　名	规格尺寸	数　量	进货日期	摘　要

各类商品统计报告表

表 11－2　各类商品统计报告表

<table>
<tr><td>日期</td><td colspan="2">本日销售金额</td><td colspan="2">前日金额累计</td><td>本日金额累计</td><td>本日收款</td><td colspan="2">前日收款累计</td><td colspan="2">本日收款累计</td></tr>
<tr><td></td><td colspan="2"></td><td colspan="2"></td><td></td><td></td><td colspan="2"></td><td colspan="2"></td></tr>
<tr><td>商品代号</td><td>本日数量</td><td>本日金额</td><td>前日数量累计</td><td>前日金额累计</td><td>本日数量累计</td><td>本日金额累计</td><td>平均单价</td><td>进货单价</td><td>毛利</td><td>毛利率</td></tr>
<tr><td></td><td></td><td></td><td></td><td></td><td></td><td></td><td></td><td></td><td></td><td></td></tr>
<tr><td></td><td></td><td></td><td></td><td></td><td></td><td></td><td></td><td></td><td></td><td></td></tr>
<tr><td></td><td></td><td></td><td></td><td></td><td></td><td></td><td></td><td></td><td></td><td></td></tr>
<tr><td></td><td></td><td></td><td></td><td></td><td></td><td></td><td></td><td></td><td></td><td></td></tr>
<tr><td colspan="3">毛利累计</td><td colspan="2">前日累计</td><td colspan="2">本日毛利</td><td colspan="4">毛利率</td></tr>
<tr><td colspan="3"></td><td colspan="2"></td><td colspan="2"></td><td colspan="4"></td></tr>
</table>

商品收益报告表

表 11－3　商品收益报告表

项　目	商品类别							
	金额	%	金额	%	金额	%	金额	%
①销售收入 ②销售成本 ③销售毛利（①－②）								
④销售费用 ⑤商品保管费 ⑥邮送费 ⑦订购处理费								
⑧直接营业费用总计 （④＋⑤＋⑥＋⑦）								
⑨其他费用								
⑩净利（③－⑧－⑨）								

产品管理明细表

表 11－4 产品管理明细表

订购										进货				出货				库存数	抵押			摘要
月	日	订单编号	订购数量	交货日期	交货数量	验收日期	合格数量	不合格数	未交货余额	月	日	订单号码	数量	月	日	订单号码	数量		月	日	余额	
零件号码					零件名称					规格						图号						

商品管理月报表

表 11－5 商品管理月报表

年 月 日

商品名	销货			退货			进货			库存额			毛利	毛利率	备注
	数量	金额		数量	金额		数量	金额							

销货日报表

表 11－6　销货日报表

年　　月　　日

单位	(1) 昨日结存	(2) 本日销货			(3) 本日收款					(1)+(2)+(3) 本日结存
		实际销货	销货总额	合计	票据	现金	退货	折让	合计	
A 营业部										
B 营业部										
C 营业部										
D 营业部										
E 营业部										
……										
合　计										

核准：　　　　复核：　　　　制表：

销售月报表

表 11－7　销售月报表

部　门	上月订单余额	本月订购额	本月售出额	本月订单余额	赊账余额
合　计					
本期累计					

送 货 单

表 11－8 送货单

客户：　　负责人：　　地址：　　送货日期：　　单位类别：

<table>
<tr><td>序号</td><td>品名规格</td><td>品名代号</td><td>品级</td><td>单位</td><td>数量</td><td>单价</td><td>金额</td><td>件数</td><td>重量</td><td>出库单位</td><td>出库代号</td></tr>
<tr><td>1</td><td></td><td></td><td></td><td></td><td></td><td></td><td></td><td></td><td></td><td></td><td></td></tr>
<tr><td>2</td><td></td><td></td><td></td><td></td><td></td><td></td><td></td><td></td><td></td><td></td><td></td></tr>
<tr><td>3</td><td></td><td></td><td></td><td></td><td></td><td></td><td></td><td></td><td></td><td></td><td></td></tr>
<tr><td>4</td><td></td><td></td><td></td><td></td><td></td><td></td><td></td><td></td><td></td><td></td><td></td></tr>
<tr><td>5</td><td></td><td></td><td></td><td></td><td></td><td></td><td></td><td></td><td></td><td></td><td></td></tr>
<tr><td>6</td><td></td><td></td><td></td><td></td><td></td><td></td><td></td><td></td><td></td><td></td><td></td></tr>
<tr><td colspan="5">销货通知单：</td><td colspan="7">客户编号：</td></tr>
<tr><td colspan="5">提货单：</td><td colspan="7">统一发票：</td></tr>
<tr><td colspan="12">承运商或送达方法：</td></tr>
<tr><td rowspan="3">备注</td><td rowspan="3" colspan="6">单价金额及统一发票号码由业务部核填</td><td colspan="2">业务部</td><td colspan="3">发送单位</td></tr>
<tr><td>主管</td><td>主办</td><td>科长</td><td>组长</td><td>填表</td></tr>
<tr><td></td><td></td><td></td><td></td><td></td></tr>
</table>

存货盘点报告表

表 11－9　存货盘点报告表

组别　　盘点区号　　　　　　盘点日期　　　　年　月　日

<table>
<tr><td rowspan="4">□原料
□在制品
□废料
□成品</td><td colspan="2">编　号</td><td></td></tr>
<tr><td colspan="2">品　名</td><td></td></tr>
<tr><td colspan="2">规　格</td><td></td></tr>
<tr><td colspan="2">单　位</td><td></td></tr>
<tr><td colspan="4">盘点时本物位置：</td></tr>
<tr><td colspan="4">盘点数量　　　　　　　　　更正：</td></tr>
<tr><td>存货状况
□良料
□次料
□废料
□其他</td><td colspan="3">备注</td></tr>
<tr><td>复核员</td><td colspan="2">记录员</td><td>盘点员</td></tr>
<tr><td></td><td colspan="2"></td><td></td></tr>
<tr><td></td><td colspan="2"></td><td></td></tr>
<tr><td></td><td colspan="2"></td><td></td></tr>
<tr><td></td><td colspan="2"></td><td></td></tr>
</table>

第1联：会计科
第2联：主管物资科
第3联：贴于物资存放位置

注：本单应事先编号，以利控制。

盘点盈亏汇总表

表 11－10　盘点盈亏汇总表

年　月　日

部门	类别	商品名及规格	单位	单价	调整后账面数量	盘点数量	盘盈		盘亏		差异原因	
							数量	金额	数量	金额	说明	对策

酒店商场销货收款单

表 11－11 酒店商场销货收款单

________岗 年 月 日

品名规格	单　位	数　量	单　价	总金额	收款员

商场商品出仓单

表 11－12 商场商品出仓单

______部______组（岗） 年 月 日

编号	品名及规格	单位	提领数量	零售单价	金额	仓位	大仓当时结存

组长： 保管员： 验收或复点人： 经手提货人：

商品进货单

表 11－13　商品进货单

年　月　日

<table>
<tr><td>来货单位</td><td colspan="3"></td><td>来货单号码</td><td colspan="2"></td><td colspan="3">收货仓库</td><td colspan="6"></td></tr>
<tr><td colspan="2" rowspan="2">品名规格</td><td rowspan="2">单位</td><td colspan="3" rowspan="2">数　量</td><td rowspan="2">进货单价</td><td colspan="9">金　额</td></tr>
<tr><td>百</td><td>十</td><td>万</td><td>千</td><td>百</td><td>十</td><td>元</td><td>角</td><td>分</td></tr>
<tr><td colspan="2"></td><td></td><td colspan="3"></td><td></td><td></td><td></td><td></td><td></td><td></td><td></td><td></td><td></td><td></td></tr>
<tr><td colspan="2">代售商品</td><td></td><td colspan="3">零售单价</td><td></td><td></td><td></td><td></td><td></td><td></td><td></td><td></td><td></td><td></td></tr>
<tr><td>批发调入单位</td><td colspan="2"></td><td colspan="3">批发单价</td><td></td><td></td><td></td><td></td><td></td><td></td><td></td><td></td><td></td><td></td></tr>
</table>

制单：　　　收货：　　　财务：

第十二章　现代酒店工程部管理制度与表格

第一节　工程部规范化管理制度

▲工程部值班制度

工程部值班制度

第一条　酒店工程部实行值班运行管理制度，设立“工程部值班班次运行时间表”，每月由工程师将下月的值班人员名单列出，于月底下发执行。

第二条　各操作室或工作间的检修记录、值班记录，每周一送部门经理审阅，周三退回，并存档备查。

第三条　值班人员必须坚守岗位，不得擅自离岗、脱岗，应按规定定时巡查设备运行情况，如脱离岗位巡查、抄表时，要告知另一值班人员。

第四条　值班人员接到维修报告时，要立即赶赴现场修理，不得延误。

第五条　值班人员在当班或抢修结束后，必须在值班记录或抢修记录上签名，以明确责任。

第六条　发现设备故障，值班人员无法处理时，要立即报告部门领导和主管经理，组织力量及时抢修。

第七条　凡员工调换班次和请假，均须提前一天提出申请，并经本部经理批准后，方可生效，否则按无故旷工处理。

第八条　值班人员不得利用值班电话擅自打外线，以确保值班电话使用畅通。

第九条　早、午、晚及夜间所有运行设备值班机房，必须有人值班。

▲工程部交接班制度

工程部交接班制度

第一条　交班人员须做好交班前的准备，接班人员须提前15分钟到岗接班。

第二条　交班人员要将设备运转情况、未完成事宜以及需下班接着做的工作，做好记录与交接。

第三条　接班人员要查看交接记录，听取上一班人员设备运行情况的汇报。

第四条　检查仪表、工具，并在交班记录表上签名，查看设备运行情况。

第五条　出现下列情况不得交班：

（1）经理未到或未经主管同意指定合适的代班人员时。

（2）设备故障影响运行或影响营业时。

（3）接班人员有醉酒现象或其他神志不清的状况时。

第六条　交班时检查出的问题，由交班者负责。

第七条　交接班时，未检查出事故，但又在接班后发现了事故，由接班人员负责处理。

第八条　当出现事故正在处理时，禁止交接班，待事故处理完毕后方可交接班。

▲工程部材料管理制度

工程部材料管理制度

第一条　酒店工程部所有材料均应分门别类登记造册，并建立有关账卡，由仓库管理员统一保管。

第二条　日常维修所用低值易耗材料，由领用人填写领料单、当值工程师批准签名后登记发放。

第三条　新安装的所有材料要有部门经理批示，并填写领料单方可发放。

第四条　如果材料价格较高必须由部门经理签字批准方可发放。

第五条　特殊情况下可凭借条领取，但须尽快补办有关手续。

第六条　各种门锁须经部门经理批准后方可发放。

第七条　对弄虚作假、私自拿用材料者，一经查获即给予严厉的处罚。

第八条　表扬和奖励节约材料者，批评和惩罚浪费材料者。

▲工程部物品领用管理制度

工程部物品领用管理制度

第一条　酒店工程部物品的领用，要按计划、实用数和审批手续办理，维修人员需领料时，要填写领用单，写明物品名称、数量、日期并签名，经本班组组长审批签字后交工程部经理审批。

第二条　领用单经库房人员认可后，方可领取所需的维修材料或工具。

第三条　库房工作人员应每周统计各班组的消耗并将资料存档。

第四条　物料用品应勤领少储，防止积压和浪费。

第五条　物品及工具的保养，应由领用人负责。专用工具由专人使用，不用的工具由保管员负责保管，贵重工具、仪器、仪表由主管负责人保管。

第六条　有关工种所需个人工具，必须填写工具登记卡，若工具损坏需调换，要以旧换新。若工具遗失，需填写工具遗失表，由遗失者照价赔偿。

第七条　有关工种需配专用设备和专用工具，要建卡登记，分工保管，责任到人，并定时核对，做到账物相符。

第八条　工具和设备要随用随借，并执行借用归回手续，按时归回。工程部物品不准借给其他部门，特殊情况需办理工具借用手续，经部门领导同意后方可借出，若有损坏或遗失，应视具体情况赔偿。

▲锅炉操作管理制度

锅炉操作管理制度

第一条　司炉长和全体司炉工都要对动力设备领班负责，在领班的指导下完成任务。

第二条　严格执行“蒸汽锅炉安全监察规程”的有关规定和“锅炉房安全管理规则”的各项要求，确保锅炉安全运行。

第三条　每班都要坚持巡回检查制度，了解设备的运行情况，在准时抄表填写运行记录的同时，监视水位、气压、油压、火焰、排烟温度、蒸汽管道等，根据各系统的设计和运行要求，对有关设备进行调节，并做好详细记录。

第四条　按锅炉及其所属设备运行周期，做好年计划大、中、小修。每年锅炉年检后，要立即前往处理，必要时组织人力连夜抢修，不得延误。

第五条　每班至少冲洗水位计及排污一次，并严格控制除氧器水温，发现水温不符要求时要立即采取措施，检查维修。

第六条　司炉人员要勤检查、勤调节，保持锅炉燃烧情况的稳定、煤渣含炭量不超过规定标准，并做好节能工作。

第七条　巡查中发现不正常现象及故障先兆、隐患，要及时处理，如当时处理不了的，要在做好补救措施后，向主管汇报并做好记录。

▲空调操作管理制度

空调操作管理制度

第一条　上岗期间，全体空调工听从值班长的调度和工作指令，在值班长的指导下完成任务，对动力设备负责。

第二条　了解设备的运行情况，根据外界天气变化及时进行调节，确保系统正常运行，并做好运行记录。

第三条　坚持巡检制度，每班都要定时对外界及各空调区域的温度、相对湿度进行监测。

第四条　巡查中发现异常现象及故障要及时排除，如一时处理不了的，要在做好补救措施的同时上报主管。

第五条　每班都要监视水温、水压、气压以及有无溢漏情况，如遇下雨或消防排水，要注意排水系统，以免水浸设备。

第六条　按中央空调及其设备运行周期，定期做好计划大修、中修或小修。每年中央空调使用期过后，要进行必要的检修。接到报修任务后，要立即赴现场进行处理，必要时连夜抢修。

第七条　值班人员必须掌握设备的技术状况，发现问题妥善处理，搞好中央空调系统和通风系统设备的日常保养和检修，并做好工作日记。

第八条　中央空调运行人员要勤巡查、勤调节，保持中央空调温度的稳定，并做好节能工作。

▲配电室操作管理制度

配电室操作管理制度

第一条　值班电工要树立高度的责任心，熟练掌握酒店供电方式、状态、线路走向及所管辖设备的原理、技术性能和操作规程，并不断提高技术水平。

第二条　严格保持各开关状态和模拟盘相一致，不经领导批准，值班人员不得随意更改设备和给线的运行方式。

第三条　密切监视设备运行情况，定时巡视电器设备，并准确抄录各项数据，填好各类报表，确保电力系统正常运行。

第四条　值班人员对来人来电报修，要及时登记并立即赴现场修理，工作结束后，做好工时和材料的统计工作，并要求使用方签字。

第五条　在气候突变的环境下，要加强对设备的特别巡逻，发生事故时，要保持冷静，按照操作规程及时排除故障，并按规则要求做好记录。

第六条　值班人员违反工作规则或因失职影响营业或损坏设备，要追究当事人责任。

第七条　任何闲杂人等不得进入配电室，更不得在配电室逗留。参观配电室或在配电室执行检修安装工作须得到工程部负责人的批准，并要进行登记。

▲停电处理制度

停电处理制度

第一条　值班经理接到突然停电的消息时，应立即赶赴现场，检查应急灯是否正常，查明停电原因。

第二条　通知工程部维修及通知大堂副经理与有关部门联络。

第三条　检查电梯是否正常运行，检查有关设备是否破损。

第四条　通知保安部做维持现场秩序的保安工作。

▲设备安全检查制度

设备安全检查制度

第一条　配合楼层对客房电器设备进行全面检查，包括床头箱及接线盒、门铃、灯具、衣柜灯及其开关、房间插座、插头等。

第二条　每半年检查吊花灯等灯具和水晶玻璃物品等是否牢固可靠。

第三条　餐厅厨房和职工厨房电器设备，除分工包干责任制中规定由责任人每月进行维护保养外，每年由维修班安排两次安全检查，包括开关、插座、设备的接线是否坚固，接零保护线是否可靠，线路是否完整。

▲办理设备维修手续管理制度

办理设备维修手续管理制度

第一条 如有需要维修的设备，使用部门要填写报修单。

第二条 报修单一式三联，报修部门、工程部、维修班组各一联。

第三条 维修班组接到维修单后，根据报修内容和重要程度，填写开工日期和估计工时，并分派维修工人检修。

第四条 班组在收到维修工人送回的报修单后，要核实耗用的材料和实用工时，并将报修单汇总后交工程部。

第五条 工程部在接到各班组交回的第三联报修单后，应和第二联核销，存入员工完工档案，作为每月评奖的依据。

第六条 维修工人在维修完工后，须经报修部门签字认可。

第七条 核销报修单时，如发现缺漏时，应追查原因。

第八条 一时完不成的项目，应通知使用部门预计完成的具体时间。

▲设备事故处理制度

设备事故处理制度

第一条 设备一旦发生事故，影响到客人的正常生活和活动时，必须马上启用备用应急设备，采取应急措施挽回损失和影响，并保护现场，及时上报。

第二条 有关领导及有关人员要立即赴现场检查、分析、记录，及时做出处理。

第三条 事故发生后，有关人员要将设备事故报告单送交有关领导批示后，由工程部和有关部门领导解决。

第四条 对于事故责任者，酒店要查明原因，根据规定，视情节轻重给予必要的经济处罚和行政处分。如果已触犯法律，则按国家法律程序处理。

第五条 事故的事后处理要做到四不放过。

（1）事故原因不查清不放过。

（2）缺乏切实有效的防范措施不放过。

（3）缺乏常备不懈的应急弥补措施不放过。

（4）事故责任人和员工未受到教育不放过。

▲新增设备管理制度

新增设备管理制度

第一条　酒店各部门需增置的设备经批准购买后，报工程部设备管理部门备案。

第二条　经工程部进行可行性方面的技术咨询后，才可确定装修项目或增置电器及机械设备。

第三条　各部门应设一名兼职设备管理员，协助工程部人员对设备进行管理，指导本部门设备使用者正确操作。

第四条　设备项目确定或设备购进后，工程部负责组织施工安装，并保证施工安装的质量。

第五条　施工安装由工程部及使用部门负责人验收合格后填写“设备验收登记单”方可使用。

▲电气机械设备操作制度

电气机械设备操作制度

第一条　电气机械设备使用前，设备管理人员要与使用部配合，组织使用人员接受操作培训，工程部负责安排技术人员传授专业知识。

第二条　使用人员要学会操作，掌握日常保养知识和安全操作知识，熟悉设备性能后，经工程部签发设备操作证上岗操作。

第三条　使用人员要严格按操作规程工作，认真遵守交接班制度，准确填写规定的各项运行记录。

第四条　工程部要指派人员与各部门负责人经常检查设备情况，并列入员工工作考核内容。

第五条　使用各种电气机械设备一定要注意安全第一。

▲改装、移装设备操作制度

改装、移装设备操作制度

第一条　设备的跨部门移装、改装前要报工程部审批。

第二条　工程部进行技术可行性咨询，派员改装、移装。

第三条　将设备改装、移装的情况记入档案。

第四条　酒店各部门未经呈报工程部经理、主管审批同意，任何人不得改装、移装设备。

▲转让和报废设备管理制度

转让和报废设备管理制度

第一条　设备年久陈旧不适应工作需要或无再使用价值，使用部门申请报损、报废之前，工程部要进行技术鉴定和咨询。

第二条　工程部指派专人对设备损坏情况、影响工作情况、使用年限、残值情况、更换新设备的价值及货源情况等进行鉴定与评估，填意见书交使用部门。

第三条　使用部门将“报废、报损申请单”附工程部意见书一并上报，按程序审批。

第四条　申请批准后，交付采购部办理，新设备到位后，旧设备方可转让或报废。

第五条　报废报损旧设备由工程部负责按规定处理。

▲设备日常巡检制度

设备日常巡检制度

第一条　当值人员与各系统技术人员根据系统的运转情况制定巡检内容、要求及巡检路线，并落实到具体人员。

第二条　巡检人员严格按时间和巡检内容进行巡检，发现问题及时解决或上报处理。

第三条　保证各系统的正常运行和重点设备正常运转。

第四条　月终将填写的巡检记录表整理汇集报工程部经理，由档案管理人员收存，以备查证。

▲设备日常维修制度

设备日常维修制度

第一条　酒店使用部门的设备发生故障，须填写“维修通知单”，经部门主管签字交工程部。

第二条　工程部主管或当值人员接到维修通知，应随即在“日常维修工作记录簿”上登记接单时间，根据事故的轻重缓急及时安排有关人员处理，并在记录本中登记派工时间。

第三条　维修工作完毕，主修人应在“维修通知单”中填写有关内容，经使用部门主管人员验收签字，并将通知单交回工程部。

第四条　工程部在记录簿中登记维修完工时间，并及时将维修内容登记在维修卡片上，审核维修中记载的用料数量，计算出用料金额，填入维修通知单内。

第五条　将处理好的维修通知单依次贴在登记簿的扉页上。

第六条　紧急的设备维修由使用部门的主管用电话通知工程部，由当值人员先派人员维修，同时使用部门补交“维修通知单”，当值人员补填各项记录，其他程序均同。

第七条　工程部在接单后两日内不能修复的，由当值主管负责在登记簿上注明原因，若影响营业，应采取特别措施尽快修理。

▲电梯维修制度

电梯维修制度

第一条　巡检制：工作人员在接班后按规定时间和路线对电梯进行一次检查，内容包括电梯乘搭舒适感、厅门、轿厢门、轿厢照明、轿厢装修、风扇以及巡视记录表中的所有项目。

第二条　包干责任制：为了更有效地对电梯进行日常的维护保养，实行电梯的维护保养包干责任制，将人员分成若干组，每组负责若干部电梯的日常维护保养，内容包括该电梯所属设施：整流器、控制屏、主机、轿厢及轿厢顶、导轨、厅门及门轨、井道及井道设施、井底等。

第三条　季度和年度安全检查制：除了日常对电梯进行巡检和实行包干责任制以外，还应进行季度和年度安全检查，按升降机试验记录逐项进行检查和试验，并做好试验的详细记录。

第二节　工程部规范化管理表格

设备事故登记表

表 12-1　设备事故登记表

日　期	设备编号	设备名称	事故部位	处理结果

设备事故报告单

表 12-2　设备事故报告单

<table>
<tr><td>设备名称</td><td></td><td colspan="2">事故分类</td><td colspan="2"></td></tr>
<tr><td>设备编号</td><td></td><td colspan="2">事故责任人</td><td colspan="2"></td></tr>
<tr><td>型号规格</td><td></td><td colspan="2">事故发生的时间</td><td colspan="2"></td></tr>
<tr><td>制造厂国别</td><td></td><td rowspan="2">事故损失</td><td colspan="2">停机时间</td><td></td></tr>
<tr><td>设备用途</td><td></td><td colspan="2">修理费用</td><td></td></tr>
<tr><td colspan="2">事故主要经过</td><td colspan="4"></td></tr>
<tr><td colspan="2">设备损坏情况</td><td colspan="4"></td></tr>
<tr><td colspan="2">采取预防措施</td><td colspan="4"></td></tr>
<tr><td colspan="2">分析和处理意见</td><td colspan="4"></td></tr>
<tr><td colspan="2">设备管理部门意见</td><td colspan="4"></td></tr>
<tr><td colspan="2">酒店主管领导意见</td><td colspan="4"></td></tr>
</table>

设备订货合同登记表

表 12－3 设备订货合同登记表

序号	计划号	合同号	设备名称	型号规格	计划数量	订货数量	甲方或乙方	供货单位	单价	金额	交货期	乙方开户银行及账号	付款情况	到货日期	到货件数	外观质量	备注

设备大修理竣工验收单

表 12－4 设备大修理竣工验收单

<table>
<tr><td>工程编号</td><td colspan="2">设备编号</td><td>设备名称</td><td>规格型号</td><td>复杂系数</td><td>使用部门</td></tr>
<tr><td></td><td colspan="2"></td><td></td><td></td><td></td><td></td></tr>
<tr><td>修理部门</td><td colspan="2">开工日期</td><td>完工日期</td><td>验收日期</td><td>计 划</td><td>实 际</td></tr>
<tr><td></td><td colspan="2"></td><td></td><td></td><td>天</td><td>天</td></tr>
<tr><td>项 目</td><td colspan="2">内 容</td><td>允 差（标准）</td><td>实 测</td><td colspan="2">备 注</td></tr>
<tr><td></td><td colspan="2"></td><td></td><td></td><td colspan="2"></td></tr>
<tr><td></td><td colspan="2"></td><td></td><td></td><td colspan="2"></td></tr>
<tr><td></td><td colspan="2"></td><td></td><td></td><td colspan="2"></td></tr>
<tr><td colspan="7">验收意见</td></tr>
<tr><td>使用部门</td><td colspan="2">技术主管</td><td>质量员</td><td>修理单位</td><td>工程部</td><td>其他部门</td></tr>
<tr><td></td><td colspan="2"></td><td></td><td></td><td></td><td></td></tr>
</table>

宾馆维修通知单

设备型号__________
通知部门__________　　报修人__________通知日期__________
维修地点____
维修内容____
____

工作重要件　　甲　乙　丙　丁（由当值工程部圈图）
承修小组____________________　　工程人员____________________
开始工作日期________________　　估计日期____________________
完成日期____________________　　实用工时____________________
维修人签字__________________　　维修人职务__________________

使用部门签字　　　　　　满意　　　不满意
（材料单在后面）（略）

材料购置计划表

表 12－5　材料购置计划表

编号	材料名称或项目	规格	单位	数量	单价	金额	审核意见	备　注
1								
2								
3								
4								
5								
6								
7								

工程维修单

表 12－6 工程维修单

年 月 日

维修单位		联系人	
维修地点		维修内容	
维修员		派工时间	
耗用材料			
报修单位验收		工程部当值	
完工时间		工程部签收	
待修房号	开始日期		维修日期
归还可售客房：			

部门主管（签字）：

宾馆设备维修表

表 12－7 宾馆设备维修表

报修项目	报修时间	维修人	维修时间	备 注

台班员（签字）：

第十三章　现代酒店保安部管理制度与表格

第一节　保安部规范化管理制度

▲保安部工作管理制度

保安部工作管理制度

1. 仪容仪表

（1）保安、消防人员上岗前不得饮酒，上岗时要求穿制服，佩戴内部治安工作证、武装带，佩戴警号等，直至下班为止。

（2）保安、消防人员上岗后要注意力集中，保持举止端庄，迎宾有礼，处理问题时要妥善分析情节的轻重，果断公平。

（3）保安、消防人员不准留长头发、胡子、长指甲，违者警告，限期改正。

2. 执勤部分

（1）遇到报警时应沉着、冷静、准确地向有关部门或值班领导报告，消防值班人员不准离开控制室，如擅自离岗者，按失职论处。

（2）消防中心不准打与业务无关的电话，非保安人员不得进入，任何人不准在消防中心会客。

（3）值班人员必须经常打扫卫生，保持值班室干净、整齐，各类控制台无灰尘。

3. 大堂部分

（1）大堂值班员必须按指定地点坚守岗位，不得闲谈，不准到总台闲坐，妨碍他人工作。对于来宾有不文明礼貌的行为应及时纠正。如因离岗造成公司财产损失而又未将肇事者抓到，视情节给予扣除当月奖金处理或其他相应处罚。

（2）值班人员用餐时必须互相轮换，不得空岗用餐。一旦发现异常情况，应迅速赶赴现场，同时应向值班领导汇报。遇到异常情况不妥善处理又不及时汇报者，视其情节轻重和影响大小给予必要的处分。

（3）工作时间严禁会客、做私事、吃东西、饮酒、抽烟、看报纸或小说、写信、聊天、睡觉，发现一次酌情扣发奖金，因造成工作失误者根据情节轻重给予处罚。

4. 外勤部分

（1）保障消防通道畅通和停车场秩序的良好，自行车摆放整齐，如因乱停放而造成塞车，追究当班人的责任。

（2）经常巡逻检查，经常巡视重点位置，发现可疑的人要查问清楚，防止意外事故的发生。

5. 迟到、早退、病事假、旷工的处理方法

（1）迟到、早退10分钟内给予警告，超过30分钟以上算旷工半天，旷工一天扣当月奖金的50%。

（2）病假必须有指定医院的医生证明病因、轻重，方可病休。

（3）请事假一天必须由领班批准，请假一天以上由部门领导批准，请假必须由本人以书面形式进行，不准别人代请或打电话请假。

（4）不通过请假，旷工一天扣相应工资，旷工两天以上者，呈报总经理室给予行政处分。

6. 其他

（1）交接班要按时，交接要详细填写值班笔记，领班每天必须详细检查记录情况，发现问题及时汇报。

（2）严格遵守保密制度，不泄露保安部内部的各种资料。

▲保安部上班管理制度

保安部上班管理制度

第一条　严格遵守本酒店的各项规章制度。

第二条　着装整齐、仪表端庄、精神集中、文明礼貌，不准便装、制服混装上岗。

第三条　应按时上下班，严禁迟到或早退。

第四条　服从命令、听从指挥，完成上级交给的任务。

第五条　不准离岗、脱岗、互相串岗。

第六条　不准利用工作之便无故刁难顾客和游客。

第七条　不准利用工作之便动用公司财物。

第八条　禁止会客接友、打电话、看书看报等。

第九条　严禁吸烟、喝酒、睡觉等。

▲保安员招募管理制度

保安员招募管理制度

第一条 凡经考试、体检合格的男女青年皆可录用为保安员。

第二条 录用后须经过半年试用方可成为见习保安员，见习保安员经半年见习期满可成为三级保安员，以后依照酒店有关规定和员工本人的业绩逐级晋升。

第三条 保安员录用后须通过酒店和部门的入职培训并经考核合格方可上岗。

第四条 保安员必须按人事部有关规定办理各项手续方可离（辞、退）职。

▲保安员培训管理制度

保安员培训管理制度

第一条 保安部将根据每个员工的素质和表现以及酒店、部门管理、服务工作的需要，进行不同形式、不同层次的培训。日常培训按层次管理原则，即部门经理负责对主管的培训，主管负责对保安员进行周期性培训。

第二条 保安部每季度对员工进行一次思想品德和工作业绩方面的评估，作为员工下一季度工资标准的依据。

第三条 保安部每半年对员工进行一次业务技能和外语知识的考核，成绩存档，作为晋升、降职或奖罚的依据之一。

第四条 如员工严重违纪但又未达到开除的程度，部门可酌情对其重复培训。

▲保安员日常管理制度

保安员日常管理制度

第一条 保安部依据酒店的“员工守则”对保安员进行管理。

第二条 保安员应“律人先律己”，如保安员违反酒店纪律，一律从严处理。

第三条 由保安部一名副经理负责对保安员的日常管理和培训工作，各班组主管具体指导，每月由部门经理或主管主持召开一次保安员大会，每周一次由主管主持召开班务会，小结工作及进行思想品德和业务知识培训。

第四条 保安部例会每周一次，传达上级指示，研究解决警卫班的问题，总结上阶段工作，布置下阶段任务。

▲保安部领班工作制度

保安部领班工作制度

第一条　上班时间例行巡查各工作岗位值班情况，并登记在册以备核查，凡在工作中出勤不出力、敷衍了事的，一经发现立即从严处理。

第二条　上班时间不准迟到、早退，严禁无故旷工、请人代班，有特殊情况需提前向经理请假并征得同意，否则按有关条例加倍处罚。

第三条　工作当中处处以身作则，不要特权、刁难客人、做不利于工作的事等，一经发现将严惩。

第四条　严禁利用工作之便去营业场所闲聊、下棋或做其他非工作有关的事，一经发现从严论处，造成不良影响时予以开除。

第五条　不准在保安部办公室聊天、打与办公无关的电话和做与工作无关的事，违反此项规定，第一次予以警告，第二次写书面检讨，第三次扣除当月全部奖金。

▲安全工作总结制度

安全工作总结制度

第一条　工作总结中应包括酒店安全概述、消防安全情况、本月案件统计、内务管理自述四个方面。

第二条　酒店安全概述应将酒店内各种场所所发生的事件及处理决定加以详细说明。

第三条　消防安全情况主要述说本月的消防检查是否发现隐患及是否发生火情火灾事故。

第四条　本月事件案件统计，从每月保安值班记录中统计。

第五条　内部管理自述报告，反映一月内的人事变动、员工培训及员工重大违纪事件。

▲当班前列队训练制度

当班前列队训练制度

第一条　检查保安员衣着、装束。

第二条　每日分三班，由三名主管召集，当值全体工作人员参加。

第三条　班前点名，并由主管交代当班之工作及注意事项。

第四条　必要时将进行站姿、走姿等军体训练。

▲日常工作记录管理制度

日常工作记录管理制度

第一条　当值主管、领班、停车场警卫、监控室警卫依次在记录本上填写日常工作情况。

第二条　保安值班记录本内所记叙之事件必须有时间、地点、人物、处理结果、遗留问题。

第三条　填写完后交保安经理审阅。

▲员工违例处理制度

员工违例处理制度

第一条　员工违例行为以酒店颁布的有关规章制度为依据，各级保安员必须掌握各项规章制度的内容和使用范围。

第二条　酒店员工的违例行为由保安部三方人员负责检查。

（1）当值保安员。

（2）当值领班或主管。

（3）专案班人员。

第三条　违例行为的直接纠正以当值保安员、当值领班、当值主管为主，调查核实以专案班人员为主。

第四条　员工违例确属轻微和危害性小给予批评教育，较严重的和危害较大的由专案班组织专门材料报人事部及违例员工所在部门处理。

第五条 调查处理程序如下。

（1）当值保安员或领班、专案班、保安经理三级逐级核实。

（2）专案班出具检控报告书一式三份。

（3）报人事部和其所在部门论处。

（4）保安部详细记录并存档。

第六条 酒店员工的违例处置，由保安部请示酒店领导后执行。

▲违反酒店公共利益处理制度

违反酒店公共利益处理制度

第一条 如有违反酒店公共利益的事件时，由各部门经理及主管负责处理。

第二条 导致营业场所混乱和严重纠纷时，由保安部人员负责出面处理。

第三条 通知有关部门负责人，调查了解事情的来龙去脉、损失情况等，并做好记录。

第四条 确定客人违反安全条例，制造事端，已造成酒店经济损失及不良影响或损坏酒店用品，且态度蛮横、拒绝赔偿的，呈报酒店值班经理批示处理。

第五条 确定服务人员服务态度及技巧上有问题，要追究服务人员的责任，由部门做出处理意见后，保安部签署意见，报人事部按权限审批。

第六条 保安部处理方法如下。

（1）派出专人查看现场，将当事人分别领至后台，控制局面。

（2）疏导围观人员，督促有关人员清除现场杂乱痕迹，恢复正常营业秩序。

▲违法案件处理制度

违法案件处理制度

第一条 各部门员工发现有违法可疑之人都应立即报告保安部。

第二条 保安部接到报告后要立刻赶赴现场，抓获正在进行违法行为的人员。

第三条 经保安部调查后确有违法行为者视情况轻重移送执法机关处理。

第四条 将事件的经过、结果等记录下来并存档。

▲违法客人处理制度

违法客人处理制度

第一条　保安部指派专人到现场查看，确属违法行为要及时制止，同时请示保安部经理。

第二条　保安员做好调查工作后，确定是否构成违法行为。

（1）向服务员了解，并做好记录。

（2）询问客人时要与服务部门经理及服务主管联系，相互配合，以恰当的口气询问，避免发生误会。

（3）证据不足要继续调查了解。

第三条　属轻微违法事件，可先由服务人员出面进行劝阻和制止，劝阻无效后保安部指派专人在服务人员的配合下进行劝阻和制止，经多次劝阻无效，由值班经理及保安经理批交有关治安管理部门处理。服务人员和保安部要采用适当方式，尽量避免在酒店发生较大的冲突。

第四条　严重违法事件，要严密控制、监视来去人员，经请示批准后立即报警，并配合警方工作。

第五条　保安部人员协助调查各种违法事件并提供所掌握的材料。

第六条　在没有确实证据的情况下，不得闯入及搜查客人房间。

▲客人意外受伤、病危、死亡处理制度

客人意外受伤、病危、死亡处理制度

第一条　接到通知后，保安部派人到现场处理且应有值班主管在场。

第二条　值班主管处理此类事件必须有医务人员、营业服务部门人员在场，以相互配合。

第三条　初步诊断受伤及病危人员的现状不严重时，由医务人员就地治疗，症状严重需送医院的，采取急救措施后及时送往医院。

第四条　保安部主管应该：

（1）记录有关情况。

（2）送客人去医院，并备齐客人的有关资料。

（3）办理住院手续，并在客人单位人员及亲属未至之前，派员看护。

（4）危险期内的病人，保安部主管应在场，以防病情恶化。

（5）请示值班经理，决定需不需要通知客人所在单位及亲属。

第五条　如有死亡客人时，应确认死者身份，医务人员、服务部门主管、保安部主管共同到现场确定死亡时间，保护现场，并立即与有关治安管理部门联系，配合执法人员做好处理工作。按客人登记及其他线索与客人所在单位及亲属联系，协助做好善后工作。

第六条　保安部按有关程序进行调查，并负责写出调查报告，负责向有关治安管理部门、客人所在单位及亲属提供，并负责将调查处理结果呈报总经理。

▲财物失窃处理制度

财物失窃处理制度

第一条　迅速到达现场，查看该房间是否有明显损坏或是被硬物撬开等迹象。

第二条　开门进入房间后，检查房内之物及行李或提箱、橱柜是否被撬开，商品柜台玻璃、挡板等有无明显被撬移的痕迹。

第三条　经检查后证实为盗窃的，保安主管应立即做以下处理。

（1）封锁现场，不准任何人进入。

（2）向保安部经理报告，增加保安人员。

（3）观察了解有无形迹可疑人员出入，记录失物价值，判断盗窃时间，等等。

（4）不可移动现场摆设和触摸任何物件，应用摄像机拍摄现场。

（5）执法人员到现场后协助工作，为执法人员提供资料影印副本，以做内部调查。

第四条　对所涉及的各部门人员进行调查并记录，并对重点部位及个人进行调查。

▲偷盗处理制度

偷盗处理制度

第一条　接到通知后，当值大堂副经理应立即通知保安部赶赴现场，并知会管家部主管级以上人员。

第二条　向失物者了解事件的详情、经过、时间等。

第三条　请客人详细填写“客人财物遗失报告表”。

第四条　如财物在房间被盗应立即与保安部、管家部值班主管到房间调查，征得客人同意后再搜查房间。

第五条　向顾客了解其是否有怀疑对象，并询问客人的来访情况，并需向当值楼层服务人员了解情况。

第六条　征求报案者是否愿意报警，如其不愿报警则请报案者在“客人财物遗失报告表”中注明。如其要求报警，则由保安人员陪同前往报警。

第七条　如顾客离去后，请客人留下通信地址，以便联络。

第八条　将详情记录在值班日记上。

▲酒店内打架处理制度

酒店内打架处理制度

第一条　接到打架报告后，大堂副经理须连同保安部有关人员立即赶赴现场，并控制局面。

第二条　如有受伤者，则视其受伤情况通知酒店医生或送往附近医院治疗。

第三条　尽可能将肇事者分开并疏散围观人员。

第四条　向有关人员及肇事者了解事由。

第五条　如酒店有财物被损坏，则须填写酒店财物损坏报表，如需向肇事者索赔，大堂副经理可根据损坏情况而判定赔偿的数额。

第六条　情况特别严重的，应请示上级是否应押送治安管理部门处理。

第七条　如现场被损坏，则将“酒店财物损坏报告表”及现场相片呈送管理层及有关部门。

第八条　事后通知有关部门清理现场，并通知工程部进行检修。

第九条　将详情记录在值班日记上，并通知有关部门跟办。

第十条　如为酒店内部员工打架，则应记下其工号及所属部门，由该部门依照有关规定进行处理。

▲停车场管理制度

停车场管理制度

第一条　停车场必须符合“五有”办场标准，即有完善的开办手续、有值班岗亭、有工作责任制度、有专职保管员、有安全围栏设施。

第二条　停车场必须在出入口设立明显的标志，写明停车场名称、性质（白天、日夜）、类别等。

第三条　停车场的各种管理制度及收费标准必须张贴在出入口明显的位置，实行“三公开”，即公开收费标准、公开责任人、公开保管员姓名和照片。

第四条 停车场只作机动车保管之用，场内不得维修车辆、装卸货物、拉客营运、摆卖等。

第五条 停车场内不准搭棚住人，不准闲杂人员进入或滞留，场内须设置若干垃圾箱，并定期清洁打扫。

第六条 属永久性固定停车场必须用油漆划出停车位，并按位编号，临时停车场也必须因地制宜，尽可能划位和编号。

第七条 开办摩托车保管业务的停车场必须统一集中保管，设立摩托车停放架，露天保管的必须搭建整齐规范的摩托车避雨棚，并按位编号。

第八条 停车场必须备有消防器材并悬挂在场内各方便取用的地方。

第九条 停车场内所有车辆必须摆放整齐，通道内严禁停车，装载易燃、易爆、剧毒物品的车辆禁止进入场内保管。

第十条 严格财务制度，健全票证管理，完善领用手续。票证要专人专管、日清月结。

▲保安装备交接制度

保安装备交接制度

第一条 酒店保安部所配用的对讲机，每日交班时，须由使用人在上班或下班时至监控室领取和归还，并签名。

第二条 保安员使用的电筒、应急灯由保安主管领取和归还，并签名确认。

第三条 冬季警用大衣领取，需当日使用人在上下班时至监控室领取和归还，并签名。

第四条 所有保安装备非自然原因损坏的，将追究当事人的责任。

▲警用器材使用制度

警用器材使用制度

第一条 保安员日常使用的警用器材为不带电橡皮警棍，担任押款任务的保安员所携的应是电警棍。

第二条 橡皮警棍使用时须有一名保安主管在场，只能用于突发事件，押款人员携带的电警棍只有在酒店的款项受到危险时才能使用。

第三条 保安当值经理保留在紧急情况下使用电警棍的权力。

第四条　保安员的警用器材应谨慎使用和保管。

▲酒店消防管理制度

酒店消防管理制度

第一条　总台报警显示箱，由总台当班服务员 24 小时值班，如听到铃响报警，应立即通知保安部、工程部值班员，迅速到报警楼层检查。

第二条　如发生火灾，值班员应立即先将楼层总电门关闭，切断电源，防止爆燃。情况严重紧急，应边抢救灭火，边报办公室和打消防火警电话。报警时要准确清楚地说明酒店地点、报警人姓名及联系电话，待消防队把情况听清楚后才可放下电话筒，同时报警人要到路口、通道接应消防车赴现场救火。

第三条　各部门员工知道酒店失火后，应及时赶到失火现场参加扑救，准备灭火的消防栓或立即使用消防栓灭火。有领导在场由领导指挥，如领导不在时，则由在场员工商量决定，采取果断的措施，立即进行灭火和营救工作。

第四条　如发生火情，知情不报或不坚守岗位，离开现场，临阵逃脱者，按其情况严重程度给予行政处分，并追究其责任。

第五条　学习消防知识，会用灭火器具和设备。每月检查一次消防设备、地下消防栓和消防水泵，保证设备完整、好用。

▲酒店防火管理制度

酒店防火管理制度

第一条　酒店内部不准存有易燃易爆、有毒和腐蚀物品，禁止在大楼内及房间阳台燃放烟花、爆竹等。

第二条　客房内不准使用明火电炉、煤气炉、柴油炉以及大功率的电器设备。确因工作需要应经消防中心同意后方可使用，并做好登记。不准将衣物放在台灯架罩上烘干，不准在房间内生火烧东西。

第三条　配电房内不准堆放物品。不准在布草间、楼层小仓库内吸烟，消防分机旁边不准摆放任何杂物。严禁将洗涤剂放在垃圾、衣物滑道口周围。

第四条　装有复印机、电传机、印刷机的部位禁止吸烟和使用明火。用酒精清洗机器部件时，要保持室内通风，大量清洗机器时，要到室外通风的地方进行。如无法移动机器时，必须打开门窗，保持室内空气流通。沾有油墨和易燃物品的纸张、油布要装在有盖的铁桶里并及时清理。

第五条　各通道楼梯出口等部位要经常保持畅通，疏散标志和安全指示灯要保证完好。

▲发生火灾时组织自救操作制度

发生火灾时组织自救操作制度

1. 报警通报

发现火灾时，首先要把火灾的信息传给消防控制中心、酒店值班的负责人、公安消防队和需要疏散的旅客，然后召集计划中的各部员工到达着火楼层扑救。

（1）一旦着火，火灾信息要在第一时间传到本层服务员和消防控制中心。

（2）本层服务员和消防中心值班员立即到现场确认是否成灾。

（3）确认起火便通知单位值班负责人、公安消防队，召集各部员工到场。

（4）单位值班负责人到场后，决定是否需要疏散并组织到场员工进行灭火救人工作。

（5）根据单位值班负责人的命令，向需要疏散旅客发出通报。

2. 疏散抢救

火灾发生后，必须考虑的首要问题是组织指挥疏散与抢救着火层以上的人员。

（1）明确分工。把责任落实到楼层服务员，负责引导客人向安全区疏散，护送行动不便的旅客撤离险境，检查是否有人留在火层内需要抢救出来，接待安置好从着火层疏散下来的客人，并稳定客人情绪。

（2）疏散次序。先从着火房间及着火层以上各层开始疏散，再疏散着火层以下各层。疏散时青壮年通过安全楼梯疏散，行动不便的人员则护送他们从消防电梯疏散。对火层以下的客人做好安抚工作，并劝其不要随处乱跑。

（3）指导自救。指导自救分别由服务员带领或通过楼内通信设备指导等方式进行。组织服务员鼓励或带领旅客沿着消防楼梯冲过烟雾下楼。如不能从预定的消防楼梯疏散时，由服务员带领旅客登上天台上风口处等待营救，并组织水枪喷射掩护。对于被困在着火层的人员，应通过广播器、室内电话等通话工具，鼓励被困人员增强自救信心，引导启发他们就地取材选择如下自救方法：使用床单、窗帘、台布等连接起来做救生绳，把一头固定，沿布绳降落到下一层。封闭门窗，堵孔洞防止烟雾窜入房间，用水泼在门窗上降温，留在房间等待营救。

（4）注意安全。在疏散路线上设立哨岗向疏散人员指明方向，并劝导疏散人员有秩序地疏散，及时清除路障，保持道路畅通无阻。使用消防电梯疏散人员时要有专人操作，约定好联络信号，以便电梯出故障时采取营救措施。组织灭火时要观察客房火势发展蔓延过程，一般情况下是先从下向上，遇阻向水平发展，再从门窗竖井孔洞等开口部位向上下左右蔓延，因此组织灭火时首先要堵住火势向外蔓延，把火势控制在着火房间内予以扑灭。

①启动消防水泵，满足着火层以上各层消防用水量，铺设水带做好灭火准备。

②关闭防火分区的防火大门。

③派出人员携带灭火工具到着火房间的相邻房间和上下层的房间，查明是否有火势蔓延的可能，并及时扑灭蔓延过来的火焰。

④使用水流灭火时，要正确操纵水枪射水，一般应先窗后内，先上后下，从窗户的房顶部之字形摆动喷射，向后移动到角落处，把房顶和开口部位的火势扑灭后，再射向起火部位。

3. 防烟排烟

在扑救高层建筑初期火灾时，为了降低烟气毒性，防止烟气扩散，采取防烟、排烟措施是保证人员安全加快灭火进程的必要措施，具体措施有：

（1）启动送风排烟设备，对疏散楼梯间、前室保持正压送风排烟。

（2）启开疏散楼梯的自然通风窗。

（3）把客用电梯全部降至首层锁好，并禁止使用。

（4）使用湿毛巾捂住鼻口匍匐于地面的防烟方法。

4. 注意防爆

一是防止易燃物体受热而产生的爆炸，二是防止产生轰燃。因此在扑火时，要注意做到：

（1）把可能受火势威胁的易燃易爆物品，迅速清理出楼外。

（2）对受火势威胁的石油产品贮罐用水喷洒，使之冷却。

（3）扑救客房火灾时要坚持正确射流的方法，防止轰燃的发生。

5. 现场救护

扑救高层建筑火灾，应组织单位医务人员及时对伤员进行护理，然后送医院救治。

6. 安全警戒

为保证扑救、疏散与抢救人员的工作有秩序地进行，必须对大楼内外采取安全警卫措施。安全警戒部位，包括在大楼外围、大楼首层出入口、着火层等分别设置警戒区和警卫人员，其任务是：

（1）大楼外围：清除路障，指导一切无关车辆离开现场，劝导过路行人撤离现场，维持好大楼外围的秩序，迎接消防队，为消防队迅速到达火场灭火创造有利条件。

（2）大楼首层出入口：不准无关人员进入大楼，指导疏散人员离开大楼，看管好从着火楼层疏散下来的物件，保证消防电梯为消防人员专用，指导消防队进入着火层。

（3）着火层下一层：不准客人进入或再登上着火楼层，防止坏人趁火打劫、浑水摸鱼或乘机制造混乱，保护好消防装备器材，指导疏散人流向下层有秩序地撤离。

7. 通信联络

保持大楼内着火层与消防控制中心、前后方的通信联络，使预定的灭火疏散应急方案顺利实施。

（1）楼内的电话、楼层服务台的电话要设专人值班及时对话。

（2）值班经理与消防中心、着火层以上各层、供水供电部门保持联系，有条件时最好设置无线电通信网。

（3）设立通信人员，负责口语通信联络，担任此项工作的人员必须熟悉各部位位置和各部的负责人。

8. 后勤保障

（1）保证灭火器材完好。

（2）保证水电供应不间断。

（3）积极协助救援单位，提供支援项目，保障器材供应。

9. 注意

以上事项必须在着火后 5 ~ 7 分钟内完成。

▲突发事件处理制度

突发事件处理制度

第一条　遇有突发事件发生，所有员工必须服从总经理或有关领导的指挥调遣。

第二条　本酒店员工一旦发现可疑情况或各类违法犯罪分子及活动，应立即报告保安部。

第三条　发生偷窃、抢劫、凶杀或其他突发性事件，应立即报告保安部和值班主管，同时保护好现场，除紧急抢救外，无关人员不得进入现场。

第四条　当治安管理部门、保安人员进行安全检查和处理案件时，有关员工应积极配合，正确提供情况。

第五条　发生火警火灾时，工作人员除应立即报告消防中心外，应马上采取有效措施先行扑救火灾，扑救完毕保护好现场，待有关部门检查完毕后方可整理事发现场。

▲安全检查制度

安全检查制度

为贯彻、实施酒店各项安全制度，实行三级安全检查制。

第一条　酒店的安全大检查由治安消防委员会领导，责成保安部具体组织实施。

第二条　酒店安全大检查要求每季度进行一次，由酒店安委会成员、保卫人员及酒店的负责人组成安全检查组，重点检查各项安全制度、防火制度及有关措施的执行情况。

第三条　对检查出的问题责成有关单位或部门限期解决。

第四条　由主管安全的经理、保安部经理组织各级安全责任人，每月对酒店各部门进行一次全面安全检查，发现问题及时解决并做出安全检查记录。一时难以解决的较大隐患，要写出书面报告，上报酒店安委会。

第五条　各营业部门及安全值班人员负责本区域的班前班后安全检查，发现隐患及时排除，做好记录，解决不了的问题及时上报保安部。

第六条　重大节日前要对酒店进行全面安全检查，各级主管领导必须亲临现场仔细认真检查。

第七条　除按期进行“三级检查”外，保安部要按分工对全酒店各部位的治安防范、安全防火情况进行经常性的抽查。填写安全检查记录，发现隐患要督促有关部门及时解决。

第二节　保安部规范化管理表格

保安交接班记录表

表 13－1　保安交接班记录表

班次：　　　　　　日期：　　　　　　No.

接班人姓名	交班人姓名	接班时间	岗　位
交班情况 （完好打“✓”， 损坏打“○”， 损失打“×”）	1. 对讲机____台 2. 灭火器____瓶 3. 防毒面具____个 4. 雨伞____把 5. 雨鞋____双 6. 大衣____件	7. 记录本____本 8. 钥匙____条 9. 值班桌____张 10. 凳子____张 11. 信件____封	
本班发生的事件			
处理的情况			
未办完的事件			
下一班应注意的问题			
接班班长		交班班长	
领班意见			
备　注			

保安月岗位安排表

表 13－2　保安月岗位安排表

时　间		岗位及人员		
		大堂岗	巡逻岗	道口岗
1 日 ~5 日	8：30 ~ 16：00			
	16：00 ~ 24：00			
	24：00 ~ 08：30			
6 日 ~ 10 日	8：30 ~ 16：00			
	16：00 ~ 24：00			
	24：00 ~ 08：30			
11 日 ~ 15 日	8：30 ~ 16：00			
	16：00 ~ 24：00			
	24：00 ~ 08：30			
16 日 ~ 20 日	8：30 ~ 16：00			
	16：00 ~ 24：00			
	24：00 ~ 08：30			
21 日 ~ 25 日	8：30 ~ 16：00			
	16：00 ~ 24：00			
	24：00 ~ 08：30			
26 日 ~ 30 日	8：30 ~ 16：00			
	16：00 ~ 24：00			
	24：00 ~ 08：30			
备　注				

保安工作班检表

表 13－3 保安工作班检表

单位： 队： 班： 检查人：

日期	受检人	岗位	检验内容					
			仪容仪表	服务态度	工作纪律	服务要求	工作要求	其他

注：在“检验内容”各栏中填“合格”或“不合格”即可。

保安巡逻签到卡

表 13－4 保安巡逻签到卡

岗位： 区域：

时间	签名	时间	签名
巡视记录（房管员填写）			
备注			

巡逻记录表

表 13－5　巡逻记录表

年　　月　　日　　　　　班　　　　　　　No.

巡逻项目								
巡视检查情况记录	时间： 地点： 记录：	时间： 地点： 记录：	时间： 地点： 记录：	时间： 地点： 记录：	时间： 地点： 记录：	时间： 地点： 记录：	时间： 地点： 记录：	时间： 地点： 记录：
其他异常情况记录					班长抽检评语			
主管阅示						巡逻员签名：		

班长巡查记录表

表 13－6　班长巡查记录表

班　　　　　　　　　年　月　日　　　　　No.

时　间	时　　分	时　　分
违规者姓名		
违规情况及处理结果		
异常情况及处理结果		
每日巡查工作总结		

班长签名：

保安工作周检表

表 13－7 保安工作周检表

评分 岗位	受评检人员	着装					礼仪					岗位执行					内务卫生					主管评分					总分
		A	B	C	D	E	A	B	C	D	E	A	B	C	D	E	A	B	C	D	E	A	B	C	D	E	
		20	18	16	14	12	20	18	16	14	12	20	18	16	14	12	20	18	16	14	12	20	18	16	14	12	
中控室																											
地下 停车场																											
阁塔楼																											
阁塔楼																											
阁塔楼																											
地面1号 停车场																											
地面2号 停车场																											
巡逻岗																											
班长																											

检查人： 审核人：

保安工作月检表

表 13－8　保安工作月检表

年　月　日

岗　位	姓名	检　查　内　容					总　分
		着装	礼仪	岗位执行	班长评分	主管评分	

备注：1. 每项检查内容的检查结果共分五等，“1、2、3、4、5”。其中 1 等为“91～100 分”。2 等为“81～90 分”。3 等为“71～80 分”。4 等为“61～70 分”。5 等为“60 分以下”。

2. 每项检查内容的评分结果为本月《保安工作周检表》汇总而得出。

审核：______

消防设施安全运行巡查记录

表 13－9　消防设施安全运行巡查记录

巡查时期：

巡查地点	安全运行状况	设备 完好率	巡查时间	巡查记录员 签名	备注

保安员：　　　　　　　　保安部：

消防设施、设备检查表

表 13－10　消防设施、设备检查表

<table>
<tr><td colspan="2">楼　层</td><td></td><td></td><td></td><td></td><td></td><td></td><td></td><td></td></tr>
<tr><td colspan="2">单位名称</td><td></td><td></td><td></td><td></td><td></td><td></td><td></td><td></td></tr>
<tr><td colspan="2">报警控制箱</td><td></td><td></td><td></td><td></td><td></td><td></td><td></td><td></td></tr>
<tr><td colspan="2">烟感器</td><td></td><td></td><td></td><td></td><td></td><td></td><td></td><td></td></tr>
<tr><td colspan="2">消火栓</td><td></td><td></td><td></td><td></td><td></td><td></td><td></td><td></td></tr>
<tr><td colspan="2">防火防烟门</td><td></td><td></td><td></td><td></td><td></td><td></td><td></td><td></td></tr>
<tr><td colspan="2">疏散通道</td><td></td><td></td><td></td><td></td><td></td><td></td><td></td><td></td></tr>
<tr><td colspan="2">安全出口指示灯</td><td></td><td></td><td></td><td></td><td></td><td></td><td></td><td></td></tr>
<tr><td rowspan="4">喷淋灭火系统</td><td>水流报警箱</td><td></td><td></td><td></td><td></td><td></td><td></td><td></td><td></td></tr>
<tr><td>楼层供水阀</td><td></td><td></td><td></td><td></td><td></td><td></td><td></td><td></td></tr>
<tr><td>喷　头</td><td></td><td></td><td></td><td></td><td></td><td></td><td></td><td></td></tr>
<tr><td>警　铃</td><td></td><td></td><td></td><td></td><td></td><td></td><td></td><td></td></tr>
<tr><td colspan="2">消防广播</td><td></td><td></td><td></td><td></td><td></td><td></td><td></td><td></td></tr>
<tr><td colspan="2">电视监控系统</td><td></td><td></td><td></td><td></td><td></td><td></td><td></td><td></td></tr>
<tr><td colspan="2">灭火器</td><td></td><td></td><td></td><td></td><td></td><td></td><td></td><td></td></tr>
<tr><td colspan="2">疏散路线图</td><td></td><td></td><td></td><td></td><td></td><td></td><td></td><td></td></tr>
<tr><td colspan="2">备　注</td><td></td><td></td><td></td><td></td><td></td><td></td><td></td><td></td></tr>
</table>

检查人：　　　　　　　　　　　　　　　检查时间：

注：若无问题打“✓”，若有问题则记录下来，不够写，可加附页。

消防应急器材检查表

表 13－11　消防应急器材检查表

单位名称：　　　　　　　　　年　月　日　　　　　　No.

序　号	应急器材名称	规　格	数　量	检查状态	备　注

消防自动报警系统开启记录表

表 13－12　消防自动报警系统开启记录表

<table>
<tr><td>开启时间</td><td colspan="5">年　月　日　时　分</td></tr>
<tr><td colspan="6">开启事由</td></tr>
<tr><td colspan="6"></td></tr>
<tr><td colspan="2">使用前加封日期</td><td></td><td colspan="2">使用后加封日期</td><td></td></tr>
<tr><td>备　注</td><td colspan="5"></td></tr>
<tr><td>管理处主任</td><td></td><td>保安部部长</td><td></td><td>值班员</td><td></td></tr>
<tr><td>时　间</td><td></td><td>时　间</td><td></td><td>时　间</td><td></td></tr>
</table>

中控室消防设备监控运行记录表

表 13-13 中控室消防设备监控运行记录表

第 页

日期			星期	时间		报警或故障信号	设备编号	设备运行状态	记录人
年	月	日		时	分				

第十四章　现代酒店车务部管理制度与表格

第一节　车务部规范化管理制度

▲司机管理制度

司机管理制度（一）

第一条　学习酒店规章制度及安全条例，实行签到制度，并将学习总结报总经理办公室。

第二条　司机必须参加车队的安全行车学习，特殊原因不能参加须取得车队长同意。

第三条　司机行车出现交通事故并负主要责任者，必须在车队安全会议上汇报事故经过并写出书面检讨。

第四条　节假日，司机必须服从车队长统一安排，开领导专车的司机跟领导一起值班。

第五条　每月定期检查车辆，研究分析车辆安全状况并制定措施。

第六条　每日检查车况，保证车辆能正常营运。

司机管理制度（二）

第一条　司机上班时间不出车时，必须在司机室等候工作，临时有事离开必须向车队长请假。

第二条　司机请事假，必须经车队长批准，领导专车司机需经领导同意后方可请假。

第三条　严格执行考勤制度，无故缺勤者一律按旷工处理。司机不听从安排、耽误公事，后果严重者给予开除处理。

第四条　司机必须注意保密，不得传播乘车者讲话的内容，违者给予批评教育，严重者严肃处理。

第五条　开领导专车司机，领导公事外出或外地学习、开会期间司机工作由车队长安排。

第六条　单位和个人用车，由车队长统一安排，如无车队长或酒店领导派车，司机可拒绝出车。

第七条　司机下班后，车辆不准在外面过夜（不配司机的领导除外），违者第一次批评教育并罚款，第二次起每次加倍处罚。车辆附件一切误失均由司机负责，如车辆失窃，司机须负一定赔偿责任。

第八条　司机私人用车须经酒店领导或主管领导批准，违者按情节轻重每次罚款不等，未经批准用车办私事，如发生交通事故及损坏车辆者，由司机负责维修费，赔偿有关事故的全部经济损失。

第九条　严禁赌博、播放黄色录像带和走私，凡在办公室、宿舍赌博或观看黄色录像带者，一经发现，第一次给予警告，第二次报治安管理部门依法查处。

第十条　不准借车给别人驾驶或学车，违者罚款。

第十一条　酒店车队车辆司机需要调整，经酒店领导同意后由车队长统一安排。

第十二条　严禁酒后开车，酒后开车损坏车辆者，由司机负责维修费。如发生交通事故，除负责维修费外，还应承担刑事责任。

第十三条　司机利用酒店车辆外出搭客营运者，一经交通运输局查获，一律做除名处理。

▲司机服务操作制度

司机服务操作制度

第一条　对客人要面带笑容，使用敬言，做到“请”字当头，始终坚持“客人至上，服务第一”的服务原则。

第二条　微笑服务，给客人以亲切、愉快和轻松的感觉。

第三条　树立良好的职业道德，不拣客、不拒载、不多收车费，空车行驶时，做到扬手即停，开门载客（交通条件不允许除外）。

第四条　不论任何客人，都要以礼相待，热情服务，绝不能厚此薄彼。

第五条　急客人之所急，热情为客排忧解难，给客人提供良好的服务。

第六条　树立良好的驾驶作风，不争先、不抢道、不开斗气车，坚持文明行车。

第七条　如遇客人有意刁难，应采取忍让克制态度，绝不允许和客人发生争吵，更不准打架斗殴。

▲司机日常工作制度

司机日常工作制度

第一条　上班时先到调度台报到后，检查车容、仪容是否符合标准，起动车辆，检查车况，确认一切都达到标准后即可在待命室内候派。

第二条　司机必须无条件接受调派命令，由调度台根据排班次序轮流派车，如有意见应执行任务后向上级反映意见。

第三条　接受调派的司机，应向调度台问清楚用车单位或姓名、用车时间、上落客点、行车路线、付款方式等。开车前及完成接待任务后，均要用无线电话向调度台报告。

第四条　执行任务时，凡需以记账或签单输入房费者，司机应在客人离车前请客人签单确认车费。电话预约订车必须准时到达用车地点，及时与租车单位负责人联系，并把车辆和车牌号、停车地点告诉客人。

第五条　与客人见面时，要面带笑容向客人问候，打开车门，用手挡住车门框上沿请客人上车，热情搀扶老幼客人，客人坐稳后，主动帮助客人提拿行李物品，关好车门。行车中如遇复杂路面，应提醒客人坐好。

第六条　客人需要司机等候时，要耐心，不准有任何烦躁表示，并选择地形将车停好等候客人。候客时不准远离车辆，不准在车上睡觉，不准翻阅客人放在车上的物品，不准用喇叭催人。

第七条　载客到达目的地时，要主动把车开到客人下车的就近点，用敬语请客人签单，提醒客人带齐行李物品。

第八条　客人下车后，要主动检查车内有无遗留物。每程客人下车后，司机均应清洁烟灰缸，抹净车厢内脚印。客人遗留在车上的物品，司机要交给调度台处理。

第九条　回酒店后，主动做好行车记录，清洁车辆卫生，停好车辆，向调度台交车钥匙，向财务收银处交车费及路单。

第十条　在接送客人时，中途不得无故更换驾驶人员。

▲司机安全奖罚制度

司机安全奖罚制度

第一条 持有酒店驾驶证的职业司机，当月安全行驶，无事故发生，可享受当月安全奖。

第二条 享受安全奖的司机必须每天如实填写安全公里数，按照有关规定填制月度报表，并于当月月终前报调度主管审核签名，由安全室造表汇总，财务室统一发放。

第三条 短途行车或机动车司机，当月工作20天以上，完全无事故发生，亦可享受当月安全奖。

第四条 当月发生交通事故，负次要责任以上过失，无论经济损失多少，肇事司机取消当月安全奖。

第五条 一年内能安全行车、优质服务而又无投诉的司机，可享受年终安全奖。

▲公务用车制度

公务用车制度

第一条 严格控制各部门使用汽车，属货运所需卡车，必须节约车位，满载运行，不迂回路线。非业务上特殊需要或急需使用，不准使用小车、旅行车（面包车）、大客车等。

第二条 需使用客用车，使用部门或个人必须填写车辆申请单，经部门经理审查报总经理批准，车务部才予以派车。因急需先使用车辆，事后也必须取得总经理批条，否则车费由当事人负责。

第三条 分配各部使用的汽车，除指定专项用途者外，不得使用于联系工作。到郊区或其他远地工作，必须使用汽车者，一律经部门经理同意后使用，否则，用车人员及司机共同担负经济责任。

第四条 车务部对各部门或个人因公用车，必须凭总经理批条派车（急用需补批条），每月汇总批条向财务部报账。

第五条 财务部对车务部上报的公务用车费用，必须逐笔严格审查用车原因、领导批条，对不适当用车或未经领导批准的用车，应坚决拒绝报销，并退回车务部向当事人员追收车费。

▲VIP车队接团服务操作制度

VIP车队接团服务操作制度

第一条　接受任务，制定工作方案，每一个参加接待服务的工作人员需了解宾客（或团体）的基本情况（国籍、身份、国情、政治经济概况、礼节礼貌等）。

第二条　落实司机名单，编排礼宾车队行车序号。

第三条　介绍宾客活动日程时间表。

第四条　检查司机仪容仪表。

第五条　检查车容车况，对参加接待车辆逐一检查，以确保安全。

第六条　传达车队接待方案、外事纪律及现场服务要求细节。

第七条　接待任务完成后，小结接待全程工作情况，表扬好人好事，并将资料存入管理档案。

▲车辆卫生制度

车辆卫生制度

第一条　保持车辆外壳完整无损，车身漆皮光亮，无浮尘，无泥、水痕迹，无油污，前后挡风玻璃无破损裂痕，玻璃明亮，电镀件光亮完好，轮胎及装饰框清洁、完好。

第二条　车厢内无浮尘杂物，脚垫齐全无脚印，头垫椅套平整清洁，不缺不破，每三日需更换一次。

第三条　车厢内不得放置杂物（书报、杂志、玩具等），不得放置装饰品及迷信用品，不得张贴任何宣传广告品。

第四条　引擎无浮尘无油污，行李箱整齐清洁，不能放任何物品在行李箱内，司机自用清洁物品应放在固定位置。

▲安全行车和车辆保管制度

安全行车和车辆保管制度

第一条　严格遵守交通规则，做到不抢道、不闯红灯、不逆向行驶，保证安全行车。

第二条 司机完成公务下班后，车辆要开回酒店停车场或酒店指定的地址停放，不得在其他地方停放。

第三条 司机要爱护车辆，加强对车辆的保养，平时要做到勤检查、勤扫、勤抹、勤洗，保证车况良好，车表洁净光亮，车内清洁舒适。

▲车辆营运后交款、保养制度

车辆营运后交款、保养制度

第一条 营运后应清洗车辆，然后把车开回停车场停放好。

第二条 熄灯、将挡位置于空挡、拉紧手制动器，检查轮胎气压确保符合标准，紧固轮胎螺钉。

第三条 补充机油、燃油、冷却水和电池水，保证次日车辆营运需要。

第四条 清洁烟灰盒，检查车内是否有未熄烟头，防止易燃易爆物品留在车上，客人的遗留物品应及时处理。

第五条 填写好路单，并撕下当天路单，取出测速卡片。

第六条 关好车窗，锁好车门、尾盖。

第七条 到调度台签路单，并把测速卡片连同路单一起订好，并交车钥匙。

第八条 到车务部办公室向收款员交路单，交营运款。

第九条 交款后，到指定地点打考勤卡，更换制服后方可下班。

▲车辆检查保养制度

车辆检查保养制度

第一条 承包车和班次车每月进行全面检查保养，班次车司机可利用例假并根据车辆的技术情况适当进行检查保养，保养项目、总里程应填写在《车辆保养单》上，由车管主管签字后方才有效。承包车辆亦可到外厂进行保养，但必须由该厂填写保养单并盖章。

第二条 保养单应及时交安全室存档。

第三条 每月少于两次停车保养的司机，除取消当月安全奖外，另给予一定的经济罚款。

▲车辆维修保养制度

车辆维修保养制度

第一条　司机应加强对车辆的保养，爱护车辆，勤检查、勤打扫，出车前、收车后要检查，如有异常，及时向车队长报告，保证正常行驶。

第二条　车辆需要维修，先由司机填写维修项目单，车队长审查后制订修理计划，车辆方可进厂修理。

第三条　修理工必须详细填写修理机件清单及修理费价目表，车辆修好后，由司机和安全员、车队长共同鉴定方可出厂。

第四条　修理费发票必须由司机、车队长签名证明，酒店总经理审批后方可报销。

▲交通事故处理制度

交通事故处理制度

第一条　发生交通肇事的司机，除如实向副经理报告外，还需立刻交一定金额到部门财务室作为保证金。

第二条　事故处理的一切费用，除向保险公司索赔部分外，其余全部由肇事司机承担。

第三条　单位对肇事司机罚款如下。

（1）负全部责任的司机罚款10%。

（2）负主要责任的司机罚款9%。

（3）负同等责任的司机罚款7%。

（4）负次要责任的司机罚款5%。

第四条　出现重大交通事故（死亡3人或重伤3人，直接损失严重），负主要责任以上的司机除执行上述规定外，另作如下处分。

（1）属承包车的司机，终止合同，押金充公。

（2）属车务部司机，由车务部出示事故报告交人事部处理。

▲机场、车站免费接送操作制度

机场、车站免费接送操作制度

第一条 做好车前的“三查”工作，即查车辆技术状况、车容卫生、仪容仪表，参照VIP车容卫生标准、司机仪容标准执行，并把车辆停泊在指定地点，拉紧手刹，挡位置于空挡。

第二条 当班司机必须服从命令、听从指挥，提前站在车门旁迎接客人。

第三条 与前厅接待处紧密配合，根据前台部订出的时间准时开车，司机不得以任何借口提前或推迟出车，不得驾车外出办私事，每个接送程序均要用车上的无线电对讲机向总台报告。

第四条 到达机场和车站后，不得离开车辆，客人上车坐稳后，司机应迅速配合酒店代表将客人的行李放置好。

第五条 司机要严格遵守交通规则和操作规程，保证把客人安全接回酒店。

车辆到达酒店前，司机需提前与调度台取得联系，使客人到达酒店后就能受到热情接待。客人下车后，司机要检查车上有无留下客人物品，然后填写好程序路单，准备下个程序的迎客。

第六条 行车中不得随意变更行驶路线或中途上落客人，不得随意乘搭酒店员工和亲友，本店员工因公需要搭顺路车时，要经总经理或大堂副经理批准。

第七条 下班后必须搞好车容卫生，泊好车位，到调度台签退并交回路单、车匙。坚持每周更换椅套，搞车容卫生，由班长、主管督导检查，确认合格后方可下班。

第八条 不得迟到、早退、旷工，请假和年休必须提前办好手续。

第九条 坚持按司机工作程序办事，做好出车前、行驶中、到达目的地的检查工作，发现故障立即报告总台处理。

▲免费专线巴士服务操作制度

免费专线巴士服务操作制度

第一条 司机上班时间应根据排班表提前到达工作岗位，做好出车前的准备工作，如搞好卫生、车况检查等。

第二条 上岗前必须按照VIP车队车容、车况标准和司机仪容、仪表标准进行自检，确认合格后才准许上岗服务。

第三条　无论有无客人搭乘当班专线巴士，司机均要提前把车开到酒店指定泊位停放，站立车门旁，并微笑候客上车。

第四条　客人上车时，面对客人微笑，有礼貌地用敬语向客人问候，主动帮客人提拿行李物品，对老幼客人要主动搀扶上车。

第五条　客人坐稳后，司机关好车门，巡视行李物品放置是否稳当，准时把车开出。

第六条　每趟车开出前，要用无线电对讲机向总台报告。

第七条　在接送客人时不准随意改变行车路线，中途不准乘搭无关人员。

第八条　到达落客点时，应主动把车开到落客就近地点，车停稳后，提醒客人带齐行李物品下车，并向客人道别。

第九条　客人离车后，迅速用无线电对讲机与总台联系，听从总台指挥，便于调度确认该车是否需要到机场、车站迎客。

第十条　车回酒店后，要用无线电对讲机向总台报告，等候下趟出车任务。

第十一条　下班时应做好出车记录，搞好车容卫生，在指定地点停好车，拉好手刹，挡位置于空挡，装上安全防盗锁。

第十二条　把车钥匙交回总台，按规定向财务收款员交路单后方可下班。

▲对讲机使用制度

对讲机使用制度

第一条　使用对讲机时要严肃认真，通话要简明扼要，并运用礼貌语言，不讲与业务工作无关的事，不可在对讲机里聊天。

第二条　司机上班时要打开对讲机电源开关，随时准备接收总调度室呼叫，下班时要立即关机。

第三条　对总调度室的呼叫，要立即回话，服从调度，不得故意不回答，违者要给予适当处罚。

第四条　在营运过程中，如发生意外，要即刻向总调度报告，请示处理办法。

第五条　如有特殊营运任务，如到郊外、长时间、远距离运送客人，需征得总调度的同意。

第六条　司机离开车位，无论干什么事情都要向总调度报告，取得同意方可关机，并要锁好车门，回来时应立即开机，并向总调度报告。

第七条　司机要爱护对讲机，不得将对讲机互换或借给别人，要妥善保管，损坏或丢失要追查原因，如因失职损坏或丢失对讲机要按价赔偿。

▲车务部过失处理制度

车务部过失处理制度

第一条　凡犯有下列过失其中之一者，分程度轻重给予行政处分或罚款处理：

（1）双程填单程，利用积累剩余公里数接客，收费不交公。

（2）推公里、推时间。

（3）不填好路单就开车，收电台费不填单，收约车费不如实填单，收留车外宿费不如实填单。收深夜服务费不如实填单。

（4）违反政府法令，利用汽车夹带物品参与走私。

（5）盗窃物品，如轮胎、汽油、工具及酒店财物等。

（6）打架闹事，不遵纪守法。

第二条　凡犯下列过失其中之一者，给予警告或罚款处理：

（1）上下班前不搞好车内外卫生。

（2）上班时开车探亲访友、会客、办私事。

（3）车辆排队候客时擅离车位，三五成群聊天影响工作。

（4）不服从调度，上班不按规定时间出车营运。

（5）擅离工作岗位。

（6）开长途车不报总调度台，上班不开对讲机，对总调度呼叫不回答。

（7）填路单不认真，弄虚作假，涂改、撕毁路单。

（8）无故拖延不交当日车费。

（9）遗失或损坏路单，或将车票送给亲友。

（10）下班不签退，不交车匙。

（11）下班后不锁车门，不关对讲机，乱停乱放影响交通或阻碍他人停车。

（12）事前不办理请假手续，缺勤影响工作，补休、调休、轮休未经领导批准。

（13）服务态度不好，影响酒店声誉。

（14）遗失车上设备、证件等。

第二节　车务部规范化管理表格

车辆登记表

表 14－1　车辆登记表

<table>
<tr><td colspan="2">使用人姓名</td><td colspan="2"></td><td>驾驶员姓名</td><td></td></tr>
<tr><td colspan="2">牌照号码</td><td colspan="2"></td><td>车　　名</td><td></td></tr>
<tr><td colspan="2">车身号码</td><td colspan="2"></td><td>车　　型</td><td></td></tr>
<tr><td colspan="2">购车日期</td><td colspan="2"></td><td>初检日期</td><td></td></tr>
<tr><td colspan="2" rowspan="2">复检日期</td><td colspan="4"></td></tr>
<tr><td colspan="4"></td></tr>
<tr><td rowspan="3">保险记录</td><td>保险公司</td><td colspan="2">保险证号码</td><td>保险期限</td><td>保险内容</td></tr>
<tr><td></td><td colspan="2"></td><td></td><td></td></tr>
<tr><td></td><td colspan="2"></td><td></td><td></td></tr>
<tr><td colspan="2">购置价格</td><td colspan="2"></td><td>经销商</td><td></td></tr>
<tr><td colspan="2">附属品</td><td colspan="4">□收音机　□放音机　□热风　□冷风</td></tr>
<tr><td rowspan="2">驾驶员</td><td>住址</td><td colspan="2"></td><td>电话</td><td></td></tr>
<tr><td>住址</td><td colspan="2"></td><td>电话</td><td></td></tr>
</table>

司机交接班记录

表 14－2 司机交接班记录

部门： 编号：

交班人		接班人		交班人		接班人	
交接时间	年 月 日 时 分			交接时间	年 月 日 时 分		
运行记事				运行记事			
备注				备注			

派 车 单

表 14－3 派车单

使用部门				随行人数	
起止点及时间					
事由					
车号		行车里程		行车时数	
管理部门	主管： 经办人：		使用部门	主管： 使用人：	

借车审批单

表 14－4　借车审批单

<table>
<tr><th>借用人</th><th>事　由</th><th>借用时间</th><th>预订行程</th><th>实际行程</th><th>驾驶人</th><th>准借车辆
（车型、牌号）</th></tr>
<tr><td></td><td></td><td></td><td></td><td></td><td></td><td></td></tr>
<tr><td></td><td></td><td></td><td></td><td></td><td></td><td></td></tr>
<tr><td></td><td></td><td></td><td></td><td></td><td></td><td></td></tr>
<tr><td>借车须知</td><td colspan="6">（1）本单位员工因事急需，在不影响工作且条件允许的前提下可申请借用公务汽车。
（2）借用车辆必须在当天下班前回收，不得在外过夜。
（3）借用人可以自行商请具有合格驾照的司机担任驾驶员。
（4）借用时间内车辆出现故障或损坏，借用人应负责修理费用或赔偿。
（5）借用时间内车辆及人员违反交通规则或发生任何意外事故，概由借用人自行负责。
（6）用车人用车后三日内向车务部缴清油费。
（7）申请单一式两联，一联交总务处，一联交车辆配属部门备查。</td></tr>
</table>

车务部：____　车辆主管：____　借用人：____　申请日期：____

车辆请修报告单

表 14－5　车辆请修报告单（一）

（表一）　　　　填表日期：　　年　月　日

<table>
<tr><td>车型</td><td></td><td>车号</td><td></td><td>驾驶员姓名</td><td></td></tr>
<tr><td rowspan="4">请修项目</td><td></td><td>估计金额</td><td></td></tr>
<tr><td>维修预算</td><td></td><td></td></tr>
<tr><td>累计已动支预算</td><td></td><td></td></tr>
<tr><td>尚余预算</td><td></td><td></td></tr>
<tr><td colspan="2">损坏原因</td><td colspan="4"></td></tr>
<tr><td colspan="2">审核意见</td><td colspan="4"></td></tr>
</table>

主管：______　管理员：______　请修人：______

表 14－6　车辆请修报告单（二）

______年____月____日　编号：____

车号		里程数		责任人	
请修项目					
估计金额					
修理厂					
损坏原因					
审核意见					

主管：______复核：______管理员：______请修人：______

领　油　单

表 14－7　领油单

领油日期		
牌照号码		
级别及数量	高级汽油	
	普通汽油	
	柴　　油	
	机　　油	
领油时里程表指数		
附记		

燃油效率及耗油量结算表

表 14－8　燃油效率及耗油量结算表

本车耗油标准____________________公里/公升
本月行驶____________________公里
耗油量____________________公升
已报油量____________________公升
应补油量____________________公升
上月结存____________________公升
本月领油____________________公升
本月耗油____________________公升
本月结存____________________公升

经办：______　司机：______

油料库存月报表

表 14－9　油料库存月报表

项　目	种　　类							
	高级汽油		普通汽油		高级柴油		合　计	
	公升	金额	公升	金额	公升	金额	公升	金额
上月购油								
本月购油								
本月发油								
本月结存								
附注：								

车辆保养修理记录表

表 14－10　车辆保养修理记录表

年		项　　目	金　额	保养前路码表数	经手人（签章）	主管（签章）
月	日					
合　计						
本月费用	汽油金额	保养金额	修理金额	总　计		

车辆费用报销单

表 14－11　车辆费用报销单

申请人			单位		车号	
报支期间					车型	
项目	张数	金额	（单据粘贴处）			
小计						

主管：______　领款人：______　填表日期：______

车辆费用支出月报表

表 14－12　车辆费用支出月报表

______月份

税捐保险费		修理保养费		过桥费		汽油费		上月里程	
说明	金额	说明	金额	说明	金额	说明	金额	本月里程	
								行驶里程	
								本月总费用	
								每公里费用	
								每公里汽油费用	
合计		合计		合计		合计		备注	

汽油费明细	日期	金额	经手人	日期	金额	经手人	日期	金额	经手人	日期	金额	经手人	

经理：________　会计：________　填表：________

第十五章　现代酒店后勤部管理制度与表格

第一节　后勤部规范化管理制度

▲酒店卫生管理规定

酒店卫生管理规定

1．目的

为提高酒店卫生管理工作质量，向顾客提供清新、整洁、卫生的消费环境，特制定本规定。

2．内容

（1）卫生管理包括个人卫生管理、物品及设备卫生管理和食品卫生管理三个方面。

（2）每一级人员都对各自工作区域的卫生负有保持清洁、进行清理的责任。管理人员对下级的卫生工作负有管理连带责任。

（3）专业卫生清理部门和人员对所负责的区域和工作项目进行专业化清洁与管理，主要指公共卫生清洁，涉及人员包括餐饮部或膳食部管事、厨房厨师、医疗部门人员。

（4）个人卫生管理标准包括以下内容。

①员工仪容仪表和个人卫生。

②掌握必要的卫生知识。

③身体、心理健康，必须持“健康证”上岗。

（5）食品卫生管理标准参见国家相关法律、法规。

（6）物品及设备卫生管理标准：保持物品及设备表面平整、光亮、无异味、无损坏、无抹痕，摆放整齐有序。

（7）卫生检查按照员工自检、班组检查、部门检查、职能部门检查的四级检查制度，采用常规检查、专项检查、暗查、暗访的方式进行。对检查出的问题，按照标准追究责任和进行处罚。

3. 考核

（1）物品、设施设备要求表面平整、光亮、无异味、无损坏、无抹痕，摆放整齐有序，否则根据情节的严重程度和造成的影响给予处罚。

①毛絮、浮灰、水渍、纸屑等轻微卫生问题，每处给予适当的处罚。

②积灰、污渍、油渍、较大杂物、毛发、皱褶等卫生问题，每处给予适当的处罚。

③污垢、有异物、裂痕、损坏、摆放不整齐、错位、脱落或物品缺少、有异味等环境卫生问题，每处给予适当的处罚。

（2）凡属周期性卫生清理工作，因到期没有清理形成卫生死角的，给予适当处罚，由此影响到客人的消费或由客人提出的，酌情给予责任部门警告或责任人过失处分。

（3）在个人卫生和食品卫生方面违反规定的，按照酒店相关制度进行处罚。

本规定自下发之日起执行。

▲关于酒店食品卫生的管理规定

关于酒店食品卫生的管理规定

1. 目的

为加强酒店管理，严格贯彻《中华人民共和国食品卫生法》，确保酒店食品加工的清洁卫生，特制定本规定。

2. 内容

（1）食品卫生基本保障规定如下：

①食品生产、加工、贮存、运输、销售的场所及周围环境必须干净、卫生，并有良好的防蝇、防鼠、防尘和其他防污染措施。

②食品从业人员必须持健康证上岗。凡患有疮疖、化脓性创伤（特别是手指被切破）以及可能引起食物中毒的肠道疾病或健康带菌者，一律不准从事入口食品的加工工作。

③食品从业人员应讲究个人卫生。当班时穿戴工作服帽，并保持洁净。做到勤洗手、勤洗澡、勤剪指甲、勤洗衣服被褥、勤换工作服帽。工作前及便后必须洗手消毒。

（2）预防细菌性食物中毒的措施如下：

①加工食品饭菜的原料必须新鲜，禁止使用病死、毒死或死因不明的畜禽肉类、死蛤蜊、死扇贝及其制品。不使用变质原料。不买不卖腐烂变质食品。

②防止食品交叉污染。生熟食品要严格分开加工。加工生熟食品使用的刀、板、墩、炊具、抹布等工具及筐、盆、盘、桶、碗等容器要严格分开。执行“生与熟隔离，成品与半成品隔离，食物与杂物隔离，食物与天然冰隔离”的“四隔离”制度，严禁生熟食品混放、成品与半成品混放、海鲜与肉类混放。

加工生海产品必须严防生海产品及其加工刀具、容器等污染其他食品和器具。加工海产品用过的工具、容器及加工人员的手臂要及时洗刷消毒5分钟。

凉拌菜必须在专用冷拼间操作加工。设置专用冰箱、刀板、容器、用具、抹布，配备流水洗手消毒、空气杀菌设施。紫外线灯要吊在工作台上方1.5~2米处。非冷拼间人员不准随便入内，冷拼间内不准存放未洗干净的水果、蔬菜、生鱼、生肉及其他杂物。

③凡盛放食品的盆、盘、碗等容器，使用前必须洗净，用开水煮沸3~5分钟，或使用蒸汽消毒柜蒸15~20分钟，不耐热的，可用药物消毒，但必须将残留药物用水冲净。厨房菜墩要随用随刮，并杀菌消毒，不使用时必须彻底清洁，放于指定位置。凡接触食品的员工，加工操作前必须用皂液洗手，并用流水冲净。

熟食间的工作台面、水龙头开关、冷拼间把手及冰箱门拉手等，应定期消毒。直接接触污染物时，必须立即消毒。熟食刀具存放时加保鲜膜。

④熟食品在加工食用前必须煮熟炸透，彻底灭菌，严防里生外熟。

鸡蛋煮沸8分钟，鸭蛋煮沸10分钟，各类海产品及肉食品加热温度及时间必须保证其蛋白质凝固。

⑤熟食要低温、短时贮存。热菜及制作凉拌菜的酱肉、火腿等，必须在10℃以下的条件贮存。凡放置超过4小时以上的饭菜、熟肉制品、熟海产品等，必须回锅蒸煮后再供食用。新购进的上述食品如不了解带菌情况，食用前应加热灭菌。

⑥热菜及凉拌菜制作完毕应立即供给客人食用，严禁提前加工。为大型会议大量准备的饭菜及凉拌菜加工后存放时间不能超过1小时。

（3）餐具杯具等器皿的消毒措施如下：

①所有的餐具杯具等器皿洗刷后必须进行消毒。

②消毒程序严格执行“一洗，二刷，三冲，四消毒，五保洁”的制度。

③使用消毒液进行消毒时，按1：200的比例。

▲客房部公共卫生管理规定

客房部公共卫生管理规定

第一条　为使客房及客房环境卫生标准化和卫生服务规范化，为客人提供一个清洁卫生、舒适方便的住房环境，根据酒店卫生管理制度特制定本规定。

第二条　客房部所有员工在做公共卫生清扫工作时，必须执行本规定。

第三条　房间清洁次序一般情况下应按照下列次序进行：

VIP房—挂牌清洁房间—住房—长住房—走房—空房。

第四条　若开房较紧张，次序稍做变动：

VIP 房—挂牌清洁房间—走房—住房—长住房—空房。

第五条　VIP 房的卫生应在接到通知或客人离开房间以后，第一时间打扫。

卫生班应听从台班的安排，不得一意孤行，贪图方便。

第六条　为方便记忆，将整个操作程序划分为四个字，即“进”、“撤”、“铺”、“抹”。

第七条　“进”的具体操作如下：

(1) 轻轻敲门三次，每次三下，每次隔 2 ~ 3 秒钟。

(2) 报称“房间整理”。

(3) 缓缓把门推开，把“正在清洁”牌挂于门锁上。

第八条　“撤”的具体操作如下：

(1) 把小垫毯放在卫生间门口。

(2) 清洁篮摆放于云石台靠门一边。

(3) 同时带入二湿一干三条抹布。

(4) 用垃圾桶收卫生间内垃圾。

(5) 把客人用过的“四巾”（面巾、方巾、浴巾、地脚巾）卷好放在卫生间门口。

(6) 用清洁剂均匀地喷一次“三缸”（洗手盆、抽水马桶、浴缸）。

(7) 进房把空调开大，关台灯、床头灯、落地灯，拉开窗帘。

(8) 用垃圾桶收垃圾和烟灰缸。

(9) 撤床单，一张张地撤（注意不要夹带客人的睡衣和其他物品）。

(10) 折丝绵被（向内三折，横向三折，齐口向门外）。

(11) 若房内有送餐或加床设备，需要来回再走一次。

第九条　“铺”的具体操作如下：

(1) 将倒干净的垃圾桶及烟灰缸拿到卫生间内冲洗并抹干净，然后放回房间原处。

(2) 拿床单和枕套进房内铺床（铺床要按规定程序，两张一齐铺）。

(3) 铺完床之后，顺带把水杯、茶具等撤到布草车上。

第十条　“抹”的具体操作如下：

(1) 从门外门铃开始抹起至门框。

(2) 按顺时针方向抹，由上到下，由里到外，抹一圈（边角位及底部均要抹到）。

(3) 物品要按规格摆放。

(4) 灯泡、镜面、电视机要用干布抹。

▲洗衣部工场管理制度

洗衣部工场管理制度

第一条　不准在工场范围内吸烟、喝酒。
第二条　不准在工场内追逐、打闹、嬉戏、大声喧哗。
第三条　不准将工场用品（具）带出酒店外。
第四条　不准在工场内进行打扑克、下象棋等娱乐活动。
第五条　不准私自带人至工场参观。
第六条　不准将私人衣物带入工场洗烫。
第七条　工场内不得挂放私人物件。
第八条　机位前后不得存放与洗烫无关的杂物。
第九条　布草车使用前后务必清理杂物。
第十条　工场内用具必须时时保持整齐干净。
第十一条　损坏公物者按酒店有关规定赔偿。

▲水洗操作制度

水洗操作制度

1. 准备
（1）打开各机位电闸，检查各开关、按钮的灵敏度，检查温度、气压等是否正常。
（2）将不同质地、不同颜色、洗涤时不同温度要求的衣物分别堆放。
（3）检查衣物有无破损、褪色等现象。
（4）将不同洗涤要求的衣物分别放入机内。
（5）关机门前再检查一次，是否有不同质地、颜色的衣物混入其中。
（6）关机门时要小心，切勿使机门夹住衣物。
2. 注意事项
（1）洗衣原料在进足水位后再投入机内，不得与干衣物同时投入。
（2）衣物需要做漂白处理时，按该产品的使用要求操作。
（3）排水时注意有无小件物品随水一起排出。
（4）发现衣物缠绕或被机门夹住时，应立即停机处理。
（5）洗涤过程中员工不得离开岗位。
（6）准备底部干净、四周光滑的装衣车，用来装洗净的衣物。

▲干洗操作制度

干洗操作制度

1. 机器检查

首先检查油量是否足够，油循环系统是否正常，温度、气压是否正常，各按钮、开关灵敏度是否正常等。

2. 检查后的操作

检查后，将衣物分类投入干洗机清洗。

3. 注意事项

（1）检查衣物有无破损、褪色、特殊污渍、染色、遗留物品。

（2）按深浅颜色、耐洗程度进行分类。

（3）对有明显污渍（泥、饭、墨）的衣物，应先去渍后洗涤。

（4）取下不宜干洗、易脱落之纽扣及塑料环扣。

（5）衣服衬里极脏的应先喷少量干洗碱油。

（6）易串毛的织物不能与其他衣物同缸洗涤。

（7）白色衣服用干洗油洗涤。

▲熨烫操作制度

熨烫操作制度

1. 机烫操作

（1）烫前要认真观察，按客人要求认真熨烫衣服。

（2）合理摆位，提高工作质量。

（3）烫衣物时注意衣物用料、质地。

（4）烫后检查，保证质量，做好标记。

2. 机烫操作方法

（1）吹。用人像机向衣物喷射蒸汽使织物纤维受热伸展后，用冷风袋向衣物吹风撑平使其定形。

（2）压。用带温的夹机或熨斗之压力，消除纤维起皱的特性。

（3）抹。用手抹平的方法，对不能压烫的衣物，将衣服平放在夹机垫面上，打蒸汽抽湿，双手轻轻将衣服定形、抹平。

（4）磨。用特制的布枕托着衣物的某一局部，在带温的夹机或熨斗下将皱磨平。

（5）执。用电熨斗将绒夹面上无法烫之部位稍做熨烫，使之辅助成形。

3. 机烫操作技巧

（1）轻压长抽。为减少绒毛倒伏后产生极光，打蒸汽抹平衣服后，用夹机轻轻拍压后随即升起，用较长时间抽湿，靠吸力将衣服抽平在夹机垫面上。

（2）上汽抽湿定形。轻薄衣料不宜上下用汽，只需放小量上汽压烫便可抽湿定形。

（3）虚压烫。不需明显折痕之衣服，可将机夹控制在离衣服一定的距离内打气撑平，抽湿定形。

（4）反面吹烫。在吹烫较厚或衬里是人造毛衣服时，可将衣服正面反过来吹烫一次。

（5）底汽升烫。不能机压之衣物（毛衣、绒帽等），可放在绒机夹面上，用底汽升烫一段时间后抽湿定形。

▲布草平烫操作制度

布草平烫操作制度

1. 各类布草平烫程序

（1）床单。进口处两端操作员两手轻轻将床单的一端拉平，互相配合，将床单放到输送带上，发现有破损或污渍的床单应及时通知收方将其拣出。收方以每10张为单位进行包装，整齐地放入布草车内。

（2）餐巾。进口处操作人员两手将四边拉平，均匀地将餐巾放到输送带上。如发现破损或明显污渍的餐巾应及时拣出。收方应将翻洗、报损之餐巾按规定放置，四边不齐不平整的做重洗处理。

（3）台布。进口处两边的操作人员协调地将台布一端拉起，对准中线，将台布送入机内，如发现有明显污渍、破损时，能拣出的及时拣出，不能拣出的应通知收方。收方操作人员以10张为一包装单位进行包装装车，分类摆放整齐。

（4）枕袋（套）。两手轻轻将枕袋拉开，均匀地放到输送带上，发现不合格的应及时拣出翻洗。收方以每50个为一包进行包装，整齐地放入布草车内，不合格的放重洗处，报损的放指定位置，并进行处理。

2. 各类布草之折叠包装标准

（1）台布。四折，每10张为一包装单位。

（2）脸巾。四角对称，每40条为一包装单位。

（3）方巾。不折，四角整齐地重叠，每50条为一包装单位。

（4）浴巾、脚巾。四角对称重叠中间打折，每10条为一包装单位。

（5）枕袋。两折，50 个为一包装单位。

3. 各类布草报损标准

（1）四边角位破烂不能继续使用的。

（2）污渍重洗处理后仍不能去除的。

（3）变色、陈旧、褪色、染色无法去除的。

（4）有明显的抽线、抽毛，有损质量标准的。

4. 布草运送

（1）所送布草均需做好签收手续。

（2）布草运送员负责对部门每月原材料的运输。

（3）客房按开房率及楼层需要数运送。

（4）餐厅布草按送洗数，次日全部送回。

▲树木花卉管理制度

树木花卉管理制度

酒店的树木花卉管理主要是抓好三件事：

（1）科学施肥。施肥时间宜在二、三两个月。

（2）合理浇水。树木叶面水分蒸发量大，尤其是在夏季，因此必须进行人工浇水。水质以河、湖水最好。浇水宜在早晚，浇灌时要注意不让树木生长处或树穴中积水，以免根系窒息而死亡。

（3）松土除草。杂草与树木争夺养分，而且影响环境美观，在松土时应将杂草除掉，这有利于消灭虫蛹，防止病虫灾害。

▲草地保养管理制度

草地保养管理制度

第一条　酒店园艺工要每月用旋刀剪草地一次，长度一般控制在 20 毫米，每季度施肥一次，入秋后禁止剪割。

第二条　草地当月培土一次，隔月疏草一次，隔周施水一次（夏季可视天热程度多施水一两次），隔周施绿宝一次。

第三条　割草前应检查机具是否正常，刀具是否锋利。滚筒剪每半月磨合一次，每季度将折底刀打磨一次，圆盘剪每次剪草需磨刀三把，每剪 15 分钟换刀一把。

第四条　草地修剪应交替采用横、竖、转方法，防止转弯位置局部草地受损过大，割草时行间叠合在40% ~50%，防止漏割。

第五条　避免汽油机漏油于草地，造成块状死草，注意启动气垫机，停止时避免机身倾斜，防止草地起饼状黄印，注意勿剪断电机拖线，避免发生事故。

第六条　工作完毕后，要清扫草地，并做好清洗机具和抹油等保养工作。

▲酒店盆景保管制度

酒店盆景保管制度

第一条　酒店所有石山盆景逐一挂铁牌、编号，并拍照入册，做到盆景、名称、编号牌、照片对号存档，确保妥善管理。

第二条　新坛盆景及时编号拍照入册，出现损失后及时报告，存档备查，并应有管理者、领班、经理共同签名确认。

第三条　室内换盆景，每次出入应登记编号，并注明摆放起止时间、地点及生长状态。

第四条　所有盆景每年应全面盘点，由主管、领班及保管者盘点后共同签名，交部门存档备案。

▲清洁卫生间管理制度

清洁卫生间管理制度

第一条　所有清洁工作必须自上而下进行。

第二条　放水冲入一定量的清洁剂。

第三条　清除垃圾杂物，用清水洗净垃圾桶并用抹布擦干。

第四条　用除渍剂清除地胶垫和下水道口处的污渍，清洁缸圈上的污垢和渍垢。

第五条　用清洁桶装上低浓度的碱性清洁剂彻底清洁地胶垫。

第六条　在镜面上喷上玻璃清洁剂，并用抹布擦干净。

▲更衣室清洁管理制度

更衣室清洁管理制度

第一条　工作人员负有清洁酒店更衣室地面的工作职责，包括扫地、拖地、擦抹墙脚、清洁卫生死角等方面。

第二条　清洁浴室，包括擦洗地面和墙身（特别是砖缝位置），清洁门、墙和洗手池。

第三条　清洁员工洗手间。

第四条　清洁衣柜的柜顶、柜身。

第五条　清洁室内卫生。

第六条　如拾到员工物品，及时登记并上交保安部。

▲酒店废品处理制度

酒店废品处理制度

第一条　酒店废品的范围：废旧玻璃，玻璃瓶，啤酒瓶、罐，罐头空壳，废纸皮、纸板、纸盒，旧报刊，废旧地毡，烂木桶，烂木板，废纸，废旧塑料纸、袋、盒，废旧麻袋，破毛巾，烂床单，破桌布，用过的香皂，旧烂衣物，不成卷的厕纸以及餐厅的猪皮、兽骨等。

第二条　各部门的废品可自行处理，或送交后勤部统一处理。

第三条　后勤部在收到各部门送到的废旧物品时，应做登记，注明品名、数量并签收，逐月按各部实交废旧物品汇记数量。

第四条　各种废旧物料（属酒店设备方面）的处理收入，要冲销营业成本，其余废旧物料做废品的处理收入按二八分成，部门占八成，酒店占二成，属部门所得部分，由部门自行处理，属酒店所得，由全酒店无废品的各部门统一分配。

第五条　后勤部应将废品送交废品站处理。

第二节　后勤部规范化管理表格

消杀服务质量检验表

表 15－1　消杀服务质量检验表

检查地点	灭　蚊	灭　蝇	灭　鼠	灭蟑螂	不合格处理结果
垃圾池	□合格 □不合格	□合格 □不合格	□合格 □不合格	□合格 □不合格	
垃圾中转站	□合格 □不合格	□合格 □不合格	□合格 □不合格	□合格 □不合格	
污、雨水井	□合格 □不合格	□合格 □不合格	□合格 □不合格	□合格 □不合格	
化粪池	□合格 □不合格	□合格 □不合格	□合格 □不合格	□合格 □不合格	
沙　井	□合格 □不合格	□合格 □不合格	□合格 □不合格	□合格 □不合格	
绿　地	□合格 □不合格	□合格 □不合格	□合格 □不合格	□合格 □不合格	
楼　道	□合格 □不合格	□合格 □不合格	□合格 □不合格	□合格 □不合格	
自行车库	□合格 □不合格	□合格 □不合格	□合格 □不合格	□合格 □不合格	
天面雨篷	□合格 □不合格	□合格 □不合格	□合格 □不合格	□合格 □不合格	
食堂、宿舍	□合格 □不合格	□合格 □不合格	□合格 □不合格	□合格 □不合格	
游泳池	□合格 □不合格	□合格 □不合格	□合格 □不合格	□合格 □不合格	
停车场	□合格 □不合格	□合格 □不合格	□合格 □不合格	□合格 □不合格	
设备房	□合格 □不合格	□合格 □不合格	□合格 □不合格	□合格 □不合格	
商业网点	□合格 □不合格	□合格 □不合格	□合格 □不合格	□合格 □不合格	

说明：（1）清洁班长每月对照《清洁工作检验标准》中消杀的检验标准进行检查并填写此表。

（2）合格打"✓"，不合格记录其原因。

清洁区域分工安排表

表 15－2　清洁区域分工安排表

姓　名	日　期	地　点	负责区域	上下班时间	备　注

批准人：　　　日期：　　　编制人：　　　日期：

公共卫生领班工作单

表 15－3　公共卫生领班工作单

日期：　　年　　月　　日

<table>
<tr><td>工作安排</td><td colspan="3"></td></tr>
<tr><td>岗位</td><td>姓名</td><td>时间</td><td>检查记录</td></tr>
<tr><td></td><td></td><td></td><td></td></tr>
<tr><td></td><td></td><td></td><td></td></tr>
<tr><td>处理意见</td><td colspan="3"></td></tr>
<tr><td>处理结果</td><td colspan="3"></td></tr>
<tr><td>备注</td><td colspan="3"></td></tr>
</table>

领班（签字）：

公共卫生员工工作单

表 15-4 公共卫生员工工作单

年 月 日

姓 名		工 号	
工作内容	(1) (2) (3) (4) (5) (6) (7) (8) (9)		
备注			

领班：__________

公共卫生区域沙发、地毯洗涤统计表

表 15-5 公共卫生区域沙发、地毯洗涤统计表

日期： 年 月 日

清洗部门	清洗时间	沙发清洗量	地毯清洗量	所用工时
合 计				
备 注				

主管（签字）：

公共卫生用品月统计表

表 15－6　公共卫生用品月统计表

年　　月　　　　　　　　　　统计人：

序号	物品	单价	本月用量	金额	上月用量	金额
1						
2						
3						
4						
5						
6						
7						
8						
合计						

清洁员岗位安排表

表 15－7　清洁员岗位安排表

单位：　　　　　　　　　　　　年　月　日

清洁员姓名	岗位范围	主要工作任务	备注

定岗人：　　　　　　　　　　主任签字：

说明：（1）由班长安排定岗，报主管审批。

（2）由管理处保存三年。

绿化员岗位安排表

表 15－8　绿化员岗位安排表

管理处　　　　　　　　　　班

员工姓名	岗位范围	主要工作任务	备　注

主任签字：

说明：(1) 由班长安排定岗，报主任审批。

(2) 由管理处保存一年。

绿化工作日检查表

表 15－9　绿化工作日检查表

单位：　　　　　　　　　　年　月　日

检查项目	合格	不合格原因	责任人（岗位）	检查人	处理结果

说明：(1) 对照《绿化工作检验标准》发生不合格时在栏内简要记录。

(2) 由班长检查填写，月底交管理处存档，保存一年。

宾馆酒店各部门每日清洗布草一览表

表 15-10　客房部每日清洗布草一览表

部　门	客　房　部									
日　期										
1										
2										
3										
4										
5										
6										
7										
8										
9										
…										
合　计										
备　注										

表 15-11　餐饮部每日清洗布草一览表

部门	中餐部								西餐部							
日期																
1																
2																
3																
4																
5																
6																
7																
8																
9																
…																
合计																
备注																

表 15－12 康乐部及人事部每日清洗布草一览表

部门	康乐部								人事部							
日期																
1																
2																
3																
4																
5																
6																
7																
8																
9																
…																
合计																
备注																

各部门每月清洗布草统计表

表 15－13 各部门每月清洗布草统计表

年　　月　　日

部　门	清洗布草种类					
总　计						

洗衣房主管：

员工制服干洗收发登记表

表 15－14　员工制服干洗收发登记表

年　　月　　日

员工制服编号	衣服		裤子		裙子		衬衫		领带		员工签名
	收	发	收	发	收	发	收	发	收	发	
备　注											

当班人：

员工制服湿洗收发登记表

表 15－15　员工制服湿洗收发登记表

年　　月　　日

员工制服编号	衣服		裤子		裙子		衬衫		领带		员工签名
	收	发	收	发	收	发	收	发	收	发	
备　注											

当班人：

宾馆酒店内部洗衣（制服）统计表

表 15－16 宾馆酒店内部洗衣（制服）统计表

年　　月　　日

日期	部门	洗衣类别					

制表：　　　　　　复核：　　　　　　经理：

洗衣交收明细表

表 15－17 洗衣交收明细表

编　号	种　类	件　数	交衣物时间	签　收	经手人
备　注					

顾客干洗衣物每日报告表

表 15－18　顾客干洗衣物每日报告表

年　　月　　日

房间号码	顾客姓名	干洗衣物名称					

洗衣房主管：　　　　　　　　洗衣领班：

顾客烫熨衣物每日报告表

表 15－19　顾客烫熨衣物每日报告表

年　　月　　日

房间号码	顾客姓名	顾客烫熨衣物种类					
合　计							

洗衣房主管：　　　　　　　　洗衣领班：

客衣服务（一）

洗衣服务

房号　　　　　　时间　　　　　　日期

____

__________________________：

我们已特别注意用________方式洗涤，但在不影响衣服本身色彩和质地的情况下，无法去除所遗留的污迹。

恳请谅解！

洗衣房主管

客衣服务（二）

洗衣服务

房号　　　　　　时间　　　　　　日期

____

__________________________：

因您的房间挂了“请勿打扰”牌，衣服没有送回，现存放于房务中心。若您需要，请拨电话________，我们将派人送上。

谢谢！

洗衣房主管

客衣服务（三）

洗衣服务

房号　　　　　　时间　　　　　　日期

____

__________________________：

很抱歉将您的________退回未洗，因为我们发现：

您的衣服：

□破损/烧焦　　　　□染水

□掉色　　　　　　□缩水

衣服不能洗，因为：

□衣服会褪色

□装饰/纽扣/衣料易被洗坏

如您仍需洗涤，本店恕不负任何损毁责任，如若同意，请您在此单上签名，并拨电话__________，我们将派人来取。

谢谢！

洗衣房主管

客衣服务（四）

洗衣服务

房号　　　　　　　　时间　　　　　　　　日期

____

________________________________：

请清点，您交来的干/湿洗数量与您所写的洗衣单不符，为了避免可能产生的误会，请您核对一下，并重新填写一张洗衣单。填妥后，请拨电话__________，洗衣房将派人来取。

谢谢您的关注与合作！

洗衣房主管

洗衣房日报表

表 15－20　洗衣房日报表

日期：　　年　　月　　日

房　号	顾客姓名	洗衣费		洗衣数量	服务费	合计
		干洗	湿洗			
		□	□			
		□	□			
		□	□			
		□	□			
		□	□			
总　计						

内部洗衣月统计

表 15－21 内部洗衣月统计

项目 日期	
1	
2	
3	
4	
5	
6	
7	
8	
9	
10	
11	
12	
13	
14	
15	
16	
17	
18	
19	
20	
21	
22	
23	
24	
25	
26	
27	
28	
29	
30	
31	
总件数	
总金额	

客衣干湿洗、熨衣总收入表

表 15－22　客衣干湿洗、熨衣总收入表

日期	干洗房号	数量	收入	湿洗房号	数量	收入	熨衣房号	数量	收入	干、湿熨衣总收入
备　注										

洗衣房洗涤备品加工物品月分摊明细表

表 15－23　洗衣房洗涤备品加工物品月分摊明细表

日期：　　年　月　日

日　期	部　门	备品洗涤费	工作服洗涤费	服装加工费	小　计
1					
2					
3					
4					
5					
6					
7					
8					
9					
10					
…					
26					
27					
28					
29					
30					
31					
合　计					

负责人（签名）：